U0544417

知识产权经典译丛（第6辑）

国家知识产权局专利局复审和无效审理部◎组织编译

软件的可专利性：

软件即数学

［英］安东尼·休斯（Anton Hughes）◎著

肖冬梅◎译

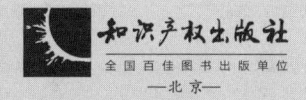

图书在版编目（CIP）数据

软件的可专利性：软件即数学 /（英）安东尼·休斯（Anton Hughes）著；肖冬梅译. —北京：知识产权出版社，2023.5
书名原文：The Patentability of Software: Software as Mathematics
ISBN 978-7-5130-8695-0

Ⅰ.①软… Ⅱ.①安…②肖… Ⅲ.①软件—专利权—研究 Ⅳ.① D913.4

中国国家版本馆 CIP 数据核字（2023）第 100368 号

内容提要

本书介绍了美国、欧盟及澳大利亚的法院在软件的可专利性问题上作出的努力，并指出软件的可专利性不是新颖性或进步性的问题，而是专利适格性的问题，所以需要一种全新的方法来解决软件的可专利性问题。作者基于软件与数学的密切关系，建立了自己的分析框架，认为软件的可专利性问题的阐释应当基于软件与数学的紧密联系，并通过对数学进行历史性和哲学上的分析，使读者更好地理解软件的可专利性问题的本质，并最终解决软件的可专利性问题。

策划编辑：齐梓伊	责任校对：谷　洋
责任编辑：刘　雪	责任印制：刘译文
封面设计：杨杨工作室·张冀	

知识产权经典译丛
国家知识产权局专利局复审和无效审理部组织编译

软件的可专利性：
软件即数学

［英］安东尼·休斯（Anton Hughes）　著　肖冬梅　译

出版发行：知识产权出版社 有限责任公司	网　　址：http://www.ipph.cn
社　　址：北京市海淀区气象路50号院	邮　　编：100081
责编电话：010-82000860转8112	责编邮箱：jsql2009@163.com
发行电话：010-82000860转8101	发行传真：010-82000893/82005070
印　　刷：三河市国英印务有限公司	经　　销：新华书店、各大网络书店及相关专业书店
开　　本：720mm×1000mm　1/16	印　　张：14.5
版　　次：2023年5月第1版	印　　次：2023年5月第1次印刷
字　　数：255千字	定　　价：118.00元
ISBN 978-7-5130-8695-0	
京权图字：01-2022-2555	

出版权专有　侵权必究
如有印装质量问题，本社负责调换。

The patentability of software:software as mathematics/ Anton Hughes /ISBN: 978-1-315-28321-0.

Copyright©2019 Anton Hughes.

All Rights Reserved.

Intellectual Property Publishing House Co., Ltd. is authorized to publish and distribute exclusively the Chinese (Simplified Characters) language edition.This edition is authorized for sale throughout Mainland of China. No part of the publication may be reproduced or distributed by any means,or stored in a database or retrieval system, without the prior written permission of the publisher.

Authorised translation from the English language edition published by Routledge,a member of the Taylor & Francis Group.

Copies of this book sold without a Taylor & Francis sticker on the cover are unauthorized and illegal.

本书原版由Taylor & Francis出版集团旗下Routledge出版公司出版，并经其授权翻译出版。版权所有，侵权必究。

本书中文简体翻译版授权由知识产权出版社有限责任公司独家出版并限在中国大陆地区销售。未经出版者书面许可，不得以任何方式复制或发行本书的任何部分。

本书封面贴有Taylor & Francis公司防伪标签，无标签者不得销售。

《知识产权经典译丛》编审委员会

主　任　申长雨

副主任　廖　涛

编　审　陈　伟　刘　超

编　委（按姓名笔画为序）

丁秀华　马　昊　王丽颖　王润贵

卢海鹰　冯　涛　任晓兰　刘　铭

汤腊冬　许静华　李亚林　李新芝

杨克非　吴通义　张　曦　赵博华

徐清平　黄　颖　温丽萍　路剑锋

樊晓东

总　序

当今世界，经济全球化不断深入，知识经济方兴未艾，创新已然成为引领经济发展和推动社会进步的重要力量，发挥着越来越关键的作用。知识产权作为激励创新的基本保障，发展的重要资源和竞争力的核心要素，受到各方越来越多的重视。

现代知识产权制度发端于西方，迄今已有几百年的历史。在这几百年的发展历程中，西方不仅构筑了坚实的理论基础，也积累了丰富的实践经验。与国外相比，知识产权制度在我国则起步较晚，直到改革开放以后才得以正式建立。尽管过去三十多年，我国知识产权事业取得了举世公认的巨大成就，已成为一个名副其实的知识产权大国。但必须清醒地看到，无论是在知识产权理论构建上，还是在实践探索上，我们与发达国家相比都存在不小的差距，需要我们为之继续付出不懈的努力和探索。

长期以来，党中央、国务院高度重视知识产权工作，特别是十八大以来，更是将知识产权工作提到了前所未有的高度，作出了一系列重大部署，确立了全新的发展目标。强调要让知识产权制度成为激励创新的基本保障，要深入实施知识产权战略，加强知识产权运用和保护，加快建设知识产权强国。结合近年来的实践和探索，我们也凝练提出了"中国特色、世界水平"的知识产权强国建设目标定位，明确了"点线面结合、局省市联动、国内外统筹"的知识产权强国建设总体思路，奋力开启了知识产权强国建设的新征程。当然，我们也深刻地认识到，建设知识产权强国对我们而言不是一件简单的事情，它既是一个理论创新，也是一个实践创新，需要秉持开放态度，积极借鉴国外成功经验和做法，实现自身更好更快的发展。

自 2011 年起，国家知识产权局专利复审委员会* 携手知识产权出版社，每年有计划地从国外遴选一批知识产权经典著作，组织翻译出版了《知识产权经典译丛》。这些译著中既有涉及知识产权工作者所关注和研究的法律和理论问题，也有各个国家知识产权方面的实践经验总结，包括知识产权案件的经典判例等，具有很高的参考价值。这项工作的开展，为我们学习

---

* 编者说明：根据 2018 年 11 月国家知识产权局机构改革方案，专利复审委员会更名为专利局复审和无效审理部。

借鉴各国知识产权的经验做法，了解知识产权的发展历程，提供了有力支撑，受到了业界的广泛好评。如今，我们进入了建设知识产权强国新的发展阶段，这一工作的现实意义更加凸显。衷心希望专利复审委员会和知识产权出版社强强合作，各展所长，继续把这项工作做下去，并争取做得越来越好，使知识产权经典著作的翻译更加全面、更加深入、更加系统，也更有针对性、时效性和可借鉴性，促进我国的知识产权理论研究与实践探索，为知识产权强国建设作出新的更大的贡献。

当然，在翻译介绍国外知识产权经典著作的同时，也希望能够将我们国家在知识产权领域的理论研究成果和实践探索经验及时翻译推介出去，促进双向交流，努力为世界知识产权制度的发展与进步作出我们的贡献，让世界知识产权领域有越来越多的中国声音，这也是我们建设知识产权强国一个题中应有之意。

2015 年 11 月

致　谢

　　五年后重拾当年本人博士论文的研究主题，可谓任重道远。从我获得博士学位至今，法律界对软件的可专利性这个问题的研究，似乎已经转到了新的方向，变化的原因也不只是研究难度大吧！由于曾在 *Research Affiliates* 案[1]中担任专员，我有幸近距离地接触到其中至少一个变化。谨此感谢我当时的导师克里斯蒂安·季米特里亚季斯（Christian Dimitriadis），以及我的领导大卫·卡滕斯（David Catterns）大律师，感谢他们给我机会，能够为那个案子尽绵薄之力。

　　如果没有我的家人——莎拉（Sarah）、爱丽丝（Alice）和尼亚姆（Niamh）的支持，我不可能完成这次修订。他们并不介意我为潜心完成这项研究而没有时间陪伴他们。所以我要特别感谢他们。

　　我也要感谢劳特利奇出版社，是他们把我的观点带给更多的读者。感谢出版社的"宽宏大量"——理解我花了比预期更长的时间；首次出版专著，承蒙关照，十分感谢。

　　正因为有人在我攻读博士的生涯中一路给予支持，我才能顺利地获得博士学位。因此，我在下面重申我在博士论文中的致谢。

---

[1] 译者注：2013年澳大利亚地区法院就由计算机实现的发明的可专利性作出两种截然不同的判决。两起判决均针对的是基于计算机实现的信息检索和处理方法主张专利权的案件。在 *Research Affiliates* 案的判决中，法官认为采用该发明的方法得到的索引属于信息，而信息本身不能被授予专利权；但在 *RPL Central* 案的判决中，却认为计算机实施的操作（如检索、处理或展示信息）均具有可专利性，因为每个步骤均引起了机器状态或信息的变化，产生了符合自然规律的效果，故该方法能够被授予专利权。

博士论文的致谢部分

首先，我要感谢我的妻子莎拉，感谢她一直以来在身体、情感及智识上给我的全方位支持。除了禁止我在晚上十点后讨论数学问题，莎拉曾在无数场合认真聆听，因为我对那些与我有关的话题回以他人难以理解的抨击。感谢她在最后定稿阶段为我精心校稿，勤恳认真，不负我望。

其次，我要感谢我的博士论文导师戴安娜·尼科尔（Dianne Nicol）教授的无私奉献和支持。尽管戴安娜坚决否认自己在数学和软件领域的特长，然而，对我的每一步研究，她还是提供了鞭辟入里、鼓舞人心的建议，激励我更加努力地工作，实现更高远的目标。

感谢法学院为我提供奖学金，以及其他开展科研工作的资源。法学院前任院长唐·查莫斯（Don Chalmers）和现任院长玛格丽特·奥特洛夫斯基（Margaret Otlowski）一直慷慨而坚定地支持我，院里的教职工和研究生也让我觉得宾至如归。

衷心感谢尊敬的波特（Porter）法官。那两年，他给了我近距离接触法律前沿的机会，让我亲历了这项法律的发展。他的指导和支持，不论是考虑问题，还是关注细节，甚至是对一张空白A3纸价值的留意，都令我获益良多。

感谢我的母亲德士玛（Desma）。她从个人经历中体悟到博士论文写作可能会很艰辛，在写作的最后阶段，母亲给了我一些完稿流程方面的建议，这对我很有帮助。感谢母亲随叫随到地辛勤校对，还有她这一路以来毫不吝惜地为我加油鼓劲儿。感谢我的妹妹娜塔莉亚（Natalya），谢谢她给我有关美学和符号学的建议——那是我们有生以来最酷的一场谈话。

我要特别感谢爱丽丝·索查（Alice Sorcha）和纳娅姆·米莉（Niamh Milly），她们是在项目启动之后才到来的，自那之后，我的学术之旅也变得愉悦，谢谢她们的支持。

最后要感谢我的父亲鲍勃（Bob）。在我浑然不知论文为何物之时，父亲就鼓励我著书立说。25年后，我完成了博士论文。感谢父亲的金玉良言。虽然他说过的很多话，于我而言，大都如风过林梢，但有一些话，却在恰当的时机给我奋起的勇气，令我至今念念不忘。

目 录

导 论 · 1

第1章 软件的本质 · 11
1.1 引言 · 11
1.2 什么是软件 · 11
1.2.1 现代软件的演进 · 12
1.2.2 现代软件的开发过程 · 16
1.3 软件如何与数学相关联 · 21
1.4 同构对专利法的启示 · 29
1.5 结论 · 30

第2章 为什么软件专利是一个难题 · 31
2.1 什么是软件专利 · 31
2.2 软件专利为什么问题重重 · 32
2.2.1 充满不确定性的历史 · 32
2.2.2 抽象性 · 34
2.2.3 复杂性 · 58
2.2.4 重用 · 60
2.2.5 小结 · 63
2.3 专利的授予对软件产业有何影响 · 63
2.3.1 文献的缺乏意味着更多低价值专利 · 63
2.3.2 软件市场发展过快，不适合专利制度 · 64
2.3.3 网络效应放大了专利权人的权力 · 65
2.3.4 程序员不喜欢软件专利 · 65
2.4 这是否属于适格标的问题 · 67
2.5 分析应该如何进行 · 70
2.6 结论 · 70

第3章 数学的本质 · 72
3.1 数学家对数学的论述 · 73

3.1.1　数学的历史和哲学 78
　　3.1.2　这些不同的观点是否可以相互调和 96
　3.2　一位专利律师对数学的描述 97
　　3.2.1　欧洲 98
　　3.2.2　美国 103
　　3.2.3　澳大利亚 108
　　3.2.4　为什么数学不可以取得专利 111
　3.3　结论 115

第4章　为什么数学不具备可专利性 116
　4.1　引言 116
　4.2　专利法中的自由 117
　4.3　什么是自由 118
　　4.3.1　思想自由 119
　　4.3.2　表达自由 121
　4.4　数学需要自由吗 125
　　4.4.1　思想在数学中的作用 126
　　4.4.2　数学中的表达 129
　4.5　自由、实用艺术和非专利性 138
　　4.5.1　纯艺术和实用艺术的定义 138
　　4.5.2　纯艺术与实用艺术区别的三个维度 151
　4.6　结论 153

第5章　为什么编程不属于实用艺术 154
　5.1　引言 154
　5.2　编程是一门纯艺术还是一门实用艺术 155
　　5.2.1　无形的还是有形的 156
　　5.2.2　表达性的还是目的性的 162
　　5.2.3　审美的还是理性的 172
　　5.2.4　编程并不是一门实用艺术 185
　5.3　结论 187

第6章　启　示 188
　6.1　引言 188
　6.2　框架分析 189
　6.3　对专利法现状的分析 189
　　6.3.1　美国 190

6.3.2 英国 ... 192
6.3.3 澳大利亚 ... 192
6.3.4 三个司法管辖区的总结分析 ... 193

6.4 争论对专利法的更广泛影响 ... 194
6.4.1 专利标的并非一个"失败的守门人" ... 194
6.4.2 类型化是关键 ... 202
6.4.3 需要进行归纳和个案分析 ... 202
6.4.4 人权法学 ... 204

6.5 超越专利范式 ... 207
6.5.1 商业秘密 ... 208
6.5.2 著作权 ... 210
6.5.3 在夹缝之间 ... 210
6.5.4 另一种保护模式 ... 211

结 论 ... 214

导　论

现代生活中，软件无处不在。个人电脑是软件进入普罗大众认知的主要工具。上班一台电脑，在家一台电脑，并不稀奇。人类与软件的互动、人类对软件的依赖越来越多样化。各种设备都需要运行软件，包括"洗衣机和烘干机、烤面包机和微波炉、电子记事本、数字电视和数字录音机、家庭报警系统和老年人医疗警报系统、灌溉系统、起搏器、视频游戏、上网设备、复印机、计算器、牙刷、音乐贺卡、宠物识别标签，还有玩具"。[2]现代手机就是一台掌上电脑，[3]对于手机购买者而言，手机的装机软件也是一个决定购买与否的关键因素。[4]汽车也越来越依赖嵌入在小型微控制器中的软件组件。这些软件组件可以控制排放和油耗、进行高级诊断、简化制造和设计，使汽车变得舒适方便。[5]也许用不了多久，计算机将完全取代人类驾驶。[6]复杂的软件应用正在

---

〔2〕 Martin L. Shooman, *Reliability of computer systems and networks: fault tolerance, analysis and design*（John Wiley and Sons, 2002）at 9.

〔3〕 例如，现在看似古老的 iPhone4，其处理能力与 Cray-2 超级计算机差不多，Cray-2 超级计算机是 1985 年发布的当时世界上运算速度最快的计算机。见"Processing Power Compared"，<http://pages.experts-exchange.com/processing power-compared/>（27 February 2017）; "Cray-2", *Wikipedia*, last modified 23 January 2017 <https://en.wikipedia.org/wiki/Cray-2>（27 February 2017）。

〔4〕 买家越来越关心他们的手机运行的是 iOS、Android 还是 Windows Phone 操作系统。例如见 Denis Gallagher, "Smartphone buying guide" *Choice Online*, 30 August 2011 <https://www.choice.com.au/electronics-and-technology-phones/mobilephones/buying-guides/smartphones>（27 February 2017）。

〔5〕 Ben Wojdyla, "How it Works: The Computer Inside Your Car" on *Popular Mechanics* <http://www.popularme chanics.com/cars/how-to/a7386/how-it-works-the-computerinside-your-car/>（27 February 2017）. 2013 年具有代表性的新车大约有 100000000 行代码: Doug Newcomb, "The Next Big OS War is in Your Dashboard", *Wired Magazine*, <https://www.wired.com/2012/12/automotive-os-war/>（27 February 2017）。

〔6〕 William Messner, "It's pedal to the metal for driverless cars", *The Conversation*, 30 January 2017<https://theconversation.com/its-pedal-to-the-metal-for-driverlesscars-71936>（27 February 2017）.

驱动尖端科研项目的发展，如大型强子对撞机[7]和人类基因组计划；[8]软件系统用于管控基础设施服务，如供电、供水、电信和公共交通。除了使用软件的环境十分广泛，单个程序的大小和复杂性也呈指数级增长。[9]在1981年，当时支持主流个人电脑的MS-DOS操作系统由大约4000行代码组成。[10]然而，到了2002年，后继的Windows XP操作系统则包含了大约4000万行代码。[11]

与此同时，软件行业也成为一个大产业。根据美国劳工统计局（United States Bureau of Labor Statistics）的数据，仅在2008年，美国就有约130万名计算机系统软件工程师和程序员。预计到2018年该人数将增长21%，达到160万名左右。[12]据估计，2009年，全球软件业的规模约为2255亿美元。[13]到2013年，根据加特纳公司（Gartner）的统计，全球软件业价值为4073亿美元。[14]到2019年，软件业价值达到8995亿美元。[15]

但是，软件业与其他行业不同。这在很大程度上是因为软件产品具有不

---

[7] 有关概述见 Wikipedia, "Large Hadron Collider" <http://en.wikipedia.org/wiki/Large_Hadron_Collider>（4 September 2011）。大型强子对撞机依靠软件来控制众多硬件组件的运行，以及收集和分析数据。涉及软件的概述，见 Juan Batiz-Benet, Xuwen Cao and Yin Yin Wu, "CERN's Large Hadron Collider" <https://sites.google.com/site/multinationalsoftwares/multinationalprojects/cern-lhc>（4 September 2011）。

[8] HGP公司的目标是要 "识别人类DNA中的20000~25000个基因；确定组成人类DNA的30亿个化学基对的序列；储存信息到数据库；改进数据分析工具；把相关技术转移到私营部分；解决项目可能产生的道德、法律和社会问题（ELSI）"：United States Department of Energy, "About the Human Genome Project" <http://www.ornl.gov/sci/techresources/Human_Genome/about.shtml>（4 September 2011）。虽然还在继续进行数据分析，不过这个计划在2003年已完成。关于自动化在计划中的作用，见 Lynn Yaris, "Machines and the Human Genome Project" <www.lbl.gov/Science-Articles/Archive/human-genome-mapping-sequencing.html>（4 September 2011）："'从一开始，实验室自动化就被认为是人类基因组计划的一个基本要素'，人类基因组中心仪器组的一个计算机系统工程师艾德泰尔说，'除了速度和简化烦琐的优点，自动化还将人为错误最小化，并作为过程的一部分瞬时捕获数据。'"

[9] 关于规模与复杂性的关系，见本书第1章。

[10] Henry M. Walker, *The tao of computing*（Jones and Bartlett Learning, 2004），见第79页。

[11] Henry M. Walker, *The tao of computing*（Jones and Bartlett Learning, 2004），见第79页。当然，应用程序中的代码行数是一个非常粗糙的度量，因为它没有考虑到语言选择或编程风格，这两者都可能导致用于类似任务的代码行数发生显著变化。

[12] United States Bureau of Labor Statistics, "Computer Software Engineers and Computer Programmers" in *Occupational Outlook Handbook*, 2010-11 Edition <http://www.bls.gov/oco/ocos303.htm>（3 September 2011）。

[13] Data Monitor, "Software: Global Industry Guide 2010" 31 January 2011 <http://www.datamonitor.com/store/Product/software_global_industry_guide_2010?productid=4F026C5C-EBCC-4193-AD27-77260196E7F5>（3 September 2011）。

[14] "Gartner Says Worldwide Software Market Grew 4.8 Percent in 2013", *Gartner.com*, Press Release 31 March 2014 <www.gartner.com/newsroom/id/2696317>（27 February 2017）。

[15] Marketline, "Software: Global Industry Guide", *ReportLinker*, May 2015 <http://www.reportlinker.com/p0191925>（27 February 2017）。

寻常的性质。软件具有"无限延展性",[16]它是一种用文字表达的概念的排列。因此,不像传统的实体产品,软件并不是精心设计生产出来的产品。软件产品也不像实体产品循序渐进地经历从设计到样品、测试,再到生产的各个阶段,而物理学定律在其中每个阶段,都可能给设计者们带来一些挑战。不像汽车这种实体产品,软件的任何一个部分,都可能在任何一个产出环节被完全改变。即便软件产品发布以后,还是会持续地更新。不管第一个版本的软件价格如何,后续的更新都是免费的。不论软件是为某一个人设计的,还是为100万人设计的,产出过程都一样。软件通常是按订单生产,使用者可以购买现成的产品,或者购买两者的混合产品——选择现成的产品,然后根据个人或组织的特定需求进行定制。

软件的灵活性和自由性既是它的优点也是它的缺点。软件可以随时修改,即使产品已在公开市场上发布,也可以继续更新。因此,软件具有适应用户需求的潜力,不需要用户调整需求来适应软件。但改变的诱惑是很难抗拒的,这使得项目需求成为一个不断变化的目标,导致软件项目也因预算超支和延迟交付而出名。

软件"工厂"也是很独特的。尽管开发软件规模庞大又复杂,但相对较小的团队也可以承担开发工作。[17]这些团队可能共用一个办公室,也可能散落在全球各地。团队的成员——程序员,可能认为自己是软件工程师,当然也很有可能他们的自我定位是艺术家。考虑到工作媒介的无形性,很难衡量他们的生产效率。经验证据表明,即使程序员经历类似,效率也可能存在10倍的差异。[18]

鉴于软件具有的上述特性,质疑软件是否应该获得专利似乎是合理的。传统意义上的专利制度已成为通过鼓励创新来造福社会的一种重要机制。据说专利法通过三种方式来实现这种鼓励:鼓励新发明创造及其商业化的专有奖项;通过向公众公开这些技术来鼓励相关领域的创新;在专利保护期限届满后,他

---

〔16〕 Frederick P. Brooks Jr, "No Silver Bullet: Essence and Accidents of Software Engineering" (1987) 20 (4) *Computer* 10 at 12.

〔17〕 "有人把文字处理器和波音飞机的复杂性做了认真的比较。但根据微软 Word(版本 3.1)的产品经理说,他的软件开发团队只有八名程序员。" Brad Cox, "No Silver Bullet Revisited" *American Programmer Journal*, November 1995 <http://virtualschool.edu/cox/pub/NoSilverBulletRevisted> (22 July 2011).

〔18〕 H. Sackman, W. J. Erickson and E. E. Grant, "Exploratory Experimental Studies Comparing Online and Offline Programming Performance" (1968) 11 (1) Communications of the ACM 3; Bill Curtis, "Fifteen Years of Psychology in Software Engineering: Individual Differences and Cognitive Science" ICSE '84 Proceedings of the 7th International Conference on Software Engineering (IEEE Press, 1984).

人可以利用已公开的发明，进行进一步开发。[19]

专利法早在 15 世纪就产生了，到 19 世纪末现代专利制度形成。工业革命伊始，专利法的最初目的是激励建立新的产业，[20] 在那个时代，新产品的发明和商业化是一个缓慢的试错过程。当时，因为发明人的好点子有了专利法的保护，就可以免受在公开市场被商业化而产生的不利影响。自那时起，随着科技的进步，专利制度保护范围扩张，越来越多的无形的新发明类别被纳入其中，如化学过程、改进设备的方法和医疗方法，甚至是分离生物材料的过程。[21]

软件是一种高度无形和复杂的创造物。软件产业的特点是产品生命周期短，高度依赖于重用和一致性。因此，20 世纪 60 年代，人们首次关注软件的可专利性时，就提出了一个问题：专利制度与软件保护之间的联系是否遥不可及。早期的迹象表明事实确实如此。1966 年，一个由著名学者、行业代表和专利专员组成的美国总统委员会曾建议国会立法将软件排除在专利法的保护范围之外。[22] 在欧洲，正是这样一种对电脑程序的排除构成了《欧洲专利公约》[23] 的一部分，并自 1977 年以来，英国也启动了类似的相关立法。[24] 在澳大利亚，澳大利亚专利局的早期决定旗帜鲜明地反对软件可获得专利权，不过到了 1991 年，澳大利亚还是在司法实践中考虑了软件的可专利性。[25]

尽管存在这种早期的沉默，软件专利在美国、英国、澳大利亚已经司空见惯。但这并不意味着软件的可专利性问题已经得到解决。通往软件的可专利性的道路是循序渐进的。可以说，在美国，这条路直到 1998 年 *State Street* 案[26] 判决之后才算到了终点。然而，反对软件专利化的运动依然激烈而坚决。2005 年，针对欧盟软件指令（被视为允许在该司法管辖区内不受限制地申请软件专利）的广泛抗议活动，终于迎来了胜利，并在这一过程中收集了近 50 万

---

[19] Kathy Bowrey, Michael Handler and Dianne Nicol, *Australian Intellectual Property: Commentary, Law and Practice* (Oxford University Press, 2010) at 378.

[20] 这个工业时代发明的一个典型例子是瓦特的蒸汽机，这是一种改进的蒸汽机，是 *Boulton v Bull* (1795) 126 ER 651 的主题。

[21] 虽然基因序列的分离似乎超出了保护范围，见 *Association for Molecular Pathology v Myriad Genetics Inc* 569 U.S._, 133 S.Ct. 2107 (US Supreme Court, 13 June 2013); *D'Arcy v Myriad Genetics Inc & Anor* [2015] HCA 35 (Australian High Court, 7 October 2015)。

[22] Presidential Commission on the Patent System, *To Promote the Progress of Useful Arts in an Age of Exploding Technology* (1966).

[23] *Convention on the Grant of European Patents*, opened for signature 5 October 1973, 13 ILM 268 (entered into force 7 October 1973).

[24] *Patents Act* 1977 (UK).

[25] *IBM v Commissioner of Patents* (1991) 33 FCR 218.

[26] *State Street Bank & Trust Co v Signature Financial Group Inc* 149 F.3d 1368 (Fed Cir, 1998).

人的签名。[27] 即使到了现在，愤怒的博客圈成员，包括许多软件开发者，还在对他们认为是被破坏了的专利制度和授予软件专利权的荒谬行为，表示不满。智能手机软件专利战爆发之后，苹果与安卓针锋相对，愈发加剧了人们的不满。[28]

在最近一段时间里，情况似乎对软件的可专利性越来越不利。在 *Alice Corp.* 案[29]中，美国最高法院认为，一种由计算机实现的，为便利金融交易托管服务提出的权利要求，不符合专利申请的资格，因为它被引向了一个抽象的概念，再多的计算机实施也无法将其转变为其他东西。同样，在澳大利亚，*Research Affiliates* 案[30]和 *RPL Central* 案[31]的全席法庭虽然没有将软件完全排除在专利制度之外，但对抽象概念和符合专利条件的技术创新进行了区分。

尽管软件的可专利性从最初被纳入到考虑范围，迄今已经 50 多年，但软件的可专利性问题仍然是个未知数。基于直觉而非分析的对软件本质的误解已经与扩展固有的可专利性的传统理解状态相结合，使其得以适应。这给软件行业带来了实际问题，在软件行业，专利很少被当作创新的辅助手段，而更多的是被当作一种防御机制。这种包容的态度也对专利制度的一致性提出了理论上的挑战。一方面，软件可以说是一种更为版权制度熟悉的智力创造；另一方面，软件控制着一个功能性设备——计算机的运行，而这样的机器似乎很适合过往专利法对各种实用设备的保护。简单来说，问题在于，软件有着将专利适格标的延伸到未知领域（抽象的智力创造领域）的威胁，这也许是信息时代创新的表象（coal-face）。但专利法在工业时代的管理体制是否提供了适当的激励，还远未清楚。

在所有这一切中，软件与数学的关系被忽略了。软件是追求数学真理的副产品，源于符号逻辑和数学形式主义。符号逻辑试图将数学结果的可验证性简

---

[27] 欧盟在提议引入统一专利制度的过程中，似乎有可能出现重复的表现。见下文的讨论。

[28] Chloe Albanesius, "Infographic: Who Will Win the Patent Wars?" *PCMag*.com, 2 September 2011 <http://www.pcmag.com/article2/0, 2817, 2392375, 00.asp> (4 September 2011); L Gordon Crovitz, "Google, Motorola and the Patent Wars" *The Wall Street Journal*, 22 August 2011 <http://online.wsj.com/article/SB100014 2405311190 363940457651849309264 3006.html> (4 September 2011); Holman W Jenkins, "Obama and the Smartphone Wars" *The Wall Street Journal*, 24 August 2011 <http://online.wsj.com/article/SB10001424053111 903327904576526130093390612.html> (4 September 2011); Kimberlee Weatherall, "Samsung Galaxy Tab vs Apple iPad: the tablet patent wars hit Australia" *The Conversation*, 3 August 2011 <http://theconversation.edu.au/samsunggalaxy-tab-vs-apple-ipad-the-tablet-patent-wars-hit-australia-2660> (4 September 2011).

[29] *Alice Corp. v CLS Bank International*, 573 U.S., 134 S. Ct. 2347 (US Supreme Court, 2014).

[30] *Research Affiliates LLC v Commissioner of Patents* [2014] FCAFC 150; 227 FCR 378.

[31] *Commissioner of Patents v RPL Central Pty Ltd* [2015] FCAFC 177; 238 FCR 27.

化为从约定公理开始的一系列规则的机械应用。数学和软件是同构活动，因为数学的活动和开发软件的活动是密切对应的。这一点与上一点相关，因为这两个学科都试图将知识简化为一系列逻辑步骤，一个是为了验证，另一个是为了指导计算机。这种密切的关系，使数学在专利法中的地位成为一个有趣的研究路径。与软件不同，数学的历史可以说和人类历史一样悠久。因此对数学的可专利性的思考（数学似乎一直是不可专利的），为我们就当代探讨该问题并做出决定提供了一个丰富的资源库。[32]

1. 目的

简而言之，写这本书的目的如下：
（1）论证软件不应该被授予专利权。
（2）论证上述论点，以超越了功利主义的或纯粹的经济分析的因素为依据。
（3）阐明软件的本质及其构造方式，以便在知识产权背景下或在其他法律背景下，更好地为辩论提供信息。

本书主要持反对软件具有可专利性的论点。我将说明软件的本质，也许更重要的是，软件的创造方式使它成为一种与专利制度的历史、目的和运作不可调和的产品。但这不是为此目的提出的第一个论点，也不可能是最后一个。

因此我与其他人论点的区别不在于结果，而在于手段。波义耳（Boyle）指出，许多关键的知识产权研究都是在"无情的功利主义框架"中进行的。[33]所以，此类专利通常是出于纯粹的经济理由。专利理论认为"自由竞争的准则会导致竞争对手搭便车，减少投资新技术的理由，因此需要向创新者提供发明的专有权来鼓励创新"。[34]创新被认为是积极的，因为公众受益于新的、有用的技术的公开，这些专利技术在专利权保护期限届满时进入公共领域，即所谓

---

[32] "一页历史胜过一册理论"：*New York Trust Co v Eisner* 256 US 345（1921），见霍姆斯法官（Holmes J）意见；"在这个美好的未来，你不能忘掉你的过去"：Bob Marley, "No Woman, No Cry", Live!（1975）。

[33] James Boyle, "Enclosing the Genome: What the Squabbles over Genetic Patents Could Teach Us" in F. Scott Kieff, *Perspectives on the Human Genome Project*（Academic Press, 2003）97 at 109.

[34] Advisory Council on Intellectual Property, *Patentable Subject Matter: Issues Paper*（2008）<http://www.acip.gov.au/library/Patentable%20Subject%20Matter%20Issues%20Paper.pdf>（accessed 13 November 2008）at 1.

专利法的社会契约论。[35]这些好处必须与授予垄断权形成对比，后者相当于以两种不同的方式向社会征税。

首先，通过高价的货物，这些货物在自由贸易的情况下，可以以更低的价格购买；其次，通过在一个商业分支领域内完全的排他权，使这一垄断领域中的许多人感受到既方便又有利可图。[36]

狭隘的社会契约论把专利适格标的问题界定为一个创新、防止搭便车和鼓励投资这三种措施的经济利益是否大于价格上涨和排除竞争的问题。在这种情况下，纯粹依据经济基础评估成本的风险在于，专利的成本可能是社会的、伦理的、宗教的、环境的、科学的，并不恰好符合经济分析。纯粹从经济角度夸大专利法的风险可以这样表述：

当经济学被视为一门研究决策过程、研究受约束的优化行为的科学时，它是有用的。如果经济学被视为一种精确的工具，可以机械地、独立地决定复杂问题的结果，那么它就无济于事了。……它可用来帮助确定问题的框架，以隔离适当的司法考虑因素。然而，在权衡和量化竞争问题的内在主观过程中，经济学是没有帮助的。不承认这一局限性是错误的，而且，假定困难的、受主观价值影响的决定……可以通过诉诸经济公式来机械地决定也是危险的。[37]

这个问题通常使人认识到，除了经济和法律问题，可专利性问题有时还涉及社会、伦理、宗教、环境和科学问题，经济和法律问题本身有时并不足以构成专利法的基础。在这场争论中，我们所要达到的目的并不是要取代经济学作为评估专利法的工具，而是要阐述一个替代性的分析框架，通过该框架评估专利适格标的，并且至少为更广泛的考虑打开大门。同时，人们认识到，任何此

---

[35] 这一思路出现在 *Liardet v Johnson*（1778）1 Carp Pat Cas 35（NP）案中，其特点是授予专利而不是特权，但作为交换，其中授予垄断以换取对发明工作的适当披露。又见 *Turner v Winter*（1787）19 Eng Rep 1276，该案中法院指出"专利权人对其专利的垄断所给予的对价，是专利期满后公众从其发明中获得的利益"。然而，18世纪，专利法的经济理论开始占据主导地位。见 Edward C. Walterscheid "The Early Evolution of the United States Patent Law: Antecedents（Part 4）"（1996）78 Journal of the Patent and Trademark Office Society 77，第104~106页。同样，见《1990年澳大利亚专利法》二读讲话："专利制度的实质是鼓励企业家开发新技术并将其商业化。" Commonwealth of Australia, "Patents Bill 1990: Second Reading" Senate, 29 May, 1990 <http://parlinfoweb.aph.gov.au/PIWeb/view_document.aspx?id=562046&table=HAN SARDS>（2 November 2004）。一种不同的理论支撑着美国的体系，也就是把专利当作对发明人的奖励：Edward C. Walterscheid "Patents and Manufacturing in the Early Republic"（1998）80 *Journal of the Patent and Trademark office Society* 855 at 856.

[36] Adam Smith, *An Inquiry into the Nature and Causes of the Wealth of Nations*（5th ed, Methuen, 1904）at 159–160.

[37] Peter J. Hammer, "Free Speech and the 'Acid Bath': An Evaluation and Critique of Judge Richard Posner's Economic Interpretation of the First Amendment"（1988）87（2）*Michigan Law Review* 499 at 499.

类分析都需要与专利法在漫长历史中形成的原则相一致。

本书的最终目的是使人们更加清晰地了解软件的本质。软件的本质既是对可计算过程的描述，又是计算过程实际执行的机制，虽然这容易引起混淆。比如，有些人可能很难理解，可购买、安装在计算机上，然后进行运行而使某些图像出现在屏幕上的东西，实际上可能根本就不是实物。通过将本书中阐述的分析框架应用到特定的软件中，作者希望人们能对软件开发和软件本身的性质有所了解，并避免今后进一步的错误认知。

2. 概述

第1章主要介绍了软件的本质，不过所探讨的许多观点在第5章中有更详细的阐述。特别是软件的三个方面，被认为是正确理解它的关键。首先，通过一个抽象的过程，连续几代的软件已经从特定的硬件限制中被解放出来。理解抽象层面意味着理解软件和计算机物理约束之间的联系。抽象程度因手头的任务而异，因此分析可以是特定于上下文的。其次，软件开发依赖于重用，使用层、库、框架和设计模式构建软件组件。重用是软件行业的一个关键特征，没有它就无法继续下去。最后，软件实体非常复杂，通常涉及大量独特的组件。软件实体的复杂程度据说与飞机相似，但每个组件的独特性质意味着软件无法形成规模经济。第1章还探讨了软件和数学之间关系的本质，并解释了软件如何在形式和结构两个层面上和数学等同，或至少是同构的。

第2章从实践和理论两个角度详细解释为什么软件专利是一个难题，并将这一难题追溯到第1章中确定的软件的三个关键特征。本章还记录了美国、欧盟、澳大利亚法院试图处理这些难题时尝试过的方法，并说明为什么应将软件专利问题作为专利适格标的问题，而不是作为新颖性或非显而易见性的问题来处理。本章说明了为什么当前的方法存在不足，并引入一种观点，即有必要找到解决软件专利问题的新方法。

特别是有人认为，难点在于未能解决狭义的经济（或功利主义）方法对专利法的局限，这种方法不允许考虑更广泛的问题。人权法学作为一个相关的考虑因素引入进来，为下一章的讨论做准备，说明如何在表达自由或思想自由的基础上解释数学的不可专利性。

本书的最终目的是阐明专利适格标的范围，阐明软件的本质，并以此解释为什么软件不应成为专利适格标的。第3章以软件和数学之间的同构为基础展开，这一点在第1章已经阐明。本章首先探讨了数学的历史和哲学，试图确定数学的本质。然后表明法律对数学本质的解释是不够的，因为这些解释不能与各种数学哲学对充分理解数学本质的贡献相一致。

第4章进一步探讨数学的本质，以期构建一个更合适的解释，即为什么数学是不可专利的。为此，采取了不同的方法。尽管历史、哲学和法律对数学本质的描述都集中在数学是什么这一问题上，但本章表明，我们更应该关注数学进一步发展需要什么。通过回答这个问题，就有可能避免为数学是什么提供一个明确的统一解释，并回答数学是不是专利保护的合适主题的问题。同时也会说明，将数学从专利标的中排除的根本原因，是由于数学创新依赖于思想和表达的自由。

然而，本章不会试图将专利法重新定性为不一致的人权之间的竞争，而是要展示如何使这种自由与我们对专利法范围的传统理解相调和。实现这种调和的机制是区分不可专利的纯艺术和可专利的实用艺术。有人会说，于今而言，实用艺术或技术的概念为人们提供了一种区分发明和其他智力成果的适当方式。用数学分析自由的运作方式，结合对技术哲学的探索，本章引出了一个三维的分析框架，通过这个框架，有可能以结构化的方式来区分纯艺术和实用艺术。然后这一分析被应用于数学，说明为什么数学是一门艺术而不是实用艺术，尽管它在许多技术成果中发挥了作用。这是因为它是无形的，而不是物理的；它是表达的，而不是功能的；它是审美的，而不是理性的。

第5章将第4章开发的分析框架应用于软件，探讨软件开发的表现力、美感和无形的本质，以支持软件也是一门纯艺术的论点。特别是软件和硬件的相互关系，即第1章中提到的抽象性，是一个重要的决定因素。当软件和硬件密切相关时，物理上的限制可能会制约软件，因此表达和美学方面的考虑同样受到限制。如果软件仅仅是物理设备的附属品，这不会改变编程的性质，但可能会改变申请专利的内容，即软件仅仅是其中的附属组件。要确定实际上要求保护的是软件还是物理设备，在任何特定情况下，都需要对事实做出困难的判断，但选择的困难并不能排除做出这种区分的必要性。

在论证了为什么编程和数学一样不是一门实用艺术之后，第6章探讨了这一主张的含义，评估了分析框架的价值以及澳大利亚、英国和美国的专利法的现状。本章也阐述了定性的重要性，随后，还考虑了专利标的的作用。将软件排除在专利范式之外的必要性表明，专利对象不是一个"失败的守门人"，而是一个重要的机制，通过这个机制，诸如伦理和社会考量等"软"问题可以在专利法中得到调和。最后，有些评论涉及一个更广泛的问题——在提出软件不应受到专利法的保护之后，本章提出一个观点，即没有必要扭曲专利法来保护软件产业。本章还探索并探讨了其他替代保护机制，发现它们更适合于针对信息时代的问题制定信息时代的对策。

3. 其他事项

截至 2018 年 6 月 26 日，本书中所引用的法律是准确无误的。

第 1 章
软件的本质

1.1 引言

要理解为什么软件会成为专利法的一个问题,首先有必要了解现代软件是如何构成的,以及任何特定的软件组件是如何构建的。第 5 章将会更加详细地阐述软件的本质。不过,想要正确理解第 2 章所讨论的软件专利案例所涉及的问题,理解软件开发过程就显得很有必要。

通过对软件本质的探索,有四件事情将变得清晰。首先,摆脱特定硬件限制的抽象过程是软件获得成功的关键。其次,使用层、库、框架和设计模式构建软件系统的方式清楚地表明,软件开发的一个重要目标就是鼓励重用。再次,特定代码段的开发往往是非常基于上下文的——并非所有的软件开发活动都是相似的。最后,软件实体往往是复杂的,通常涉及大量独特的组件。抽象概念、重用、上下文、复杂性都对专利适格标的问题的研究带来重要的考虑,这些都会在后面的章节中展开探讨。

本章还将介绍本书的一个重要主题,即软件与数学同构。这种同构可以在形式和结构两个层次上得到证明。尽管二者之间无疑存在一些差异,但所确立的表面同一性为参照数学的可专利性来探讨软件的可专利性提供了适当的基础。

1.2 什么是软件

在计算历史的早期,组成计算机的物理组件的集合开始被称为"硬件"。软件后来被发明,指的是计算机的非物理方面,特别是程序或"使计算机执行所需的操作或一系列操作"的指令集。[38]这样的定义在一定程度上是有用的，但是忽略了硬件和软件之间的复杂关系，特别是当外部存储的程序[39]加载到计算机的内存中时。该定义还鼓励关注软件开发过程的最终产品——可执行代码——而忽略了存在于中间阶段的其他人工制品；在某种意义上，这些人工制品决定了最终产品。

因此，要真正了解软件的本质，就必须了解软件开发从早期以来是如何演变的，因为这种演变在很大程度上决定了软件开发者目前的操作方式。然后才有可能看到软件开发者是如何通过被称为自上而下的编程范式，将一个抽象的想法开发成可运行的软件。这样一来，我们也可以对软件独特性的来源做些一般性的观察。

1.2.1 现代软件的演进

A 机器代码

机器代码，或本地代码，是所有软件最初编写的媒介，也是软件最终在计算机上执行的形式。机器代码是一组由 1 和 0（称为比特）组成的设定长度的字符串，它告诉计算机的中央处理器（CPU）执行哪条指令、从何处获取数据以及将结果放在何处。下面给出了一个 32 位指令的示例（见表 1.1）。[40]

表 1.1　机器代码指令示例

1	0	0	0	0	0	0	1	0	0	0	0	0	1	0	0	0	0	1	1	0	0	0	0	0	0	0	0	0	0	0	0
指令（ADD）								输出（L4）								输入 1（L2）								输入 2（L3）							
																								未用的							

该指令告诉 CPU 将内存位置 2 的内容与内存位置 3 的内容相加，并将结果放入内存位置 4。可用的指令集因处理器而异，但通常包括以下操作：

算术运算，如加法、减法；

逻辑指令，如 and（与）、or（或）、not（否）；[41]

---

〔38〕"Software" in *The Macquarie Dictionary*,（4th ed, The Macquarie Library Pty Ltd, 2003）.

〔39〕例如在穿孔卡片、软盘上，或者是在 CD、DVD 上。

〔40〕改编自 Arvind Asanovic, "Early Developments: From the Difference Engine to IBM 701"（Lecture Slides, MIT, 2005）<http://ocw.mit.edu/courses/electrical-engineeringand-computer-science/6-823-computer-system-architecture-fall-2005/lecture-notes/101_earlydev.pdf>（11 September 2011）.

〔41〕例如，逻辑运算符 "and" 写为 "∧"。a ∧ b 的计算结果为真，其中 a 和 b 都为真，否则计算结果为错误。在二进制中，真用数字 1 表示，假用数字 0 表示。所以，1 ∧ 1=1，而 1 ∧ 0=0。在上面的例子中，可以对 L2 和 L3 中的数据的每个位（列）执行此操作。若是真，则要存储的值在 L4=00010 ∧ 00011=00010 中。

数据指令，如移动、输入、输出、加载、存储；[42]

控制流指令，如跳转、如果……则跳转到、调用、返回。

每条指令都有其相应的二进制数，这会使得使用机器代码编写程序的过程变得乏味且耗时。错误很容易产生，也很难发现。此外，指令到数字的映射可能因处理器而异。这意味着机器之间几乎没有可移植性。[43]

因此，很早以前，程序员就开始寻找方法，使计算机指令更易于人类阅读。

B 汇编语言

软件下一阶段的发展是编写一个程序，它可以将人类可读的指令转换成数字字符串，称为汇编或反汇编程序。上面机器代码指令的汇编语言版本如下所示：

ADD（L4，L2，L3）

"ADD"显然比100000更令人难忘，但汇编指令和机器代码指令之间仍然存在一一对应关系。看似简单的操作需要大量的机器级指令，[44]使用汇编语言的程序员仍然必须在特定于硬件的指令集的约束下工作。[45]所以他们开始用另一种方式隐藏计算机的底层细节。

C 高级语言

现在大多数编程都是用高级语言来完成的，高级语言离自然语言又近了一步。高级语言还对程序员隐藏了机器架构。上面的汇编代码的高级表达是：

$a=b+c$

当使用高级语言时，程序员不再担心内存位置、特定于架构的指令或其他底层硬件细节。然而，为了让计算机执行，高级语言命令需要被翻译成机器代码。因此，这样的高级语言通常是根据翻译的实现方式进行分类。

---

[42] 这些命令用于与计算机各个部分中可用的数据交互，包括 CPU、硬盘、内存（RAM）、显示器、输入设备。

[43] 在计算历史的早期，这是一个特别大的问题，当时没有体系结构的标准化。尽管现在看起来问题不大，因为大多数计算机都基于英特尔奔腾体系结构，但仍有许多替代体系结构在使用，尤其是对于手机等小型电子设备。

[44] AVR 芯片组上两个数字相乘的汇编代码需要不少于 30 个独立的数字说明。见 Gerhard Schmidt，"Mult8.asm" on *Tutorial for learning assembly language for the AVR-Single-Chip-Processors* <http://www.avr-asm-tutorial.net/avr_en/calc/MULT8E.html>（24 July 2008）。

[45] 尽管困难重重，汇编语言仍然被应用于今天的应用中，在这些应用中，软件的高效性能比增加它所涉及的人工劳动更重要，例如在设备驱动程序、嵌入式系统和计算机游戏例行程序。见 Wikipedia，"Assembly language" <http://en.wikipedia.org/wiki/Assembly_language>（18 August 2008）。

D 编译器

编译语言不能直接在计算机上以其原始形式（源代码）运行。在它们可以执行之前，翻译程序（编译器）将高级语言指令翻译成特定于机器的指令（编译的结果称为目标代码）。常见的编译语言包括 C 语言和 Java 语言。

E 解释器

解释语言则没有上述准备步骤，一个叫作解释器的程序在运行代码时把高级代码翻译成机器代码。解释语言的现代样本包括 Python、Perl、PHP 和 Ruby。由于不涉及任何编译，用这些程序编写的软件的开发和测试就更简单了。解释语言的不足之处在于，其通常运行较慢且需要较大内存。

F 软件栈

软件开发过程的抽象化并不是以自然语言结束的。一种不同类型的抽象化是通过将软件分解为一系列层（称为堆栈）来实现的，在堆栈中，每一层都向上一层提供对其服务的访问权限，但只能通过一组更高级别的函数来完成。下面讨论现代计算机操作中涉及的典型层。

固件、内核和操作系统： 固件存在于硬件和软件之间的交界处，可以看作是嵌入在硬件设备中的计算机程序。在现代计算机中，固件最常见的作用是作为基本输入输出系统（Basic Input Output System，简称 BIOS），它通过检测安装的硬件元素，然后加载操作系统来开启计算机。

仅在固件级别之上运行的是操作系统的内核。内核处理计算机硬件之间最低级别的交互。最常见的内核是 Linux，即 GNU/Linux 操作系统的内核。内核的工作是"管理计算机的资源，并允许其他程序运行和使用这些资源"。[46] 这些资源包括 CPU、内存（RAM）和各种输入/输出设备，如显示器、磁盘驱动器、鼠标和键盘。由于在计算机上任何时候通常都会有多个程序在运行，所以内核可以决定哪个程序可以访问什么、何时访问，以及访问多长时间。内核还负责程序之间的通信。

操作系统的其他部分执行更广泛的高级服务，包括如下服务：[47]

程序执行（启动和停止应用程序）；

响应事件（例如，"某人按了 A 键——向当前程序发送 A！"）；

---

[46] Wikipedia, "Kernel（computer science）" <http://en.wikipedia.org/wiki/Kernel_（compu ter_science）> （23 July 2008）.

[47] 此列表改编自 Wikipedia, "Operating system" <http://en.wikipedia.org/wiki/Operating_system> （23 July 2008）。

内存管理（例如，"Firefox 打开了一个新窗口——给它更多内存！"）；

多任务处理（例如，它允许你在网上冲浪，运行邮件，同时进行打印）；

磁盘访问和文件系统；

设备驱动程序（例如，确保 Comic Sans MS 字体在单位的打印机打印出来看起来和在家里的打印机打印出来的一样难看）；

联网（例如，将数据从你的计算机发送到电子邮件服务器，并确保所有数据都在那里）；

安全性（例如，谁可以登录？谁可以查看此文件？）；

图形用户界面（窗口、按钮、菜单等）。

库、框架和模式：软件开发者通常希望将软件分解为多个组件，这些组件可以在手头的问题之外得到重用。因此，大多数（不能说全部）应用软件都是由一系列独立的组件构建的，这些组件通常是由第三方开发人员编写的，或者是由各方协作创造出来的。

库（或模块）是"为解决某一特定领域的广泛问题而设计的大量计算机模块"。[48] 例如，库可能包含用于计算数学或科学公式的函数，[49] 或用于管理文件的函数。[50] 库允许编程工作集中在可以重用的工作上。库可以被认为是一种语言的扩展。

框架是"应用程序开发人员可以自定义的应用程序的骨架"，[51] 它提供了一组可重用组件（如库），以及一种设计或设计模式，将它们组合起来可以形成一个完整的应用程序。框架既包括组件形式的代码，也包括将这些组件组织成一个更大的整体的方法。作为一个组织概念，它们开始超越，从作为代码的软件领域进入抽象领域。

模式或设计模式是一种"针对软件设计中常见问题的通用的可重用解决方

---

[48] "Software Libraries, Numerical and Statistical" in Anthony Ralston, Edwin D. Reilly and David Hemmendinger (eds), *Encyclopedia of Computer Science* (4th ed, Wiley, 2003).

[49] 对于 C 语言，常见的数学函数在"数学"模块中可用，随编译器一起分发。数字和科学库（或在 Python 中称为模块）的列表可在 <http://wiki.python.org/moin/NumericAndScientific> 中查看（2008 年 7 月 29 日）有关 Perl 语言，见 <http://cpan.org>。

[50] 例如，C 语言中的"io.h"，Python 中的"sys"，或 Python 中的"csv"，用于解释逗号分隔的值文件。

[51] Ralph E. Johnson, "Frameworks=(components+patterns)" (1997) 40 (10) *Communications of the ACM* 39 at 39.

案".[52]模式的最初概念是从建筑学中引入到软件领域的,[53]它允许人们从针对重复出现的问题的通用解决方案中构建设计。设计模式能够"描述问题、给出解决方案、何时应用解决方案、后果".[54]自20世纪90年代中期以来,[55]设计模式在软件开发中发挥着越来越大的作用。

可以说,模式存在于如此高的抽象级别,以至于人们可能会怀疑它们到底是不是软件。它们当然是一种有用的设计工具,同时也为描述软件的工作方式提供了词汇表。不过,直观地说,除非它们以某种可执行的形式实现,[56]否则它们就不是软件。

脚本语言和域特定语言:应用程序的开发方式有时可以通过插件模块进行扩展。脚本语言是为扩展这些应用程序而设计的迷你语言。它们允许用户编写"程序中的程序",自动执行程序中的重复任务。一个常见的例子是:用 Visual Basic 编写的 Microsoft Word 宏(指令)。[57]

同样,域特定语言解决了特定问题领域的特定需求。例如,结构化查询语言(Structured Query Language,简称 SQL),是一种用于对储存在数据库中的数据进行选择、筛选、排序和运行计算的语言。[58]另一个例子是层叠样式表,它被广泛用于管理网站的格式(字体大小、背景颜色等)。[59]

1.2.2 现代软件的开发过程

理解软件开发的过程也很重要,从想法到源代码是一个"逐步细化和完善

---

[52] Wikipedia, "Design pattern (computer science)" <http://en.wikipedia.org/wiki/Design_pattern_(computer_science)> (29 July 2008).

[53] Christopher Alexander et al., *A Pattern Language*: *Towns*, *Buildings*, *Construction* (Oxford University Press, 1977).

[54] Erich Gamma et al., *Design Patterns*: *Elements of Reusable Object-Oriented Software* (Addison-Wesley Professional, 1994).

[55] 设计模式的腾飞通常归因于《设计模式——可复用的面向对象软件元素》一书,Gamma et al,前述第54条注释。

[56] 这意味着它们应该以机器代码、汇编语言或可编译或解释的高级语言表现出来。

[57] 有关示例的列表,见 Matt Reich "10 Awesome Uses for Automator Explained", *EnvatoTuts+*, 5 January 2011 <https://computers.tutsplus.com/tutorials/10-awesome-usesfor-automator-explained-mac-15845>(27 February 2017)。

[58] 有关介绍见 John Worsley and Joshua Drake "Chapter 3: Understanding SQL" in *Practical PostgreSQL*(O'Reilly, 2001)<http://www.faqs.org/docs/ppbook/c1164.html>(3 November 2008)。

[59] 有关介绍见 Dave Raggett "Introduction to CSS" <http://www.w3.org/MarkUp/Guide/Style>(4 November 2008)。

的过程"。[60]奥格尔维(Ogilvie)确定了软件开发周期[61]中的六个抽象层次,尽管其中许多抽象层次可能并行运行,但它们有助于解释软件开发者如何"弥合"从概念到代码的鸿沟。[62]

A 主要目的

主要目的是对软件要解决的问题的高级描述。

B 系统架构

随着程序员对问题空间了解的加深,他们会开始将其分解成一系列更小的问题或模块。"每个模块执行程序主要目的的一个重要部分,并最终作为源代码的一个独立部分来实现。"[63]系统架构描述了如何将程序分解为这些模块,以及它们之间的交互与/或关系。这可以通过它们相互"调用"的方式(控制流)、相互推送数据的方式(数据流)或相互"嵌套"的方式来描述。[64]

C 抽象数据类型(ADTs)

抽象数据类型,也称为对象,定义了存储的数据类型以及可以对每个数据类型执行的操作。[65]

D 算法和数据结构

相比于抽象数据类型,算法和数据结构是更特定于计算机的对操作和数据类型的表达。算法和数据结构与抽象数据类型(Abstract Data Type,简称ADT)的区别在于,可能有许多特定的算法和数据结构组合都能够正确地实现ADT的需求。尽管数据结构和算法比ADT更具体,甚至可能依赖于某些编程语言特性来使用,但它们独立于任何特定的编程语言或文字源代码。[66]

算法,也被称为程序,是用来执行特定任务的计算"单位"。虽然"操作只是识别了一个期望得到的结果,但是算法指定了实现该结果所需的每一步"。[67]通常,程序将数据作为输入,并对其进行操作以创建一组新的数据作为输出。例如,图1.1是将一组数字从最低到最高进行排序的程序。

---

[60] Peter G. Spivack "Comment: Does Form Follow Function? The Idea/Expression Dichotomy in Copyright Protection of Computer Software" [1988] 35 *UCLA Law Review* 723 at 729.

[61] John W.L. Ogilvie, "Defining Computer Program Parts Under Learned Hand's Abstractions Test in Software Copyright Infringement Cases" (1992) 91 *Michigan Law Review* 526.

[62] 应该注意的是,所涉及的过程描述了面向对象编程的现代范例。

[63] Ogilvie, 前述第61条注释, 见第534页。

[64] 打个比方,"家庭"模块可能有两个"父(母)"模块和两个"子"模块。

[65] Ogilvie, 前述第61条注释, 见第536页。

[66] Ogilvie, 前述第61条注释, 见第540页。

[67] Ogilvie, 前述第61条注释, 见第536页。

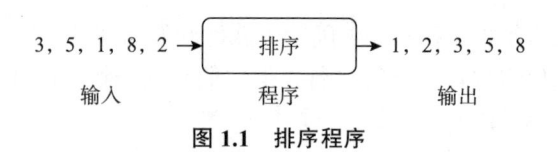

```
3, 5, 1, 8, 2  →  [排序]  →  1, 2, 3, 5, 8
   输入           程序          输出
```

图 1.1　排序程序

程序通常只在这个有点儿抽象的层次上考虑，这样就免受计算机硬件和特定编程语言的特定限制，尽管他们的操作本可以用比这里的自然语言、流程图或某种伪代码更详细的描述。

数据结构：描述计算机如何以数据类型表示数据。数据结构"由一个或多个基本数据类型的变量组成，这些变量被组织成数组、记录和指针的特定组合"。[68]数据结构是在抽象层次上定义的，不需要考虑它们在计算机内存中的表示方式。综合考虑，算法和数据结构是程序的初步草图，通常用自然语言或形式语言编写。

E 源代码

有了初步的设计，最后一步就是用程序员选择的编程语言来执行算法和数据结构。在这一阶段，程序员表达代码时，受到语言句法和语法的限制。根据上下文和语言的选择，运行程序的硬件也可能影响源代码的编写方式。因为软件在许多方面是开发过程的最后阶段，所以它反映了前面讨论的所有抽象层次。正如奥格尔维所说：

程序的全部抽象范围都被嵌入代码中，就像小说的人物和情节被嵌入文本中一样。因此，必须注意避免将代码作为每个抽象层次部分的体现与将代码本身作为一个抽象层次相混淆。[69]

F 目标代码

目标代码是软件的最终可执行形式。从源代码到目标代码的翻译通常是由编译器或解释器自动完成的，然而也有可能需要程序员进行某种程度的手动配置。如上所述，在解释语言方面，源代码和目标代码之间的区别确实非常微妙。

G 归纳小结

迄今为止的讨论应该明确的是，软件产品的开发依赖于一系列因素。下面将依次讨论这些问题。

抽象性：计算机科学史显示了从硬件到抽象概念领域的持续转变。汇编语

---

[68] Ogilvie，前述第 61 条注释，见第 539 页。
[69] Ogilvie，前述第 61 条注释，见第 541 页。

言是机器代码的抽象,高级语言是汇编语言的进一步抽象。上面的开发堆栈中的每一层也可以看作对下一层细节的抽象。

现代软件在很大程度上是"纯思想的东西,具有无限的可塑性"。[70]它不仅可以被改变,而且还被嵌入一个由应用程序、用户、法律和机器载体组成的文化基质中,这些应用程序、用户、法律和机器载体是不断变化的,它们的变化不可避免地迫使软件产品发生变化。[71]

此外,不同的抽象层次可能位于不同的概念层次上。在一个概念层次上,软件可以被看作程序执行时对具有的功能的描述。同时,软件使执行计算机表现出这种功能。这些概念层在某种程度上反映在编译语言中,源代码是描述性的,目标代码是功能性的,但这种泾渭分明的划分可能会产生误导。即使是机器代码,对理解它的程序员来说也是描述性的。对于解释语言,源代码就是目标代码,因此既具有描述性又具有功能性。

软件本质上是看不见的,或者说是无形的。不同于其他抽象的东西,如建筑的平面图,软件抽象"并不是固有地嵌入空间中。因此它们没有现成的几何表示法,不像土地有地图,硅片有示意图,计算机有连接原理图那样"。[72]各种各样的图表被用来表示软件,[73]然而,这些图表并没有完全弄清楚什么是软件。

上下文:软件不受各种物理不稳定因素[74]的影响,否则这些物理不稳定因素必须作为实验过程的一部分加以克服,因为它们在很大程度上是由规范、流程图、编程语言的规则、编程惯例以及逻辑和数学的规定来预先决定的。[75]

因此,在考虑软件时,上下文是至关重要的。软件组件所在的上下文是确定软件与运行它的硬件有多大关系,以及该组件对构建它的堆栈的潜在限制的依赖性有多大的关键。例如,用汇编程序编写固件组件是一项在很大程度上受限于所要编写的硬件配置的任务,并且相比于文字处理器编写宏指令,该任务可能更少依赖于可重用组件。

复杂性:软件的另一个特性是它的复杂性。布鲁克斯(Brooks)指出,

---

[70] Frederick P. Brooks Jr, "No Silver Bullet: Essence and Accidents of Software Engineering" (1987) 20(4) *Computer 10* at 12.

[71] Brooks,前述第 70 条注释,见第 12 页。

[72] Brooks,前述第 70 条注释,见第 12 页。

[73] 例如,控制流、数据流、依赖模式、时间序列和名称空间关系。见 Brooks,前述第 70 条注释,第 12 页。

[74] 见 Jay Dratler Jr, "Does Lord Darcy Yet Live? The Case Against Software and Business Method Patents" (2003) 43 *Santa Clara Law Review* 823,第 854 页,以及第六章,第 157~158 页。

[75] Dratler,前述第 74 条注释,见第 855 页。

"由于规模巨大,软件实体的大小可能比任何其他人类构造物都要复杂,因为没有哪两个部分是相同的。如果有相同,那我们就把那两个相同的部分组成一个子程序"。[76] 通过程序中的代码行数可以粗略估计软件产品的复杂程度。例如,Linux 内核的 2.6.24 版本仅包含 GNU/Linux 操作系统的一小部分,包含 850 多万行代码。[77] Red Hat 7.1, 2001 年发布的 GNU/Linux 发行版,包含大约 3000 万行代码。[78] 2001 年 10 月发布的 Windows XP 包含大约 4000 万行代码。[79] 100 万行代码相当于大约 18000 页的印刷文本。[80]

另一方面,软件也很简单,但这种简单与物理对象更为不同。[81] 软件组件是稳定的、可预测的,并且无不确定性。不像电子在原子轨道上的动量和位置,软件的行为可以事先完全精确地被预测出来。[82]

这些都是从计算机科学和软件开发的角度来看待软件的维度。但现实并不止于此。隐藏在软件历史故事中的是一种重要的关联。最底层的计算、机器代码,是纯粹的数字运算。计算机指令及其所依赖的数据被表示为一系列数字,即 1 和 0。每条处理器指令都是一种转换这些数字的方式。数字及其转换显然是数学的范畴,这至少表明了一种相似性,甚至也可以说两者是同样的。那么数学和软件是完全相同的吗?如果不是,那二者关系的维度又是怎样的呢?

重用: 软件从机器代码到高级语言的发展表明,软件的进步是如何依赖对过去工作的重用:汇编程序是用机器代码编写的,编译器是用汇编语言编写的,等等。正是通过从具体到一般的抽象过程,才使得重用成为可能。

重用还通过鼓励一致性来影响软件的设计。作为必然的结果,用户对一致

---

[76] Brooks, 前述第 70 条注释, 见第 12 页。

[77] Greg Kroah-Hartman, Jonathan Corbet and Amanda McPherson "Linux Kernel Development(April 2008)" [2008] *The Linux Foundation* <http://www.linuxfoundation.org/publications/linuxkerneldevelopment.php> (28 August 2008).

[78] David Wheeler, "Counting Source Lines of Code (SLOC)" <http://www.dwheeler.com/sloc/> (28 August 2008).

[79] Larry O'Brien, "How Many Lines of Code in Windows?" on *Knowing.NET* <http://www.knowing.net/PermaLink, guid, c4bdc793-bbcf-4fff-8167-3eb1f4f4ef99.aspx> (28 August 2008).

[80] Codebases: Million lines of code, *Information is Beautiful*, <http://www.informationisbeautiful.net/visualizations/million-lines-of-code/> (14 October 2017).

[81] Dratler 很好地说明了这一点,前述第 74 条注释,见第 864~869 页。

[82] 海森堡的测不准原理如是说,这一原理是量子物理学的核心。见 Jan Hilgevoord and Jos Uffink "The Uncertainty Principle" Stanford Encyclopedia of Philosophy <http://plato.stanford.edu/entries/qt-uncertainty/> (21 October 2008)。

性的期望也鼓励了重用。这种期望通常被正式地命名为"标准",[83]于是文件格式、[84]用户界面[85]和网络通信协议[86]等都有了"标准"。

1.3 软件如何与数学相关联

专利法学者对理解数学与软件之间关系所给予的关注大部分都集中在算法的可专利性上。虽然算法可以被广泛地定义为包括任何能够想到的计算过程,但法院采纳了数学算法的概念,而这一概念被定义为"解决某一特定类型的数学问题的过程"。[87]然而,由于算法实际上只是软件的一个组成部分,这样的理解不足以建立对二者关系的理解。

有两个原因使算法占据了中心位置:一个是历史原因,一个是实践原因。历史上,软件是作为一长串代码序列或一个算法来编写的,这种方法一直占据主导地位。直到 20 世纪 80 年代末,自上而下的编程方法开始流行。美国最高法院到 *Diehr* 案为止的所有关于软件可专利性的案例都发生在这种转变之前。但这一理由只能到此为止,因为此后出现的许多案例,都没有考虑这种编程方法上的转变。此外,这些法院在考虑版权问题时,却表明了对这一变化的明确理解。[88]

实际上,算法很重要,因为它们包含的是软件的功能,而不是软件的结构。由于功能性是专利制度所试图保护的,那么可以预期的是,法院一直把算

---

[83] 标准可以私下制定,也可以单方制定,可以通过自定义或约定(事实上的标准,如 Microsoft Word 文档格式)或通过授权(如政府机构要求遵守某一标准)或正式协商(如通过政府等标准组织的正式投票)形成标准。国际标准化组织通常采取"建立统一工程或技术标准、方法、过程和实践的正式文件"的形式:Wikipedia, "Standard" *Wikipedia.org* <http://en.wikipedia.org/wiki/Standard>(3 October 2008)。

[84] 除了上面提到的 Word 文档的实际标准,2006 年国际标准化组织通过了另一种开放文档格式。见"Open Document Format for Office Applications(OpenDocument)v1.0" ISO/IEC 26300:2006 <http://www.iso.org/iso/iso_catalogue/catalogue_tc/catalogue_detail.htm?csnumber=43485>(3 October 2008)。

[85] 例如见 Apple Inc, "Introduction to Apple Human Interface Guidelines" [2008] *Apple Developer Connection* <http://developer.apple.com/documentation/UserExperience/Conceptual/AppleHIGuidelines/XHIGIntro/chapter_1_section_1.html>(2 October 2008)。

[86] 1982 年 3 月,美国国防部将用于互联网的协议(通常称为 TCP/IP)作为所有军用计算机网络的标准,见 Wikipedia, "TCP/IP" <http://en.wikipedia.org/wiki/TCP/IP>(8 October 2008)。官方规范记录在以下文件中:Internet Engineering Task Force, "Request for Comments 1122: Requirements for Internet Hosts" <http://tools.ietf.org/html/rfc1122>(8 October 2008)。

[87] *Gottschalk v Benson* 409 US 63(US Supreme Court, 1972); *IBM v Commissioner of Patents*(1991)33 FCR 218(Federal Court of Australia)at 220。

[88] 例如见从 *Whelan Associates v Jaslow Dental Lab Inc* 797 F.2d 1222(1986)一案到 *Computer Associates International, Inc. v Altai, Inc.* 982 F.2d 693(1992)一案,法院所采取方法的发展。

法作为他们的关注焦点。[89]代码的组织虽然重要，但也只是被看作类似于"一个简单的方案或计划"，[90]而被专利法排除在外。[91]因此，从算法的角度来考虑软件与数学的关系，既是充分的，也是有用的。

算法，作为过程的形式化描述，给出了软件和数学之间关系的线索。早在20世纪早期，数学家大卫·希尔伯特（David Hilbert）就试图证明数学原理中的真理可以被形式化地证明。[92]形式证明实际上是上述数学算法的形式化版本。数学的形式化概念旨在证明数学定理中的真理，如图1.2所示。

公理 → 推理 → 定理

图1.2 从公理推导定理

形式主义的演绎过程以一组基本定理或公理为出发点。[93]演绎过程的每一步都涉及一组规则中任何一条的应用，这些规则的真理也可以被认为是公理。尽管形式主义方案最后失败了，但将推理简化为一系列机械步骤的观点导致了许多形式化的计算模型，尽管这些模型各不相同，但已被证明是等价的，"因为所提供的每一种分析都被证明能够挑选出同一类函数"。[94]其中最著名的是图灵机。数学、图灵机和现代计算机的形式等价性如下。

A 形式等价性：图灵机

图灵机是由艾伦·图灵（Alan Turing）在1936年提出的，这是可计算性的正式声明，或者换句话说，是对可计算内容的一个定义。这个定义的核心是一台被称为图灵机的设备。图灵机由以下组件组成：

---

〔89〕然而，应该指出的是，数据结构也寻求得到保护。例如见 In re Alappat 33 F.3d 1526（1994）；Welcome Real-Time v Catuity（2001）113 FCR 110。

〔90〕Cooper's Application（1902）19 RPC 53。

〔91〕或者，它可以被认为是不可专利的想法的一部分，而不是发明的实质性部分。最后，法典的组织可能与法院在 Grant v Commissioner of Patents [2006] FCAFC 120 一案中要求的"实用产品"相去甚远。

〔92〕希尔伯特的形式主义方案将在第4章更详细地讨论。

〔93〕究竟什么是公理？这一问题本身也可以是一个深刻的哲学问题，将在第4章中详细探讨。罗素和怀特海利用形式主义试图从逻辑的规则和公理推导出整个数学，以证明逻辑是数学的正确基础。

〔94〕Jack Copeland, "The Church-Turing Thesis" on *AlanTuring.net*（2000）<http://www.alanturing.net/turing_archive/pages/Reference%20Articles/The%20Turing-Church%20Thesis.html>（22 May 2007）。又见 Todd Rowland, "Church-Turing Thesis" *Wolfram MathWorld*（2002）<http://mathworld.wolfram.com/Church-TuringThesis.html>（accessed 23 April 2007）at 3. 全面的调查见 Stephen C. Kleene *Introduction to Metamathematics*（North-Holland，1980）at 12-13。

（1）一个控制单元，它可以采取有限个可能状态中的任何一个；

（2）一根（无限长的）纸带，被标记成离散的正方形，每个正方形可以存储从有限的可能符号集合中提取出来的单个符号；

（3）一个读写头，沿着纸带移动，向控制单元传送信息或从控制单元传送信息。[95]

在循环的每次迭代中，图灵机的下一个动作将由一个"转换规则"表决定。[96] 例如，在图1.3的图像中，[97] 符号"d"和状态"q3"决定了机器运行的下一步动作。这些动作可能包括：

- 在纸带的当前位置写入或擦除当前符号；
- 将纸带向左或向右移动，或将纸带留在原处；
- 改变内部控制状态。[98]

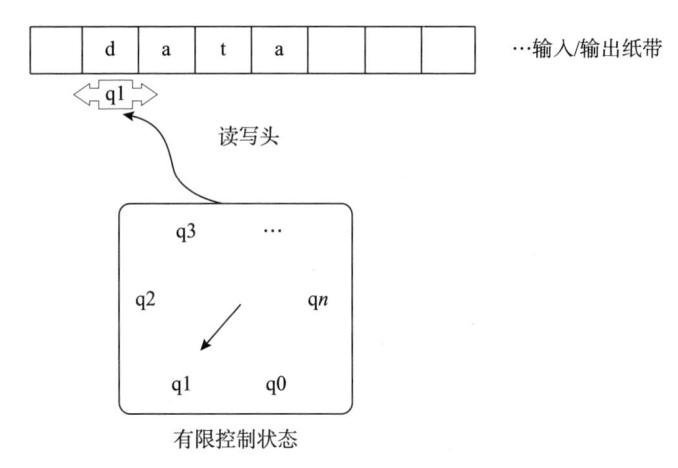

图 1.3 图灵机

当机器达到一个没有（或有多个）转换规则的状态时，它被认为已经完成了计算，机器停止。表1.2给出了转换表的示例。[99]

---

[95] "Turing Machine" in Anthony Ralston, Edwin D. Reilly and David Hemmendinger（eds）, *Encyclopedia of Computer Science*（4th ed，Wiley，2003）.

[96] David Barker-Plummer "Turing Machines" *Stanford Encyclopedia of Philosophy* <http://plato.stanford.edu/entries/turing-machine/>（19 July 2008）.

[97] 改编自 <http://www.texample.net/tikz/examples/turing-machine-2/>（16 October 2017）.

[98] Alan M. Turing, "On Computable Numbers, with an Application to the Entscheidungsproblem"（1937）47 *Proceedings of the London Mathematical Society* 230.

[99] 改编自 Turing，前述第98条注释，见第233页。

表 1.2　图灵机转换表

配　　置		行　　为	
控制状态	纸带符号	纸带操作	最终控制状态
b	空白	打印"0"，右移	c
c	空白	右移	e
e	空白	打印"1"，右移	z
z	空白	右移	b

这个示例的工作原理如下：

该程序无休止地依次循环每个控制状态 b、c、e、z，可以概略表示为如图 1.4 所示。

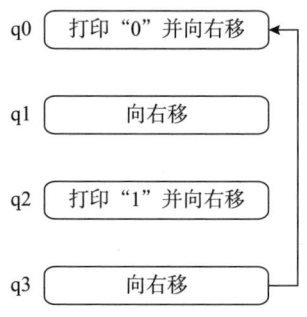

q0　打印"0"并向右移

q1　向右移

q2　打印"1"并向右移

q3　向右移

图 1.4　图灵机控制状态流程

纸带上的效果是交替打印 0 和 1，中间有空格，如表 1.3 所示。

表 1.3　图灵机输出纸带

0		1		0		1		0		1	……

回顾表 1.1 中典型机器语言指令的构成，可以感受到图灵机与现代计算机的关系。尽管这台机器看起来很简单，但它的计算能力比上面的例子所显示的要复杂得多。事实上，图灵提出，"（图灵机）可以做任何可以被描述为'经验法则'或'纯机械'的事情"。[100] 换言之，"只要有一种获得数学函数值的有效方法，就可以用图灵机来计算这个函数"。[101] 这句话不能用精确的方式来证明，

---

[100] Alan M. Turing, "Intelligent Machinery" in Jack Copeland（ed）, *The essential Turing: seminal writings in computing, logic, philosophy*（Oxford University Press, 2004）at 414.

[101] B. Jack Copeland, "The Church-Turing Thesis" *Stanford Encyclopedia of Philosophy* <http://plato.stanford.edu/entries/church-turing/>（20 July 2008）.

因为什么是可计算的，什么是不可计算的，在很大程度上是直观的。因此，它更多的是一个"暂且可以接受的假设"，[102]不过这个假设可以继续得到应用。鉴于这个原因，可计算的函数群也被称为"直观可运算"（或可计算）的函数。

更重要的是，所有已知的可计算函数拥有一个共同的特点。阿隆佐·丘奇（Alonzo Church）能够证明它们具有一般递归的性质。[103]丘奇也能证明任何此类算法都能用一种叫作 lambda 演算（λ演算）的数学符号来编写。λ演算和图灵机显然是"等价的，因为它们各自都挑选出一组相同的数学函数"。[104]因此，图灵机可以计算出所有已知的有效计算数学算法的概念，被称为丘奇—图灵论题。

尽管丘奇—图灵论题的重点是确定可计算性的边界，但是数学和软件的形式等价性来自λ演算和图灵机程序的等价性，因为所有可计算函数都可以用数学方法或图灵机程序来求解。

但在一个真正的等价性能够被可靠地宣称之前，必须在现实世界的计算机和图灵机的抽象定义之间建立进一步的联系。如果现实世界的计算机和图灵机是等价的，那么就能得出软件和数学是相同的，因为任何可以用软件写的东西都可以用λ演算来描述。

B 计算机和图灵机是等价的吗

强大的丘奇—图灵论题认为图灵机可以做任何计算机可以做的事情。支持这一命题的是λ演算和编程语言之间的相似之处。例如，λ演算被称为最小的通用编程语言。[105]λ演算已经影响了很多编程语言的设计，如 Lisp、ISWIM 和 ML。[106]

接受图灵机和计算机等价的一个难点是图灵机的无限存储性。无限存储是图灵机的一个重要特性，因为它"确保了任何可计算的函数都不会仅仅因为没

---

〔102〕 Emil L. Post, "Finite Combinatory Processes–Formulation 1" (1936) 1 *Journal of Symbolic Logic* 103, 转引自 Copeland, 见前述第 101 条注释。

〔103〕 部分递归函数的一个简单例子是斐波那契数列（1, 1, 2, 3, 5, 8…），其中数列中从第三个数字起下一个数是数列中前两个数的和。尽管序列是通过引用自身来定义的（这就是它递归的原因），但我们知道这是可行的。比如说，序列中的第 15 个元素可以分解成一系列固定的步骤。一般的递归函数也是通过引用自身来定义的，但是这样就形成了一个无限循环。这方面的经典例子是埃庇米尼得斯的说谎者悖论（Epimenides' liar paradox），可以用"这一表达是假的"的形式来表达。

〔104〕 见 Copeland, 前述第 101 条注释。

〔105〕 有关将λ演算作为编程语言本身的详细说明，见 John R. Harrison "Chapter 3–Lambda calculus as a programming language" *Introduction to Functional Programming* (Lecture Notes, Cambridge University, 1997) <http://www.cl.cam.ac.uk/teaching/Lectures/funprog-jrh-1996/> (5 November 2008)。

〔106〕 见 Harrison, 前述第 105 条注释, 第 25~26 页。

有足够的时间或内存来完成计算而不能成为图灵可计算函数"。[107] 作为一个实际问题，如果假定一台现实世界的计算机的内存空间在需要时可以无限扩展，那么这种差异就会消失。[108] 或者，我们可以证明，任何可以由现实世界的计算机计算的东西，至少是图灵机可以有效计算的函数的子集。如果是这样，那就意味着数学和现实世界的计算机之间是完全重叠的。

图灵机和现代计算机的另一个主要区别是访问数据的方式。图灵机是一种顺序存取机器，因为它一次只处理一个正方形的内存（纸带）。现代计算机内存是不按顺序的，存储器中的任何位置都可随时存取。基于这种设计的计算机称为随机存取机（RAM）。尽管存在这些差异，但事实证明，这两种设计具有相同效力。

由于图灵机可以模拟 RAM，而 RAM 也可以模拟图灵机，[109] 因此，为一台机器设计的任何东西都可以在另一台机器上运行（通过模拟器，甚至直接运行）。由于这些现代计算机的机器级模拟在现代计算机上是可能进行的，我们上面对汇编语言和更高级语言发展的讨论清楚地表明，用现代计算机语言编写的软件可以在图灵机上运行，反之亦然。简而言之，这意味着所有现代软件都等同于图灵机程序。

C 对丘奇—图灵论题的批评

丘奇—图灵论题的批评者认为，可能应更多地归功于计算机科学开始作为一门学科而流行的"数学世界观"，[110] 而不是任何智力上的严谨性。特别是，图灵机的定义不能解释程序与其环境之间的交互作用，"这表明它可能不再完全适合捕捉当今计算的所有特征"，[111] 如人工智能、图表算法和互联网。基于数学的图灵模型的困难在于程序启动后如何计算输入。正如特塞特（Tseytin）所说：

---

〔107〕 见 Barker-Plummer，前述第 96 条注释。

〔108〕 考虑到存储空间在整个计算历史中持续呈指数级增长，这似乎不是在做一个过于不切实际的假设，例如，当 1956 年 IBM 推出第一个硬盘时，它的容量是 5MB。到 1980 年，IBM 推出了一款 1000MB 的硬盘，到了 2007 年，希捷公司已经制造了一个 10000000000MB 的硬盘。参见 Jon Wuebben，"The History of the Floppy and Hard Disk Drive"（20 March 2007）<http://www.patantconsult.com/articlesvault/Article/TheHistory-of-the-Floppy-and-Hard-Disk-Drive/11501>（11 September 2011）。

〔109〕 Marvin L Minsky, *Computation: finite and infinite machines*（Prentice Hall, 1967），Chapter 11.

〔110〕 Dina Q. Goldin and Peter Wegner "The Church-Turing Thesis: Breaking the Myth" in *Proceedings of CiE 2005* 152 at 154–155.

〔111〕 Jan van Leeuwen and Jiří Wiedermann, "The Turing Machine Paradigm in Contemporary Computing" in B. Enquist and W. Schmidt（eds），*Mathematics Unlimited-2001 and Beyond*（Springer Verlag, 2000）.

数学意义上的算法是完全独立的,一旦数据被指定,就不需要进一步的信息。与此相反,一个现实的程序(在某种程度上,指一个现代的计算机程序)可以从环境中提取信息,不需要预先指定。[112]

尽管如此,为了克服这些限制,[113]可以扩展图灵模型而不是将它替换。虽然这些扩展模型可能与原始模型不同,但没有证据能表明这些模型是否更强大。所以图灵机在计算机科学理论中仍居于中心地位。无论如何,这些扩展并不一定会破坏数学和软件之间的等价关系,因为没有理由不对数学进行类似的扩展以包含交互性。在任何情况下,预先收集所有数据的算法在功能上等同于以交互方式收集数据的算法,因此任何差异都不会改变数学和软件的形式等价性。

还有其他人在工业实践的基础上批评了图灵机的相关性。德莱贾(Dryja)注意到,当图灵机主要由计算机科学家编写时,它与计算机软件配合得很好,基本上是按顺序编写的,几乎是一个程序一个算法。德莱贾声称软件开发现在主要是工程师的领域,围绕着上面描述的自上而下的面向对象编程方法。这一论点有一定的道理,因为程序不再是由一长串指令编写。但对象本身只是"执行计算并保存本地状态",[114]面向对象的程序可以看作相关图灵机的集合。因此,很难接受的一点是:图灵机与理解软件是什么不再相关,因而数学与理解软件是什么也不再相关。数学对象集合的数学性在本质上不亚于其集合的整体。

上述批评表明,图灵机模型可能并不能完全解释现代计算机上能计算的内容。

然而,尽管有这些批评,图灵机仍然具有重要意义。因为"它们被广泛使用,并被广泛采用为可计算理论的标准模型"。[115]因此,尽管有这些批评,借助图灵机我们可以明确宣称软件与数学之间的形式等价性。

D 软件与数学的结构相似性

此外,结构相似性表明软件与数学之间存在着等价性。换言之,在软件开

---

[112] Gregory S. Tseytin "From Logicism to Proceduralism (An Autobiographical Account)" in *Algorithms in Modern Mathematics and Computer Science* (Springer Verlag: Berlin 1979) 390 at 395.

[113] 例如见 Goldin 和 Wegner 在前述第 110 条注释中提出的持久图灵机。Van Leeuwin and Wiederman 为相同的目的提供了一个交互式图灵机——见前述第 111 条注释。

[114] Mark Stefik and Daniel G. Bobrow, "Object-Oriented Programming: Themes and Variations", (1986) 6 (4) *AI Magazine* 40 at 41.

[115] V.J. Rayward-Smith *A First Course in Computability* (Blackwell Scientific, 1986) at vii.

发中发现的结构和在数学活动中使用的结构存在对应关系。[116]假如由软件开发者和数学家参与的活动是同构的，那这两者之间就存在着结构上的等价性。出发点是柯里－霍华德（Curry-Howard）同构，[117]它表明编程和数理逻辑之间的对应关系。这种同构是上述提到的形式系统与图灵机的形式等价的自然结果。康多赫（Kondoh）总结见表1.4。[118]

表1.4 柯里－霍华德（Curry-Howard）同构

编程	逻辑
规范	理论
程序	证明

同样，通过比较编程语言和形式系统的定义，可以看出软件和形式系统之间的关系。首先考虑以下编程语言的定义：

发送者和接收者都能理解的一组符号，根据一定的规则、语法或句法组合起来的。语言的语义决定了每一个语法正确的句子如何被解释。[119]

然后考虑形式系统的定义：

每一个形式系统都拥有一种由原始符号组成的形式语言，这些原始符号按一定的构成规则（关于系统中允许的符号、功能和句子的陈述）发挥作用，并通过对一组公理的推断发展成形式语言。因此，这个系统由任意数量的公式组成，这些公式是通过原始符号的有限组合建立起来的——这些组合是根据规定的规则由公理形成的。[120]

在这个层次上，同构的问题在于它假定程序可以"系统地……从它们的规范推导出来"，[121]这种方法遇到了德莱贾对图灵机提出的同样批评，即程序员

---

[116] Hidetaka Kondoh, "What Is 'Mathematicalness' in Software Engineering?" in *Proceedings of Fundamental Approaches to Software Engineering* 2000, 163 at 170.

[117] 完全同构是柯里和霍华德三部开创性作品的结合。见 Haskell Curry, "Functionality in Combinatory Logic" (1934) 20 *Proceedings of the National Academy of Sciences* 584; Haskell Curry and Robert Feys, *Combinatory Logic*, Volume 1 (North-Holland, 1958) at paragraph 9E; William A. Howard, "The formulae-as-types notion of construction", in Jonathan P. Seldin and J. Roger Hindley (eds), *To H.B. Curry: Essays on Combinatory Logic, Lambda Calculus and Formalism*, (Academic Press, 1980) 479.

[118] 见 Kondoh，前述第116条注释，第170页。

[119] Alice E. Fischer and Frances S. Grodzinsky, *The Anatomy of Programming Languages* 1 (1993). Cited in Gregory Stobbs, *Software Patents* (2nd ed, Aspen, 2000).

[120] Encyclopaedia Britannica, "Formal system" *Encyclopaedia Britannica Online* <http://www.britannica.com/EB checked/topic/213751/formal-system> (28 June 2011).

[121] 见 Kondoh，前述第116条注释，第170页。

的工作方式不是这样的。然而，康多赫能够在柯里 – 霍华德同构的基础上，证明软件工程的现代艺术和数学之间具有更广泛的等价性，[122] 见表1.5。

表1.5 康多赫广义编程—数学同构

编 程	数 学
基本控制结构（重复循环、条件等）	基本证明步骤（数学归纳、案例分析等）
语法（控制结构的有效组合）	证明方法（常规碎片证明方法）
抽象数据类型（对常见数据运行的操作集合）	数学符号论（数学符号的引理集合）
设计模式（类别的特定组合及其相互依赖性的特定用途）	证明策略（子目标即引理的特定组合及其相互依赖性的特定用途）
架构模式（组件规格的特定组合）	理论策略（基本定义和主要理论的集合）
软件系统	数学理论（由定义、定理、证明组成的结构）

编程与数学在结构上的相似性使一些计算机科学家将数学证明方法应用到计算机程序中，以便验证其结果并确认其符合规范。[123] 这种转变也发生在相反的方向上，计算机已经成为数学家通过建模[124]和形式证明自动化[125]进行测试理论的不可或缺的工具。这进一步强化了这两门学科之间有着密切联系的观念。

1.4 同构对专利法的启示

无论理由如何，[126]专利法的基本前提是其声称的对创新的净积极影响。从广义上说，创新是"在商业实践、工作现场管理或对外关系中，实施新的或显

---

〔122〕 见 Kondoh，前述第116条注释。又见 Peter Suber，"Formal Systems and Machines: An Isomorphism"<http://www.earlham.edu/~peters/courses/logsys/machines.htm>（accessed 27 June 2011）。

〔123〕 John McCarthy，"Towards a mathematical science of computation" in C.M. Popplewell (ed), *Information Processing* 1962（Holland Publishing Company，1962）21；<http://www-formal.stanford.edu/jmc/towards.html>（21 July 2008）；C.A.R. Hoare "An axiomatic basis for computer programming"（1969）12（10）*Communications of the ACM* 576.

〔124〕 有关该领域的介绍见 Wikipedia，"Computer simulation"<http://en.wikipedia.org/wiki/Computer_simulation>（4 November 2008）。

〔125〕 有关介绍见 Wikipedia，"Interactive theorem proving"<http://en.wikipedia.org/wiki/Interactive_theorem_proving>（4 November 2008）。关于一个要构建一个自动验证的数学知识维基的艰巨项目，见 Cameron Freer，"What is vdash?"<http://www.vdash.org/intro/>（11 September 2011）。

〔126〕 见本书导论。虽然本书讨论的一般理由是专利法的社会契约理论，但这并不是唯一的理由。尽管如此，认为专利创造或鼓励创新，或至少是研究商业化的这一观点，是专利法的一项主要主张。

著改进的产品（商品或服务）、流程、新的营销方法或新的组织方法"。[127]因此，有人认为，仔细考虑相关创新者，即数学家和程序员从事的活动本质，有助于更深入地理解专利法对创新的影响。因为这两个领域具有形式上和结构上的对等，这表明诸如专利制度这些外部因素在这些领域对创新活动的影响可能是相当的。

正是基于这个原因，本书借鉴了专利法对数学的处理，以证明对软件的类似处理是正确的。并不是说数学和软件在所有方面都是相同的，只是说两者是密切相关的。第4章和第5章将更详细地讨论两者之间的异同。

1.5 结论

上述讨论产生了两个关键的主题。

首先，软件的历史和软件开发本质表明，三个关键的考虑因素决定了软件必须研究的维度。软件历史的连续迭代是通过层层抽象来实现的，以至于许多程序员不再以任何有意义的方式关心他们的组件可能运行的硬件的具体物理特征。由于许多抽象层涉及与计算机物理硬件不同层次的交互，因此考虑软件组件时必须考虑其上下文，以便正确地考虑影响组件设计的物理约束，以及组件在多大程度上建立在其他组件工作的基础上。从不断地在以前的层上构建新的层开始，形成了一种重用文化，这种文化直到今天仍然弥漫在软件开发中，如果没有这种文化，软件开发的经济将是不可持续的。此外，软件的复杂性意味着一个应用程序可能由大量相互关联但独特的组件组成，这些组件的数量对于一个大产品来说可能达到数百万个。下一章将说明，软件给法院带来的许多问题最终都可以追溯到这些因素。

其次，数学和软件的等价性得到了验证。数学和软件的同构本质在形式和结构的层面上已得到证明。软件的本质和程序员的工作方式本质上都是数学。换句话说，要么软件开发者在编写软件时某种意义上是在"研究数学"，要么他们从事的活动在本质上与数学非常相似，以至于拟采取的策略与数学家研究数学时采取的策略种类相同。软件的可专利性将在后面几章从数学的角度来考虑，在后面几章中，将会证明软件的不可专利性源于数学的不可专利性。

---

[127] OECD, Oslo Manual Guidelines for Collecting and Interpreting Innovation Data, (3rd edition, 2005). Cited Department of Innovation, Industry, Science and Research, "Introduction" *Australian Innovation System Report 2011.*

第 2 章
为什么软件专利是一个难题

如果法律能够准确地理解其要规范的现象，那么它就更有可能实现其预期目的。[128]

本章将通过定义什么是软件专利，以及解释为什么软件专利难以适用于专利制度来阐述软件专利困境，并将这些法律适用上的困难追溯到第 1 章中确定的关键考虑因素。[129] 首先，需要注意的是，与运行软件的硬件相反，软件具有抽象、无形的本质。因此，重要的是要考虑上下文，即正在开发的软件组件的类型，以及它与硬件之间有多少个抽象层。其次，重用对于软件开发至关重要，因为新的软件技术几乎都不可避免地要以已有的技术为基础。最后，软件产品非常复杂，涉及数百万的离散组件。下文将阐述这些因素是如何相互影响导致软件专利难题的形成。

本章还将记录美国、欧盟和澳大利亚法院在处理这些难题时尝试过的方法，并说明为什么应将软件专利问题作为专利适格标的[130]问题来处理，而不是仅考察其新颖性或非显而易见性的问题。

本章也将说明为什么当前的方法存在不足，并提出，解决软件专利问题需要引入新方法。

2.1 什么是软件专利

一个先决问题是，关于软件专利的定义尚未达成共识。广义的软件定义包

---

[128] Pamela Samuelson, Foreword: The Digital Content Symposium, Berkeley Technology Law Journal, Vol.12: 1 (1997) .*Berkeley Technology Law Journal.* <http://www.law.berkeley.edu/journals/btlj/articles/vol12/Samuelson/html/reader.html>（25 February 2008）.

[129] 见本书第 1 章。

[130] 译者注：也可翻译为"可专利主题"。

括硬件之外的任何东西。硬件是"计算机系统的物理元件",[131]或"只有替换或物理上的修改才能改动的被固定的计算机零件"。[132]根据这一定义,软件专利是指基于计算机的发明专利,且在不进行更换或物理修改的情况下就能进行改动。爱立森(Allison)和莱姆利(Lemley)将软件专利定义为"一项完全体现在软件中的发明,即使该发明专利的权利要求涉及一个系统或产品"。[133]这样一种定义就排除了那些包含软件组件的硬件设备的发明创新。

这种定义有两方面的不足。首先,该定义低估了基于计算机的新事物中物理元素对相关软件组件的影响。在第1章中讨论过的固件是一个很好的例子,固件嵌入在硬件设备中,虽然在功能上限于与硬件的交互,但可通过"刷写(flash)升级"进行修改,因此具有软件的可修改性。

其次,如果将重点放在"纯"软件专利上,就有无法顾及以硬件设备为载体但核心却是软件组件这类专利的风险。[134]

总之,就目前而言,必须尽可能广泛地考虑软件及与其相关的创新。因此,本书对什么是软件专利采取了更广泛的看法:

> (一种)通过已存储的指令实现用于处理数据的逻辑算法;也就是说,此处逻辑并非"固有的"。这些指令可以存放在磁盘或其他存储介质上,也可以存储在"固件",即只读存储器中,这是嵌入式软件的典型做法。[135]

2.2 软件专利为什么问题重重

2.2.1 充满不确定性的历史

澳大利亚、美国和英国现代专利制度的不同历史渊源,导致其对专利适格标的问题有不同的处理方式。尽管澳大利亚和英国有着悠久的共同历史,但英

---

[131] "Hardware" M.J. Clugston et al. (eds), *The New Penguin Dictionary of Science*, Penguin, 2004.

[132] "Hardware" *Wiktionary* <en.wiktionary.org/wiki/hardware> (6 November 2008).

[133] John R. Allison and Mark A. Lemley, "Who's Patenting What? An Empirical Exploration of Patent Prosecution" (2000) 58 *Vanderbilt Law Review* 2099 at 2110.

[134] 见下文在 2.2 节中的讨论,该节中权利要求针对的是执行软件的设备,或包含可执行软件的物理载体。又见 James E. Bessen and Robert M. Hunt, "An Empirical Look at Software Patents" (2007) 16 (1) *Journal of Economics & Management Strategy* 157 at 163.

[135] Bessen and Hunt, 前述第 134 条注释, 见第 163 页。

国于1977年通过的《欧洲专利公约》[136]彻底打破了这种联系。[137]澳大利亚继续保留参考1623年英国《垄断法》中的定义以及其中的"一种制造方法"的概念来定义专利适格标的，而英国现在采取的是由《欧洲专利公约》第52条中的明确排除项以及欧洲专利局（EPO）为解决技术特征的单一要求问题对该条的解释来定义。美国的方法虽然可能受到了《垄断法》的影响，但又有其独特来源，即美国宪法赋予国会通过法律以"促进科学和实用艺术的进步"的权力，[138]并由《美国法典》第35卷（《专利法》）第101条中定义的4个法定专利适格标的类别确定，即工艺、机器、制造品和组合物。

尽管在处理方式上存在这些差异，但这3个司法管辖区都在努力划定一条稳定的边界线。以美国在计算机硬件和软件开发方面占据的全球主导地位，及其40年的诉讼和相关法律体系的发展，该问题可能在美国司法管辖区域率先得到解决。至今，这个问题似乎都偏向以不受限制地申请软件专利的方式来解决。

但是，美国最高法院最近的判决明显不再倾向于支持软件的可专利性。尤其在2014年，最高法院在 *Alice Corp.* 案[139]中，将不可专利的抽象概念与可专利的抽象概念进行了区分。*Alice Corp.* 案的实际影响是，在许多甚至是大部分案件中，以前被认为可以申请专利的标的现在都遭到了驳回，因为这些申请是针对不可专利的抽象思想。

与此相对应的是英国，英国最初对软件的可专利性持赞成态度，但《欧洲专利公约》的通过颠覆了这一观点，该公约明确地将计算机程序"本身"排除在专利适格标的之外。然而，由于无论是通过肯定还是否定的方式来定义，都难以界定专利适格标的的范围，因此这一条款在欧洲专利局中被逐渐淡化。

澳大利亚《专利法》的判决，至少从广义上讲，与美国的发展是一致的。因此，在澳大利亚联邦法院全席法庭[140]最近的裁决中，法院对要求保护的发明提出质疑，质疑其"作为一种物质，而不是外形结构"，[141]即不可专利的抽

---

[136]《欧洲专利公约》（*Convention on the Grant of European Patents*，EPC），1973年10月5日开放签署，13 ILM 268［1973年10月7日生效（疑似作者错误，生效时间应为1977.10.7）］。

[137] 至少在专利法背景下是如此。

[138] United States Constitution, Article One, Section 8, Clause 8.

[139] *Alice Corporation Pty Ltd v CLS Bank International* 134 S. Ct. 2347（2014），下称"*Alice Corp.* 案"。

[140] 见 *Research Affiliates LLC v Commissioner of Patents*（2014）227 FCR 378，下称"*Research Affiliates* 案"；109 IPR 364，以及 *Commissioner of Patents v RPL Central Pty Ltd*（2015）238 FCR 27；115 IPR 461，下称"*RPL Central* 案"。

[141] *RPL Central* 案，见第98段。

象概念，本质上仍然是"技术"的替代。[142]

本书认为，专利适格标的界限的这种持续性变化所产生的不确定性来自法院和法庭对软件专利权利要求的定性方法，以及其中对软件性质的假设。本章将说明这些不同的方法是如何促成一个本质上相同的软件专利问题的，这个问题表现为专利法的理论问题和软件业的实际问题。这些理论和实际问题将参照上一章所阐述的软件本质的 4 个关键要素来展开，即抽象性、上下文、复杂性和重用。

2.2.2 抽象性

正如第 1 章所讨论的那样，软件的历史就是软件与运行它的硬件之间的抽象层不断增加的过程。除了固件和操作系统原始层，所有其他软件的运行都在很大程度上独立于承载它们的实体机器。

因此，软件专利与专利法的一个经典学说存在着一个矛盾，即专利应该保护的是以发明的形式对一个想法的实施或应用，而不是这个想法本身。如前文所述，[143] 这是目前美国和澳大利亚的主流做法，虽然这种做法并不新鲜。[144] 当一项发明有物理表现时，很容易把发明和它背后的想法区分开来。然而，专利法的发展早已远远超越了这种简单易懂的有形发明。而是基于这些有形发明向更抽象标的发展，即从对机器和设备进行改进的专利，向影响这些改进的方法和现有机器和物质的新用途进行扩展，[145] 最后才有了当今时代基于信息的创新。

在 *Hickton's* 案中，[146] 法院提出，当权利要求公开了"实施（该想法）的方式"[147] 时，一个抽象的概念就成为专利适格标的。但这种判定标准对于软件而言问题重重。回顾第 1 章，我们知道，软件开发过程包含了从一个程序背后的想法到将其转为实现的代码逐步发展的过程。实践中，我们很难区分，不具可专利性的想法是在哪个节点转变成对于构成一项发明的充分具体的描述。原

---

[142] *RPL Central* 案，见第 97、99 段。

[143] 见本书第 2 章。

[144] 如 *O'Reilly v Morse* 56 US 62（1852），该案中，法院以要求保护的是不可专利或"抽象"的想法为依据进行了排除，另外也参照"原理"一词予以考虑：如 *Boulton v Bull*（1795）126 ER 651，下称"*Boulton v Bull* 案"；*Le Roy v Tatham*（1852）55 US 156，以及参照"抽象观念"一词考虑：如 *Boulton v Bull* 案。

[145] 见 *National Research Development Corporation v Commissioner of Patents*（1959）102 CLR 252（下称"NRDC 案"）一案中关于类似用途不可专利性的讨论。

[146] *Hickton's Patent Syndicate v Patents and Machine Improvements Co. Ltd*（1909）26 RPC 339，下称"*Hickton's* 案"。

[147] *Hickton's* 案，见第 348 页，弗莱彻—莫尔顿法官（Fletcher-Moulton LJ）意见。

第 2 章 为什么软件专利是一个难题

本只是"程度问题",[148]在软件领域却变成了一种钻牛角尖的事情,这使得人们倾向于完全放弃这种区分。[149]

在区分一项发现和其实际应用时,[150]如果提及的应用本身就是抽象的,也会出现同样的问题。[151]这类专利由于其内容极其广泛,容易授予专利权人对于各种独立开发的技术的控制权——这对专利权人来说是一笔意外之财,却牺牲了其他创新者的利益。导致公众将承受"科学前进的脚步"放缓所带来的后果。[152]

如果计算机行业继续保持如第1章所述的抽象化发展趋势,[153]这些问题只会更加严重。更多的抽象将继续叠加在一起,使程序设计语言进一步接近自然语言,并使程序设计和用户交互之间的区分变得更加扑朔迷离。[154]

这并不是说法院没有意识到过度保护的危害。为了防止授予的专利"过于

---

[148] *Harwood v Great Northern Railway*(1865)11 ER 1488 at 1499.

[149] 这可以说就是最近欧洲专利局判例中发生的情况,在这些判例中,对计算机程序专利的排除被简化为一个纯粹的形式条款。关于这种"任何硬件"的方法,在对 *Aerotel Ltd v Telco Holdings Ltd and in the matter of Macrossan's Application*[2006]EWCA Civ 1371;[2007]RPC 7,下称"*Aerotel* 案"的讨论中做了一个概述。

[150] 例如见 *Gottschalk v Benson* 409 US 63(1973),下称"*Gottschalk v Benson* 案",该案中,法院裁定,在没有具体实际应用的情况下准许权利要求,将相当于授予一项对想法的专利;又见 *Parker v Flook* 437 U.S. 584(1978),下称"*Flook* 案",在该案中,法院裁定,所要求的应用必须超越无足轻重的解后活动;*Bilski v Kappos* 130 S. Ct. 3218(2010),下称"*Bilski* 案",该案中,法院在认定标的物的权利要求为不可专利的抽象概念时采用了这些方法;以及最近的 *Alice Corp.* 案,该案中参照 *Burroughs Corporation's Application*[1973]FSR 439,下称"*Burroughs* 案",其中法院将"赤裸的概念"或"赤裸的方法或想法"(指缺乏实际应用的概念、方法或想法)与"使该方法在实践中得以实现"的软件的"实际实施"作了对比,见 *Burroughs* 案第 449 页。同样地,在 *Genentech Inc's Application*(*Human Growth Hormone*)[1989]RPC 147 中,法院裁定"发现的实际应用"属于专利适格标的,因为这样的权利要求并不涉及发现"本身",见第 240 页。在澳大利亚,法院将不可专利的发现描述为"没有提出任何实际应用建议的抽象信息",见 *NRDC* 案,第 264 页。

[151] 这种背景是重要的考虑因素,将在下文中进一步阐述。

[152] *Gottschalk v Benson* 案,见第 68 页。

[153] 如果没有出现一些颠覆性的新方法取代现有的方法,这似乎是很有可能的,至少在中短期内是很有可能的。

[154] 在诸如语音识别和建立分析书面语言的系统等领域,已经取得了一些重大进展。但是,任何使用过手机上的交互式语音识别菜单的人都知道,目前的技术水平还远远不够完美。见 Robert Fortner, "Rest in Peas: The Unrecognized Death of Speech Recognition" <http://robertfortner.posterous.com/the-unrecognized-death-of-speech-recognition> (2 August 2010); Peter Bradley, "Turing Machines and Natural Language" *Consortium on Cognitive Science Instruction*, 2002 <http://www.mind.ilstu.edu/curriculum/turing_machines/turing_machines_and_language.php> (2 August 2010)。虽然语音与设备之间的交互还不够完美,但这种交互正在迅速接近与人类之间的交互相媲美的错误率,见 W. Xiong et al., "Achieving Human Parity in Conversational Speech Recognition", Microsoft Technical Report MSR-TR-2016-71, revised February 2017.

抽象和宽泛，以至于一并涵盖了已知和未知的用途"，[155]法院已经制定了一系列对策，美国最高法院在 *Alice Corp.* 案中的判决就是最近的一个例子。接下来将论述其所采用的方法为何没能提供有效的保障。

A 先占 / 广度

英国上议院在 *British United* 案[156]中提出，宽泛的权利要求"不是适当的标的"，[157]因为权利要求应该"告知他人这种保护的限度"。[158]在 *RCA Photophone* 案[159]中也有类似的观点，认为提出此种要求是获得专利垄断权的"对价"。[160]该案还指出，过于宽泛的权利要求也会导致"妨害公共利益"。[161]帕克法官（Parker J）在 *British United* 案的判决中也表述了类似的限制，在该案中，帕克法官明确表示，认为新原理的发现者"可以通过授权保护自己而不受解决（某）问题的一切手段的影响"的提议并无依据。[162]这一推理思路似乎也贯穿于后来的判例法的推理中，[163]尽管在 *David Kahn* 案[164]中，法院对这种思路作了一个复杂的、基本上是无益的进一步解释，即在"问题的明确本身就是一种发明创新"的情况下，这样的对象事实上可能不会被排除在外。[165]

与此类似，美国最高法院在 *Gottschalk v Benson* 案中对涉及数学算法的权利要求进行了限制，由于缺乏实际应用，这种权利要求将会"完全先占该数学公式，实际上成为针对算法本身的专利"。[166]虽然后来对其的解释中规定

---

[155] *Gottschalk v Benson* 案，见第 68 页。

[156] *British United Shoe Machinery Co Ltd v Simon Collier Ltd*（1909）26 RPC 21，下称"*British United* 案"。

[157] *British United* 案，见第 50 页。

[158] *British United* 案，见第 50 页。

[159] *RCA Photophone Ltd v Gaumont-British Picture Corporation*（1936）53 RPC 167，见第 186~187 页，下称"*RCA Photophone* 案"。

[160] 这当然是基于专利法是一种社会契约的观点。见 *RCA Photophone* 案中对社会契约的讨论；以及 *Liardet v Johnson*（1778）1 Carp Pat Cas 35（NP）案中的讨论。

[161] *RCA Photophone* 案，见第 194 页。

[162] *British United* 案，见第 50 页。

[163] 例如见 *Gale's Patent Application*[1991]RPC 305，下称"*Gale* 案"，见第 327~328 页，该案中，法院裁定要求保护的发明不具有可专利性，除其他原因外（inter alia），是因为该发明没有"解决计算机内部的'技术性'问题"。

[164] *David Kahn Inc v Conway Stewart*[1974]RPC 279，下称"*David Kahn* 案"。

[165] *David Kahn* 案，见第 319~320 页。

[166] *Gottschalk v Benson* 案，见第 72 页。在 *Flook* 案中，这种担忧也是无足轻重的解后活动被法院驳回的原因。*Bilski* 案，见第 3230 页，肯尼迪法官（Kennedy J）意见。

此类权利要求必须首先指向一个数学公式或其等价表述，[167]但美国最高法院2010年在 Bilski 案中又将先占问题重新提了出来。[168]

然而，仅仅通过观察一项特定专利的实用效果来判断其是否符合要求，就意味着无法制定总体原则。采取个案处理的方法，则否定了在绝对层面考虑排除条件和结合基本政策考量的做法的用处，而这些考量可能会减少不确定性，并在该领域提供建设性指导。这种方法也没有认识到，至少从《垄断法》通过以来，绝对排除就一直是专利法的一部分。[169]

此外，本分析的出发点是一种一般推定，即应当授予专利，除非在一些特殊情况之下。这种推定所依据的政策选择不在考虑之列。仅将广度和先占确定为问题的根源并不能解决问题，因为这些学说试图克服的危害从来没有具体说明，究竟为什么对算法提出的权利要求应被认为是不可专利的？简而言之，刚刚讨论的判例"从未令人满意地解释过什么是'过于宽泛的权利要求'"，[170]而且"基本上是抛出（一个）结论"。[171]

B 思维步骤学说

美国所采取的另一种手段是根据"思维步骤学说"来否决软件的可专利性。[172]这种学说认为，对高度抽象的标的（如"无形、虚幻和非物质的东

---

[167] *In re Freeman* 573 F.2d 1243（1978）at 1246.

[168] *Bilski* 案，见第 3239 页，肯尼迪法官意见："法院根据本法院在 *Gottschalk v Benson* 案、*Flook* 案和 *Diehr* 案中的裁决，严谨地解决了本案，这些裁决表明上诉人的权利要求不具有可专利性。"

[169] 例如见柯克（英国法学家爱德华·柯克爵士）在他所著的《英国法总论》（*Institutes of Law*）中对"违背法律"这一短语的解释。柯克将其解释为不包括对现有产品的改进，这是一个排除性的理由，可追溯到 1572 年判决的 *Bircot's case*。

[170] *Bilski* 案，见第 3236 页，史蒂文斯法官意见。

[171] *Bilski* 案，见第 3236 页，史蒂文斯法官意见。

[172] 这并不是说这种手段的意义仅限于美国司法管辖区之内。《欧洲专利公约》排除了"执行智力活动的方案、规则和方法……以及计算机程序"的可专利性，这可能表明二者之间存在相类似的关系。*Fujitsu Limited's Application*［1996］RPC 511，下称"*Fujitsu（No 1）*案"中的审查员以要求保护的发明属于其中一类或两类排除情况为理由驳回了该发明的专利申请。拉迪法官（Laddie J）在审查审查员的决定时认为，涉案权利要求不属于计算机程序的排除情况，但是是针对智力活动的，因为它们包含"相当程度的抽象性和一般性"，见第 532 页。另外也请注意，在英国采纳《欧洲专利公约》之前判决的 *IBM's Application*［1980］FSR 564 一案中，法院承认了通过智力活动步骤来解读权利要求这一方法所具有的意义，在该案中，法院表示，"这种操作在理论上可以不需要任何自动辅助工具，但在实践中需要自动计算"，见第 567 页。鉴于本案的判决在澳大利亚的判例中得到了有力的支持，这可以说代表了澳大利亚的立场。对方案、规则和计划的排除进一步加强了这一立场，这种排除，以及智力活动步骤学说在《欧洲专利公约》第 52 条的同一款中都有相同的表述，表明这些区域之间有密切的关系。

西"〔173〕）主张的权利要求有明显的风险，即实施该项被保护工艺的操作者可能存在侵权风险。在 *Halliburton* 案〔174〕中，法院裁定一种确定油井中障碍物位置的方法不属于专利适格标的。法院强调了权利要求对描述性词语的依赖，如"测定""登记""计数""观察""测量""比较""记录""计算"，〔175〕认为这种"智力活动步骤，即使具有新颖性，也不能授予专利"〔176〕。

如果所要求保护的步骤涉及"积极的、物理步骤和所谓的心理步骤"的组合，〔177〕这种学说的应用就变得更加复杂，因为人类操作者的参与在以前被认为是没有问题的。在 *Abrams* 案等判例中，这种除外的理由被认为是"不言自明"的。〔178〕坚实的理论基础的缺乏，证明了这一学说的衰落。〔179〕

在软件专利的背景下，该学说面临一个直观的障碍，即针对机器的权利要求可以被合理地解释为对人类心理活动的解读。在 *Bernhart* 案〔180〕中，"人的思维与计算机一样运作"的观点被明确否决了，但在 *Benson* 案中，海关和专利上诉法院（Court of Customs and Patent Appeals，简称 CCPA）〔181〕的裁决认为这种观点超出了"对权利要求的合理解释"。〔182〕在该案中，计算机能够"在没有人类干预的情况下"〔183〕完成这一过程的事实足以避免可专利性的排除。在这个意义上，CCPA 采取的方法类似于欧洲专利局对排除计算机程序可专利性的解释，即程序在计算机硬件上的执行就足以避免被排除。

由此自然会出现关于计算机和思维之间的关系，以及关于专利法和第一

---

〔173〕 *Greenewalt v Stanley Co of America* 12 USPQ 122（1931）at 123.
〔174〕 *Halliburton Oil Well Cementing Co v Walker* 146 F.2d 817（1944），下称"*Halliburton* 案"。
〔175〕 *Halliburton* 案，见第 821 页。
〔176〕 *Halliburton* 案，见第 821 页。
〔177〕 *In re Abrams* 89 USPQ（BNA）266（1951），下称"*Abrams* 案"。
〔178〕 *Abrams* 案，见第 269 页。
〔179〕 在 *In re Prater* 415 F.2d 1378（1968），下称"*Prater*（*No 1*）案"中提出了一个可能的基础，即针对高度抽象的标的的权利要求与言论自由权的抵触，但它从未被详细地探讨过。本书后面将对这一基础的可能意义进行探讨。
〔180〕 *In re Bernhart* 417 F.2d 1395（1969），下称"*Bernhart* 案"，见第 1401 页。
〔181〕 译者注：美国海关和专利上诉法院（CCPA）是联邦巡回上诉法院（CAFC）的前身。
〔182〕 *In re Benson* 441 F.2d 682（1971），见第 687 页。
〔183〕 *Prater*（*No 1*）案；*In re Prater* 415 F.2d 1393（1969），下称"*Prater*（*No 2*）案"，见第 1403 页。这一观点是后来 *Bernhart* 案和 *In re Musgrave* 431 F.2d 882（1970），下称"*Musgrave* 案"中法律进展的基础。

修正案之间的关系的假设，[184]但却从未被法院直接考虑过。[185]在 *Musgrave* 案中，法院驳回了"思维步骤学说"（mental steps doctrine），而支持对申请保护的发明采取需要"属于技术领域"的要求。[186]美国最高法院在 *Gottschalk v Benson* 案中曾有机会提出"思维步骤学说"，但却将注意力转移到数学算法的可专利性上。

计算机和思维过程之间的关系既复杂又重要。[187]因此，抛弃"思维步骤学说"是很可惜的，[188]因为它迫使人们直接考虑计算机和思维过程之间的这种相互作用。这样的考虑可能会直接解决计算机和人类思维之间的关系[189]这一公认的难题，以及专利法通过"赋予认知过程的步骤广泛的产权，将公众必要的信息归为私人使用"是否合适的问题。[190]

也许，将注意力从"思维步骤学说"转移到算法的可专利性上，实际上

---

〔184〕专利局在 *Prater*（*No 2*）案中，要求重新审理早先在 *Prater*（*No 1*）案中对"思维步骤学说"的驳回，理由是合宪性问题没有得到处理。尤其是据专利局表示，该专利"赋予专利权人排除他人以某种方式思考的权利"：*Prater*（*No 2*）案，见第1401页（第20条脚注）。专利局还主张，该专利违反了宪法的第九和第十修正案。第九修正案声明，"本宪法对某些权利的列举，不得被解释为否定或轻视由人民保留的其他权利"。因此，第九修正案并不是权利的肯定式来源，而是否定式的，以防止宪法中列举的权利被用作剥夺非列举的权利的基础。因此，该修正案可以说是为了防止所列举的言论自由被解释为否认言论自由所依赖的思想自由（思想自由与言论／表达自由之间的关系将在本书第4章进一步讨论）。第十修正案，即所谓的权力保留条款，声明："宪法未授予合众国，也未禁止各州行使的权利，分别由各州或由人民保留。"因此，认为该专利违反了第十修正案的论据似乎是：不能认为人民已经将管理其思想的权利委托给国会。对思想自由的类似支持，也许可以从言论自由权的"半影"和"发源"中找到源头：*Griswold v Connecticut* 381 US 479（1965），见道格拉斯法官（Douglas J）意见；或作为"第十四修正案的正当程序条款中所体现的个人'自由'概念"的一个附属权利：*Roe v Wade* 410 US 113（1973），第129页。这个话题将在第4章进一步详细探讨。

〔185〕在复审中，法院认定，不需要进行这样的分析，因为在任何情况下，要求保护的发明都不在"思维步骤学说"影响的范围之内：*Prater*（*No 2*）案，见第1403页。

〔186〕*Musgrave* 案，见第893页。这一理论与技术工艺或实用技术限制之间的相互关系将在本书后面进行阐述。

〔187〕本书后面将对这种相互作用进行详细探讨。

〔188〕萨缪尔森指出，除了 *In re Meyer* 688 F.2d 789（1982）和 *In re Sarkar* 588 F.2d 1330（1978），下称"*Sarkar* 案"，"以属于'思维过程'理由而驳回程序相关发明的情况很少出现在案例法中。" Pamela Samuelson, "Benson Revisited: The Case Against Patent Protection for Algorithms and Other Computer Program-Related Inventions",（1990）39 *Emory Law Journal* 1025，见第1043页，第59条注释。

〔189〕"人类也是一种机器，人的思想是（或像）一台数字计算机，这是认知科学和人工智能学科的核心理论之一。" Samuelson，前述第188条注释，见第1044页，第60条注释。又见同前引（*ibid*），第1060页，第122条注释："'思维过程'和'思维步骤'这两个短语，尽管诚然很别扭，对描述一些重要的专利适格标的问题来说也不完全合适，但可能比'算法'这个在 *Benson* 案后的第一个案例的辩论中占主导地位的词语更接近软件可专利性问题的核心。"又见 Allen Newell, "Response: The Models Are Broken, The Models Are Broken",（1986）47 *University of Pittsburgh Law Review* 1023 at 1025.

〔190〕Dan L. Burk, "Patenting speech"（2000）79 *Texas Law Review* 99 at 140.

只是名称上的变化。[191]但这只是在数学和软件开发之间引入了一个同样难辩的区别，就像推断什么是数学，什么不是数学，以及纯数学和应用数学之间的区别。

C 智力信息排除

英国法律也发展出了一种类似的排除方法，将纯粹的智力信息视为不可申请专利的标的。[192]澳大利亚同样采用了这种排除方法，但拒绝授予专利权的理由通常是其他排除依据，如缺乏实际应用，[193]或属于纯艺术范畴。[194]这种排除依据在美国也存在，被称为"印刷品学说"(the printed matter doctrine)。[195]虽然名称表明这些方法的侧重点不同，但解决的实质性问题是一样的。

在理论层面上，这种排除方法遇到了麻烦，因为"专利本质上是关于制造什么或做什么的信息"。[196]因此，专利的标的是无形的，尽管专利的权利要求可能描述了物理实体的特征和相互关系，但这些描述只代表实体本身。换句

---

〔191〕"思维步骤的序列和算法是同一回事。在法律中，任何试图通过对比思维步骤和算法来区分二者的做法，最终都注定会要混淆。"Newell，前述第189条注释，见第1025页。

〔192〕例如见 *Re Cooper's Application*（1901）19 RPC 53（AG），下称"*Cooper's Application*案"。同样，在 *Fishburn's Application*（1940）57 RPC 245案中，将信息分别编排在票据的两个半边，以便将其撕成两半而不丢失必要的信息，这种编排方式被裁定是具有可专利性的，因为它起到了机械性的作用。相反，在 *Pitman's Application*〔1969〕RPC 646案中，一种通过视觉手段教授语言发音的方法被裁定是为功能目的服务的，因此构成专利适格标的。按照《欧洲专利公约》的要求，目前这种排除方法在英国已经以法律形式颁布了。在 *Fujitsu*（*No 1*）案中，听证官哈兹尔登（Haselden）和拉迪法官在上诉中都驳回了针对与信息内容／思维过程有关的程序进行的专利申请，尽管上诉法院在 *Fujitsu Ltd's Application*〔1997〕RPC 608，下称"*Fujitsu*（*No 2*）案"中反而看重程序专利缺乏技术贡献的问题。这些例子可能本质上只是代表着同一个问题的两个方面而已。

〔193〕*Grant v Commissioner of Patents*（2006）154 FCR 62，下称"*Grant*案"，见第65~66页："长期以来，人们都认为'智力信息'……（是）不可专利的。"见 NRDC 案，第264页，法院指出，如果申请专利的对象只有"抽象的信息而没有任何对于实际应用的建议"，属于不可授予专利的"发现"。

〔194〕在 NRDC 案的第275页中阐述了实用技术和纯艺术的区别。在 *Virginia-Carolina Chemical Corp's Application*〔1958〕RPC 35案中明确指出，智力信息属于纯艺术范畴。又见 *CCOM Pty Ltd v Jiejing Pty Ltd*（1993）27 IPR 577，第594页，由 *CCOM Pty Ltd v Jiejing Pty Ltd*（1994）51 FCR 260，下称"CCOM 案"于第286页中所引，在该案中，主审法官指出，"制定……标准并将其作为组织和处理数据的规则……是人类思维的产物，属于纯艺术而非实用技术"。

〔195〕"仅仅在一张或多张纸上编排印刷品……并不构成（美国《专利法》所要求的）'任何新的和实用的技术方法、机器、制造品或组合物'"：*In re Russell*（1931）48 F.2d 1395。与上文讨论的英国案例一样，如果一项要求保护的发明证明了其具有功能目的（或也可表述为"机械创造性"），那么它将不会违反这一排除条款。例如见 *Flood v Coe*（1940）31 F Supp 348，第349页，在该案中，针对一种价格标签的权利要求，"物理结构和印刷品之间的独特关系"意味着它相当于"超越了在一张纸上的印刷品编排"。

〔196〕*Aerotel* 案，见第32段。

话说，对标的问题的确定是在一个抽象的层面上进行的。那么，仅有与物理实体有代表性联系的抽象权利要求似乎就足够了，这有什么奇怪的吗？

如果标的是设计和实现软件创意的智力过程，这个问题就更明显了。这个过程是从最先投入一个抽象的概念，并将其不断抽象化，直到转化输出为一个无形的结果。[197]正是在这些区别越细微的地方，越需要被坚守。

撇开理论问题不谈，应用这种排除方法也意味着试图将内容与信息的表述区分开来。[198]对发明进行特性描述成了一项非常重要的任务。Cooper's Application 案是一个例子，该申请的信息表述被认为是属于著作权法的范畴，因此不可申请专利。[199]

然而，自 Cooper's Application 案以来，对于"排除"就一直采取狭义的解释，法律摒弃了对实体产品的要求，而倾向于认为只要标的具备"人类的创造性行为，并且这种行为是该标的的实际应用的来源"，那么它便具有可专利性。[200]

在计算机程序的上下文中，这种排除演变为试图在功能和信息之间进行划分，以及将代码与数据进行区分。Badger's Application 案是其中一个例子，[201]该案中"数据的准备、制表和编码"被认为是"概念性的，但缺乏区分实体与概念的具体应用"，[202]而"计算机允许计算的条件"[203]（即代码）被认为是专利适格标的。同样地，在 Slee & Harris 案中，"数据"一词被认为等同于智力信息。[204]

然而，计算机科学家早就明白区分代码和数据的困难。一个简单的例子可以说明这一点。以 Catuity 案中的忠诚度计划为例，[205]我们可以假设每消费1美元所获得的积分数量在每个商店都是不同的。这些信息可以在表 2.1 中以数据形式展现。

---

[197] Gary Dukarich, "Patentability of Dedicated Information Processors and Infringement Protection of Inventions that Use Them" (1989) 29 *Jurimetrics Journal* 135 at 140-143.

[198] 在 *Nelson's Application* [1980] RPC 173 案中，关键问题被认为是 "一项权利要求……是对新制造方式的权利要求，还是实际上是针对垄断某些纯智力性质的东西"，见第 176 页。

[199] 在 *Baker v Selden* 101 US 99（1879）案中，对著作权和专利法之间的关系进行了探讨（尽管是从著作权的角度），该案中法院裁定，使用在一本书中解释的"实用技术"（一种簿记系统）并不侵犯著作权，而只能通过专利法来保护。又见 Burk, 前述第 190 条注释，见第 142~144 页。

[200] Justine Pila, "Inherent patentability in Anglo-Australian law: a history", (2003) 14 *Australian Intellectual Property Journal* 109, 见第 162~163 页。

[201] *Badger Co Inc's Application* [1969] FSR 474，下称 "*Badger's Application* 案"。

[202] *Badger's Application* 案，见第 476 页。

[203] *Badger's Application* 案，见第 476 页。

[204] *Slee & Harris' Application* [1966] FSR 51，下称 "*Slee & Harris* 案"，见第 53 页。

[205] *Welcome Real-Time SA v Catuity Inc and Ors*（2001）113 FCR 110，下称 "*Catuity* 案"。

软件的可专利性

表 2.1 常旅客积分查找表

商店	每美元积分
杂货零售店	2
五金连锁店	3
航空公司	1

输入特定的商店名称，查询每消费 1 美元可获得积分的代码，结果可能如下所示：

```
def points_per_dollar（store_name）：
    return lookup_table（store_name，column=2）
```

在这种情况下，代码和数据之间的区别就很容易看出来了。数据是表格中的内容，而代码定义了提取该数据的过程。然而，同样的功能也可以完全用代码来表达（也就是说，不使用表格）：[206]

```
def points_per_dollar（store_name）：
    if store_name == Grocery retailer：
        return 2
    else if store_name == Hardware chain：
        return 3
    else：
        return 1[207]
```

此处数据嵌入到代码中，代码和数据之间的区别就不那么明显了。可以想象，积分方案的进一步改进可能会更加模糊这一区别：

（1）每年的 1 月 1 日—2 月 14 日五金连锁店提供双倍积分；

（2）商店之间有关联合作，例如，同一个月里，在杂货零售店和航空公司同时购物可奖励 500 积分。

将第二种方法应用于小数据集以外的任何情况都是糟糕的软件设计，但这个例子还是说明了区分代码和数据是非常困难的。上述的两种代码编写方法在功能上是等同的，且对应的权利要求也将是相同的。因此，在这种情况下，任何对代码和数据进行概括性区分的尝试都失败了。

---

[206] 看到这段代码的程序员无疑会用"粗糙"或"丑陋"来描述它，但它确实能够说明问题。第 5 章中将更详细地考虑代码的美学问题。

[207] 译者注：与表格不对应，疑原文错误。

第 2 章　为什么软件专利是一个难题

如果指责作者为说明其论点而杜撰了一个极端案例，那么可考虑下面这一串数：

0，1，1，2，3，5，8，13，21…

这是斐波那契数列（Fibonacci series），数列中的每个数字都等于前面两个数字之和。斐波那契数列源于现实世界中的现象，对于创建基于计算机的模型非常有用。存储这个数列的一种方法是列出一个查找表，就像上文中的忠诚度计划表一样，见表2.2。

如果要存储的数列元素数量很少，查找表可能是一种合适的方法。但对于大的数列，按需计算每一行可能更好，如下所示：[208]

表 2.2　斐波那契数列查找表

斐波那契数
0
1
1
2
3
……

```
define fib ( n )：
    if n == 0：
        return 0
    elif n == 1：
        return 1
    else：
        return fib ( n-1 ) +fib ( n-2 )
```

复杂数据是软件开发的常态，因为"程序通常是为对复杂现象建模而设计的，为了建模多个方面的真实世界现象，通常必须构造包含多个部分的计算机对象"。[209]

这种复杂性本身产生了更复杂的相互关系。[210] 代码和数据也可能是完全可互换的标签，具体取决于其上下文。例如，从为某种特定编程语言编写编译

---

〔208〕 在实践中，这段代码不会被写成这种形式，因为这一定义的递归性意味着以这种形式计算数列的第 100 个元素"需要 708449696358523830149 次函数调用，即使堆栈深度永远不超过 100，执行的时间也会比宇宙的年龄还来得长"："Fibonacci numbers（Python）" <http://en.literateprograms.org/Fibonacci_numbers_（Python）>（24 August 2010）。

〔209〕 Harold Abelson and Gerald Jay Sussman，"Chapter 2：Building Abstractions with Data" in *Structure and Interpretation of Computer Programs*（2nd ed，1996）at 13.

〔210〕 在复杂程度上最简单的是整数。这些数可以通过组合成复合数据类型而变得更加复杂，如列表、序列和树（或层次结构）。在此之上的一个抽象层次是使数字代表其他事物，如字符、像素、颜色等。如果复合数据类型能够包含任意的数据类型，可能更加复杂，因为处理数据的代码对于一列数字、一列希腊字母、甚至一列列表都是一样的。见 Abelson and Sussman，前述第 209 条注释。

器或翻译器的程序员的角度来看，用该语言编写的程序只是输入编译器的数据，而同样，可运行的软件或目标代码是编译器或解释器生成的数据。

事实上，这种内在互换性是现代计算理论基础的核心所在。图灵机的本质特性，是能量若足够，就可将自己的代码作为数据。[211]

澳大利亚针对计算机相关发明的判例忽略了计算机软件的这些智能特性，而只关注其执行的最终结果。[212]这样带来的问题就是会混淆硬件和软件之间的区别，只是着眼于执行的物理效应，而不是将软件本身作为一个独立的存在来考虑。换句话说，法院一直更关注结果，而不是手段。[213]

先占、思维步骤和智力信息的学说虽然触及了真正的问题，但它们失败的地方在于未能直接触及根本问题，相反，它们要么依靠不切实际的区分贸然得出结论，要么一头扎进无关紧要的调查中。本书后半部分的论述目标是应对抽象标的的理论基础的挑战。

鉴于高度抽象的标的而引起的潜在问题，显而易见，考虑要求保护的发明的上下文，确定抽象程度和与设备的物理方面的关系变得非常重要。

术语"上下文"也许可以用"实体性"代替，因为实体性是一项重要的确定所发明内容的性质的考虑因素。同样，"上下文"的概念也可以归入上述关于抽象性的讨论中，因为实体性的缺失可以被认为是对所谓发明的抽象性质的确认。但是，在确定一项发明是抽象还是受到充分的物理约束限制时，研究要求保护的发明的上下文是一项初步调查，因为只有在知道其所声称的进步后，才能确定为什么它是或不是专利适格标的。

识别发明的上下文需要识别发明所带来的贡献或进步，即要求审查员超越权利要求的形式来审视其"实质"。[214]

---

〔211〕 见 Piers Cawley, "Code is data, and it always has been" on *Just a Summary* <http://www.bofh.org.uk/2008/04/07/code-is-data-and-it-always-has-been>（1 September 2010）。考利从图灵对停机问题的描述中得出了这个推论，该描述假设图灵机有可能将为其编写的程序视为可以输入第二个程序的数据。在停机问题下，第二个程序要检测第一个程序是否会得出结论，到达终止状态。图灵的证明确定了这样的程序是不可能编写出来的，但将第一个程序作为第二个程序的数据的能力是该证明的必要前提。

〔212〕 见 CCOM 案，第 295 页，联邦法院全席法庭将 NRDC 案的判决解释为只要求一种"实现最终结果（即在经济活动领域人为创造的实用状态）的模式或方式"。在 Grant 案中，第 70 页，法院添加了一个进一步的要求，即产生"具体的、有形的、物理的或可观察到的效果"。

〔213〕 *RCA Photophone Ltd v Gaumont-British Picture Corporation*（1936）53 RPC 167，即"*RCA Photophone* 案"，见第 191 页。

〔214〕 在澳大利亚，见 *Microcell*（1959）102 CLR 232，孟席斯法官（Menzies J）意见，见第 236 页；*Research Affiliates LLC v Commissioner of Patents*（2014）227 FCR 378，即"*Research Affiliates* 案"，见第 401 页第 107 段；[2013] HCA 50；*D'Arcy v Myriad Genetics Inc* [2015] HCA 35；258 CLR 334，下称"*D'Arcy* 案"，见第 88、94、144 段。

实质分析的批评者提出了两个担忧。首先，这样的问题会影响到可专利性的其他标准，即新颖性和创造性。这两者的关联并不令人惊讶，因为这些标准，最初是作为单一的考虑因素与固有的可专利性共存的。在专利法的历史中，直到后来，它们才得以独立存在。由于这个原因，有人主张软件专利问题实际上是一个创造性的问题，而不是专利适格标的范围的问题。这种说法将在本章第2.4节中进行论述。

其次，可能更难反驳的是，特征分析在确定所要求的发明是否具有可专利性时引入了固有的不确定性。特征分析过程在本质上是主观的，它既可以是一个优点，也可以是一个缺点，这取决于你所持的观点。

美国目前的做法试图将"技术"思想与"抽象"思想区分开来，[215]这种做法的批评者称，法院和专利审查员一开始就假定将涉及软件和商业方法的权利要求绝对性地排除在外，尽管这一做法违背当局相关规定。[216]另外，由于软件与运行该软件的计算机以及各种相关的物理设备（如打印机、扫描仪和存储设备）密不可分，因此不必费力就能找到有足够实体性的事物来使审查者确信，所要求保护的发明具备固有的可专利性。

为了正确理解错误的特性描述是如何可能发生的，需再重述一下实体性与固有的可专利性审查的相关性。

D 实体性

实体性是专利适格标的一个由来已久的特征，无论它是一直存在，还是在 *Boulton v Bull* 案[217]中，莫顿法官（Morton J）提出"可销售产品"检验方法

---

[215] Gene Quinn, "The Ramifications of Alice: A Conversation with Mark Lemley", *IP Watchdog*, 4 September 2014, <http://www.ipwatchdog.com/2014/09/04/the-ramificationsof-alice-a-conversation-with-mark-lemley/id=51023/>（21 June 2017）per Mark Lemley.

[216] 美国最高法院在 *Diamond, Commissioner of Patents and Trademarks v Diehr et al.*（1981）450 U.S. 175，下称"*Diehr* 案"中的判决接受了软件具备可专利性的说法，而 *Bilski* 案的多数决定明确指出商业方法具有可专利性。对绝对排除进行限制是各律师协会和团体提议的法律改革的基础，这些协会和团体包括美国知识产权法协会（AIPLA）、知识产权所有者协会（IPO）和纽约知识产权法协会（NYIPLA）等：Dennis Crouch, "Sole Exceptions to Patent Matter Elibigibility（原文似乎有错，应是 eligibility）", 29 June 2018, <https://patentlyo.com/patent/2018/06/exceptions-subject-eligibility.html>（2 July 2018）。

[217] *Boulton v Bull* 案的所有四项判决都包含某种形式的物理性要求。艾尔首席法官（Eyre CJ）裁定，具有可专利性的方法应该是"具体表现出来，并与有形物质相关的"，见第667页。希斯法官（Heath J）将可专利性限制在两个物理类别当中，即"机械（和）由化学及其他工艺形成的物质（如药品）"，见第660页；布勒法官（Buller J）指出，一种方法在其发明者"将其付诸实施并产生一些新的物质"之前是不具有可专利性的，见第663页；还有鲁克法官（Rooke J）的"新的构造方式"说法中也隐含着物理性，见第659页，尽管普遍承认，法官确实暗示抽象的原理可能是具备可专利性的。

的某一时刻起，以明确的形式出现。[218]在澳大利亚法律中，通过 NRDC 案对"可销售产品"检验方法进行了扩大化的重新定性，[219]持续对专利适格标的问题产生影响，特别是对人为创造状态[220]或人类行为制造事物的要求。[221]

在澳大利亚早期的判例中，高等法院认为，"（专利适格标的）最终目的是对某实体的产生、处理或影响"。[222]这种"实用效果"检验方法的现代重构，尽管可以说是源于美国法律，但首先出现在 IBM v Commissioner of Patents 案[223]中，在该案中，伯切特法官（Burchett J）指出，发现和发明之间的区别是根据是否"产生某种实用的效果"来区分的。[224]然而，如上文所述，澳大利亚法院对最终结果的关注是存在问题的。对最终结果的任何提及都应做狭义的解释，正如在 RCA Photophone 案中，法院对"在物理现实中实际取得的结果"一语所做的解释。[225]在此基础上，最终结果不是软件在计算机上的执行，而是通过应用发明能力而创造的软件。这同是否有任何有形的物理表现，是一个完全不同的问题。

在澳大利亚，也许法院对实体性最不支持的一个判例是 Catuity 案，在该案中，黑利法官（Heerey J）对专利的实体性要求是否存在表示怀疑，[226]但无论如何，他确信这种要求存在的方式与欧盟"任何硬件"的方法类似。在 Grant 案中，联邦法院全席法庭（The Full Federal Court）否决了这一立场，[227]其解释说在 NRDC 案中"人为创造的状态"所指的不是广义上的"实用效果"，而是"实用产品"[228]或一种"具体的、有形的、物理的、可观察到的效果"。[229]

长期以来，实体性也一直是美国可专利性概念的一部分，无论其是作为

---

[218] Re GEC's Application（1941）60 RPC 1 at 4.
[219] 例如见 NRDC 案，第 277 页。NRDC 案的重新定性仍然是澳大利亚的可专利性调查的核心。见 D'Arcy 案，第 6 段。
[220] 这两者之间的联系体现在 R v Wheeler（1819），106 ER 392（KB）案中，第 395 页，即要求"有形的和实质性的东西，可以由人类运用其技术和技能从事物中制造出来的东西"（强调部分由作者标明）。
[221] D'Arcy v Myriad Genetics Inc［2015］HCA 35；325 ALR 100；115 IPR 1 at［6］.
[222] Maeder v Busch（1938）59 CLR 684 at 705.
[223] International Business Machines Corporation v Smith, Commissioner of Patents（1991）33 FCR 218，下称"IBM Australia 案"。
[224] IBM Australia 案，见第 224 页。
[225] RCA Photophone 案。
[226] Catuity 案，见第 137 页。
[227] 这种实体性是没有必要的，是该案中的上诉人提出的一个论点。
[228] Grant 案，见第 73 页（强调部分由作者标明）。
[229] Grant 案，见第 70 页。

一项要求，[230] 还是作为"有用和重要的线索"被接受。[231] 在美国司法中，即使是对可专利性最宽泛的陈述也隐含着实体性的要求。例如，美国最高法院在 *Chakrabarty* 案 [232] 中指出，"阳光下任何的人为事物"都具有可专利性；这一观点后来被用作证明最高法院对专利适格标的采取所谓的扩张性解释的依据。然而，这个判断至少意味着对实体性的要求，因为必须是某种实物才能存在于"太阳之下"。法院在该案中只讨论了美国《专利法》中规定的两种专利适格标的，即机器和制造品，这进一步证明了这一观点的合理性。[233]

在美国联邦巡回法院层面，Freeman-Walter-Abele（FWA）检验方法 [234] 要求申请保护的工艺"应用于物理元素或工艺步骤"。[235] 尽管在 *Alappat* 案 [236] 中 FWA 检验方法被放弃了，但申请保护的发明的实体性，仍然影响其是否满足"实用、具体和有形的结果"这一新检验要求。[237] 后来，一种不那么严格的检验方法成为主导，根据该法，专利的权利要求只需涵盖代表了可测量的物理现象的事物。[238]

但 *Bilski* 案发生过后，这种方法就不再使用了。继 *Bilski* 案之后，最高法院在 *Mayo* 案、[239] *Myriad* 案 [240] 和 *Alice Corp.* 案中似乎又回到了最开始采取的原则，再度认可两步检验法。该方法的第一步需要询问有关权利要求是不是可

---

〔230〕 例如见 *Mackay Radio v RCA* 306 US 86（1939），该案中法院要求申请专利的对象有一个"新颖和实用的结构"才具备可专利性。

〔231〕 *Bilski* 案，见第 3258 页，布雷耶法官（Breyer J）意见。

〔232〕 *Diamond v Chakrabarty* 447 US 309（1980）.

〔233〕 *Bilski* 案，见第 3239 页，史蒂文斯法官意见。法官指出，所引用的 *Chakrabarty* 案中的陈述在任何情况下都不能延伸到工艺上，因为工艺不可能"被容易地描述为'人类制造'的东西"。

〔234〕 Freeman-Walter-Abele 测试是联邦巡回法院在一系列的三个案例中建议的方法的简称：*In re Freeman* 573 F.2d 1243（1978）；*In re Walter* 618 F.2d 766（1980）以及 *In re Abele* 684 F.2d 902（1982），下称 "*Abele* 案"。

〔235〕 *Abele* 案，见第 907 页。

〔236〕 *In re Alappat* 33 F.3d 1526（1994），下称 "*Alappat* 案"。

〔237〕 *Alappat* 案，见第 1544 页。

〔238〕 又见 *State Street Bank & Trust Co v Signature Financial Group Inc*（1998）149 F.3d 1368，下称 "*State Street* 案"，该案中，"转换数据，代表离散的美元数额"可以产生实用的效果。参照 Robert Plotkin, "Computer Programming and the Automation of Invention"，（2003）7（2）*UCLA Journal of Law and Technology* <http://www.lawtechjournal.com/articles/2003/07_040127_plotkin.php>（19 April 2007）："一个特定的逻辑实体可以代表一个物理量或物理实体这一事实，并不意味着逻辑实体本身就是物理的。"

〔239〕 *Mayo Collaborative Services v Prometheus Labs, Inc* 132 S. Ct. 1289（2012）.

〔240〕 *Association for Molecular Pathology v Myriad Genetics*, 133 S. Ct. 2107 *Inc*（2013），下称 "*Myriad* 案"。

专利性的司法例外，即抽象概念、自然规律或物理现象。[241]如果是这样，第二步需要考虑权利要求是否明显超出了对这些例外的简单描述的范围，也就是说，权利要求中添加的元素是否将其性质转变为对上述司法例外的具有可专利性的应用。[242]

在 *Alice Corp.* 案中，法院将上述的两步检验法应用于计算机实现方法、计算机系统和计算机可读介质的权利要求中，以减轻结算风险。第一步的结论是，发现这些权利要求针对的是一个抽象概念，即中间处理思想。[243]法院随后分析了这些权利要求，寻找"发明概念"，以表明"该专利在实践中的作用明显超过了不可专利概念本身"。[244]自 *Alice Corp.* 案以来，在绝大多数涉及计算机相关发明的案件中，美国联邦巡回法院都采用了两步检验法来认定所涉的权利要求不可专利。[245]

虽然在 *Alice Corp.* 案之后，*Bilski* 案中提出的机器或转换检验方法在美国的法律地位还没有完全确定，但美国专利商标局在 *Bilski* 案之后发布的《暂行指南》中列出了一些"有用的（因素）示例，这些示例并不具有排他性或限制性。普遍认为，还可能会有新的因素被纳入，特别是对新兴技术而言"。[246]这些示例是：

  a. 该方法是否涉及或通过特定的机器或设备执行。如果是，那么该权利要求不太可能属于抽象概念；如果不是，就很有可能是抽象概念。……

  b. 要求保护的方法的执行是否会导致或在其他方面涉及特定物品的转换。如果存在这样的转换，权利要求就不太可能属于抽象概念；如果没有，就很有可能是抽象概念。……

  c. 在没有特定的机器、设备或转换时，要求保护的方法的执行是否涉及自然法则的应用，如果存在这样的应用，权利要求就不太可能属于抽象概念；如果不存在这样的应用，就很有可能属于抽象概念。……

  d. 在执行该方法的步骤中是否涉及一般性概念（也可以被理解为原

---

[241] *Mayo Collaborative Services v Prometheus Labs*，132 S. Ct. 1289 Inc（2012），见第 1296~1297 页，下称"*Mayo* 案"；在 *Alice Corp.* 案中得到确认，见 2355 页。

[242] *Mayo* 案，见第 1297~1298 页。

[243] *Alice Corp.* 案，见第 2355~2357 页。

[244] *Alice Corp.* 案，见第 2355 页。

[245] United States Patent and Trademark Office, "Patent Eligible Subject Matter: Report on Views and Recommendations from the Public"（July 2017），见第 12 页。

[246] United States Patent and Trademark Office, "Interim Guidance for Determining Subject Matter Eligibility for Process Claims in View of Bilski v Kappos"（2010）75（143）Federal Register 43922，下称"美国专利商标局暂行指南 2010 年版"，见第 43924 页。

第 2 章 为什么软件专利是一个难题

理、理论、计划或方案等）。这种一般性概念的存在可能是一条线索，说明该权利要求很有可能是抽象概念。[247]

虽然不是唯一的检验方法，但机器或转换检验法似乎将继续在专利适格标的的检验中发挥作用。两步检验法第二步提到的自然规律或抽象概念的应用，也涉及实体性的概念。因此，实体性仍然是美国专利适格标的学说中的一个重要概念。

欧洲专利局的判例对权利要求的实体性解释可以说是最宽松的。德国早期对技术特征的解释，要求证明发明与物理力量有某种因果关系。[248]然而，欧洲专利局却采取了不同的处理方式。在 *Vicom* 案[249]中，欧洲专利局认为，"只要权利要求没有说明代表了什么物理实体"，这项所谓的发明就会被认为是抽象的而不被允许通过。[250]这表明了一种阿拉帕特风格（Alappat-style）的实体性判断方法。[251]然而，欧洲专利局最近的判例比这更进一步，主张采用"任何硬件"的方法，根据这种方法，在权利要求中叙述一个物理特征就足以清除可专利性的障碍。[252]这是英国法院采用的方法与欧洲专利局不同的地方，在英国法院，权利要求中对硬件的叙述很可能被视为"令人困惑的不相关因素"而被忽略。[253]

澳大利亚在 *Research Affiliates* 案和 *RPL Central* 案中的做法则是融合了美国和英国在这方面的进展。随后专利局审查员在 *Aristocrat Technologies* 案[254]的审查决定中，将其目前的方法概括如下：

我的结论是，应当考虑下面一系列相关问题。这些问题并非详尽无遗，它们包括：

---

[247] 美国专利商标局暂行指南 2010 年版，见第 43925~43926 页。

[248] 德国专利法要求"使用可控制的自然力来实现可监督因果关系的、符合计划的成功活动，这种成功不需要人类理性来促成，是可控制的自然力的直接结果"：Bundesgerichtshof（German Federal Court of Justice）22 June 1976, XZB 23/74 "Dispositionsprogramm"。部分英文译文可参见 <http://swpat.ffii.org/vreji/papri/bgh-dispo76/>（2007 年 4 月 13 日）。

[249] *Vicom/Computer-Related Invention* T208/84 [1987] EPOR 74，下称 "*Vicom* 案"。

[250] *Vicom* 案，见第 79 页。

[251] 参照 *Fujitsu*（*No 1*）案，哈兹尔登听证官意见，见第 519 页。他认为，权利要求对技术工艺品的代表不足以构成技术进步。

[252] 例如见 T258/03 *Hitachi/Auction Method* [2004] EPOR 55，下称 "*Hitachi* 案"，见第 [4.5] 分点，其中表明，技术性可以由"实体的物理特征"来暗示，甚至可以由"非常为人熟悉的活动，以至于其技术性往往被忽视，如用笔和纸写作的行为"来满足，见第 [4.6] 分点。

[253] *Gale* 案，见第 326 页。

[254] Aristocrat Technologies Australia Pty Limited [2016] APO 49（22 July 2016），下称 "*Aristocrat* 案"。

- 必须有比抽象概念、单纯计划或单纯知识信息更多的东西；
- 所要求保护的发明本质上是否具有技术性贡献；
- 该发明是否解决了计算机内部或外部的技术问题；
- 无论正在处理的数据如何，该发明是否带来计算机功能的改进；
- 方法的应用是否产生了实际且实用的效果；
- 该应用是否可以被广泛地描述为计算机技术的一种改进；
- 该方法是否仅仅需要通用的计算机实现；
- 计算机是否仅仅是执行该方法的中介或工具，而没有给该想法增加任何实质内容；
- 利用计算机的方式是否有独创性；
- 该发明是否涉及与计算机的正常使用不同的步骤；
- 该发明的创造性是否在于智力信息的生成、展示或安排。[255]

很明显，这种方法确实试图在抽象或智力概念与物理技术解决方案之间做出区分。

E 错误定性

即使假设实体性是一个明确的要求，但这并不能决定一项基于软件的发明是否会被认为可以申请专利。欧洲专利局的做法清楚地表明，这种要求可以迅速演变成一种纯粹的形式要求。软件的实体性被以多种方式主张，下文将对此进行讨论。

软件创造新的机器：经过长时间的商讨和考虑后，全球首份关于软件专利主题的重要声明——美国总统委员会1966年报告，指出：

> 通过将权利要求起草为针对一种工艺或以特定方式编程的机器或其部件，而不是程序本身，以获得专利，避免其被驳回的间接尝试，使得软件专利问题进一步复杂化，因此不应当被允许。[256]

尽管如此，美国、英国和澳大利亚的法院和法庭在审查计算机程序的权利要求时都裁定，在使用计算机运行软件的过程中，上述起草权利要求的方法具备足够的实体性。在美国，总统委员会的报告发表仅3年后，海关和专利上诉法院（CCPA）就在 *Prater* 案中裁定，"思维步骤学说"不适用于软件专利的权利要求，因为这种权利要求包括"在完全没有人为干预的情况下披露执行该

---

[255] *Aristocrat* 案，见第35段。

[256] Presidential Commission on the Patent System, To Promote the Progress of Useful Arts in an Age of Exploding Technology（1966）.

过程的设备"。[257] 这一判决在 Bernhart 案中被进一步解释如下：

> 如果一台机器以某种新的、不明显的方式被编程，那么它在物理上就与没有这种程序的机器不同；它的存储元件的排列方式也不同。这些物理上的变化是肉眼看不到的，但这不应促使我们得出机器没有被改变的结论。如果新的机器没有被发明出来，那么被发明出来的肯定是对未编程的机器的"新的和有用的改进"。[258]

同样地，在 Musgrave 案中，海关和专利上诉法院（CCPA）以执行要求保护的步骤需要"通过所披露的设备"[259] 为依据，裁定智力活动步骤的排除方法在该案中不能适用。联邦巡回法院在 Alappat 案中又回到了这种解释，在该案中法院裁定：

> 编程创造了一种新的机器，因为一旦通用计算机被编程以根据程序软件的指令执行特定功能，它就成为有特殊用途的计算机。[260]

在 State Street 案中，这一解释被法院作为依据，裁定"机器……对数据的转换……构成了数学算法的实际应用"，[261] 因此被认定为一项可专利的发明。在英国，采纳《欧洲专利公约》之前的判决就是基于这种定性来认定软件是具有可专利性的。在 Slee & Harris 案中，专利上诉法庭（Patent Appeals Tribunal）认为，计算机在被编程后相当于"被临时改装的机器"。[262] 在 Badger's Appplication 案中，法院在概念性的、不可专利的数据准备和可专利的"对计算设备进行调节以控制其操作，并与数据记录所要求的校正一致"的两个方面作了对比。[263] 在 Gever's Appplication 案中，同一法庭把案中的权利要求描述为"数据处理设备……被插入其中的打孔卡限制以某种特定方式工作"。[264] 在稍有不同的思路下，在英国的 IBM 案中，法院裁定，尽管针对未超越标准计算机范畴之物的权利要求不能成为专利适格标的，但"这种权利要求，根据其真正的解释……只涵盖已按特定要求编制程序的计算机，而不涵盖

---

[257] *Prater（No 1）*案，见第 1403 页。
[258] *Bernhart* 案，见第 1400 页。
[259] *Musgrave* 案，见第 893 页。
[260] *Alappat* 案，见第 1545 页。
[261] *State Street* 案，见第 1373 页。
[262] *Slee & Harris* 案，见第 55 页。
[263] *Badger's Application* 案，见第 476 页。
[264] *Gever's Application*［1969］FSR 480，见第 486 页。又见 *Burroughs* 案，第 449 页，"事实上，只要装置包含了该程序，该程序就会限制装置以特定方式运作"。

标准计算机"。[265]

在澳大利亚的 *IBM Australia* 案中，上述的一系列判例被用来支持这个主张：针对一种在计算机上生成曲线的方法的权利要求"包含与计算机的正常使用无关的步骤"。[266]法院还进一步指出，这与自然资源保护协会（NRDC）[267]的立场是一致的，正如在 *Burroughs* 案中所表明的那样。[268]

欧洲判例最初拒绝采用"新机器"方法。例如，在 *IBM Twins* 案[269]中，欧洲专利局似乎承认仅仅"产生新机器"是不够的，裁定计算机程序必须带来"超越程序（软件）与运行该程序的计算机（硬件）之间'常态'物理互动的技术效果"才能获取专利。[270]要求超越这种"常态"互动，与技术贡献需要回答的基本问题是一致的，即申请人究竟发明了什么？[271]这种对"常态"互动的超越是否包括硬件的某些方面，完全取决于所讨论的特定权利要求。

然而，欧洲专利局最近的判例含蓄地接受了这种方法，上诉委员会在 *Pension Benefits* 案中指出，"为在特定领域使用而进行相应编程的计算机系统……具有实体意义上的具体设备的特征，是为实用目的而人为制造的，因此是一项发明"。[272]同样，委员会在 *Hitachi* 案中裁定，"一个实体的技术特征……可能由该实体的物理特征所隐含"。[273]最后，在 *Microsoft* 案中，委员会裁定，"要求保护的步骤中描述了一种具有更先进功能的通用计算机。此外，通过可执行指令有潜力实现增强计算机运行性能的效果"。[274]

正如萨缪尔森（Samuelson）所提出的那样，软件的"新机器"观点可能值得"作为计算机科学的一个问题"来讨论。[275]但在标的问题的背景下，把

---

[265] International Business Machines Corporation's Application［1980］FSR 564，下称"*IBM（UK）*案"，见第 568 页。

[266] *IBM（Australia）*案，见第 226 页。

[267] 译者注：自然资源保护协会（NRDC）是成立于1970年的一家国际公益环保组织。

[268] 在 *Burroughs* 案中，见第 449 页，法院裁定，实施涉案方法能够达成"一些改进的或修改的仪器，或以新的方式操作的旧仪器，在实用技术而不是纯艺术领域具有经济重要性或优势"的结果。

[269] T1173/97 *IBM/Computer program product*［1999］OJ EPO 609，下称"*IBM Twin 1* 案"；及 T935/97 *IBM's Application*［1999］RPC 861，下称"*IBM Twin 2* 案"。

[270] *IBM Twin 1* 案，见第 13 段。

[271] 例如见 *Diehr* 案，第 193~194 页；*In re Grams* 888 F.2d 839（1989），下称"*Grams* 案"，见第 839 页；*Abele* 案，见第 907 页；*Sarkar* 案，见第 1333 页。英国也采取了同样的方法，见 *Aerotel* 案，第 40、46 段。

[272] T931/95 *PBS Partnership/Controlling pension benefits systems*［2002］EPOR 522，下称"*Pension Benefits* 案"，见第 530 页。

[273] *Hitachi* 案，见第［4.5］分点。

[274] T424/03 *Microsoft/Clipboard formats I*［2006］EPOR 39，下称"*Microsoft* 案"，见第［5.2］分点。

[275] Samuelson，"Benson Revisited"，前述第 188 条注释，见第 1045 页，第 63 条注释。

第 2 章 为什么软件专利是一个难题

关注的重点放在这种观点上是错误的。造成这种情况的原因之一是，"源程序始终存在于机器外部，与之相互分离"。[276] 因此，改装过的计算机是经过代码编写与编译，并将代码加载到计算机中运行的最终结果，它甚至将是一个实用的结果。但正如在 *RCA Photophone* 案中所提出的，"这涉及对'结果'一词的不正确使用……在这种情况下，'结果'一词被恰当地用作指代，不是指结果，而是指手段"。[277] 换句话说，申请人所发明的东西可能需要计算机的运行，这与实现一般用途的计算机运行过程一样，但这种运行并不是申请人所发明的。实现这一结果的相关手段是处理数据的逻辑算法或程序，这可能会也可能不会受计算机硬件任何意义上的限制。[278]

其他类似的不恰当的方法包括 *Catuity* 案中，依赖打印出的收据作为商业方法的一部分，或者 *IBM Australia* 案中，依赖显示在屏幕上的一条曲线作为要求保护的曲线算法的一部分。用美国最高法院的话说，这些只不过是无足轻重的"马后炮"。[279]

一些评论家试图通过将软件定义为只包括"可执行的计算机程序"来回应上述批评。这种观点可能会使"新机器"的论点得到更多支持，因为在因果关系上，"可执行的计算机程序"与"新机器"接近。[280] 但这并不能应对上述批评，因为即使在这样的定义下，软件仍然是独立于机器的。它还忽略了将这种区别应用于编译语言（源代码是执行代码）时出现的困难。[281] 无论怎样，源代码的实施仍将面临等同原则和共同侵权的问题。[282]

不同配置的机器并不是编写程序的必然（或至少唯一）结果。杰米尼亚尼

---

[276] Michael C Gemignani, "Legal Protection for Computer Software: The View From '79" (1979-1980) 7 *Rutgers Journal of Computers Technology and Law* 269 at 279.

[277] *RCA Photophone* 案，见第 191 页（强调部分由作者标明）。

[278] 对有意义的限制的要求是机器或转换测试的一个方面。见 *In re Bilski* (2008) 545 F.3d 943，见第 962 页："对特定机器的应用，或某种物品的转换，必须对权利要求的范围施加有意义的限制，才能具备可获取专利的资格"（引用 *Gottschalk v Benson* 案，第 71~72 页作为支持）。

[279] 见 *Flook* 案，第 590 页："有观点认为，解后活动，无论其本身多么常规或显而易见，都可以将不可专利的原理转化为可专利的工艺，这种观点是将形式凌驾于实质之上。一个合格的制图员可以在几乎任何数学公式上附加某种形式的解后活动；毕达哥拉斯定理不能仅仅因为在专利申请中包含了一个最后步骤，表明该公式在解出后可以有效地应用于现有的测量技术，就具备可专利性，或者部分具备可专利性。第 11 条注释：《专利法》第 101 条规定的专利适格标的的概念不能'像一个蜡制的鼻子，可以朝任何方向转动和扭曲……'见 *White v Dunbar* 119 U.S. 47，第 51 页。"

[280] Plotkin，前述第 238 条注释。在 Mark A. Lemley & Eugene Volokh，"Freedom of Speech and Injunctions in Intellectual Property Cases"（1998）48 *Duke Law Journal* 147 一文当中也主张了类似的方法，见第 236 页。

[281] 见第 1 章中关于解释器和解释型语言的讨论。

[282] Burk，前述第 190 条注释，见第 148~150 页。

（Gemignani）对其他的替代结果描述如下：

> 正如一个懂得（编程）语言的人可以使用程序来重构其算法一样，一个具有充分的电气工程背景的人可以使用程序来建立一个电子电路，并和输入、输出设备一起执行该程序。对一个经过适当培训的工程师来说，这个程序则可以被用作电路图或建造特殊用途硬件的蓝图。即使该程序并不是机器的一部分，它也可以用来建造一个具有特定设计的机器，这种设计隐含在程序本身当中。因此，程序处于问题的抽象解决方案和实际执行该解决方案的机器之间。[283]

软件在载体上的结构：将实体性"读入"软件专利的权利要求的另一种方法，是将权利要求指向被保存、编译、传输或加载在存储介质上的软件，无论是硬盘、CD、U盘还是其他介质。直到2011年，美国专利商标局所接受的方法是：[284]

> 当功能性描述材料被记录在某些计算机可读介质上时，它便在结构和功能上与介质相互关联，并且在大多数情况下将是受专利法保护的，因为技术的使用使得描述性材料的功能得以实现。[285]

这表明，所谓的 Beauregard 案式权利要求，[286] 即对"体现在有形介质（如软盘）中的计算机程序"[287] 的权利要求，至少在 Bilski 案之前，在美国被认为是具有可专利性的。同样被允许的还有 Lowry 案式权利要求，[288] 其中要求

---

〔283〕 杰米尼亚尼，前述第276条注释，见第279页。

〔284〕 United States Patent Office, "2106.01 Computer-related Nonstatutory Subject Matter" in Manual of Patent Examining Procedure (8th Ed, 2001), 最近修订于2010年7月, 下称"2010年《专利审查程序手册》(MPEP) 第2106章第01节（在该手册 Revision No. 9 中, 该节被移到了2111.05, 或应在此及下文引文中标注）"。在联邦巡回上诉法院对 CyberSource Corporation v Retail Decisions, Inc (Fed. Cir. 2011, No 2009—1358), 下称"CyberSource 案"作出裁决后, 这种做法发生了变化, 法院的裁决实际上被视作在 Bilski 案发生后对法律的完善。

〔285〕 2010年《专利审查程序手册》第2106章第01节（强调部分由作者标明）。2010年《专利审查程序手册》对功能性和非功能性的描述材料进行了区分, 从广义上来说, 这可以被认为是在代码和数据之间作出的区分。

〔286〕 In re Beauregard 53 F.3d 1583 (1995), 下称"Beauregard 案"。联邦巡回法院实际上并没有在 Beauregard 案中作出裁决, 因为专利局局长承认这种权利要求是专利法保护的, 而且不能适用印刷品原则。此后, 这种权利要求的可专利性被普遍接受。见《专利审查程序手册》第2105章第01节, 第I款。

〔287〕 Beauregard 案, 见第1584页。

〔288〕 In re Lowry 32 F.3d 1579 (1994), 下称"Lowry 案"。

保护的是载体上的新型数据结构。[289]这些类型的权利要求还有一种更加无形的变化形式，即针对通过无形媒介传播信号的权利要求，然而自从2005年美国专利商标局发布暂行指南，[290]以及 Nuijten 案发生后，[291]似乎这类权利要求不再被认为是可专利的，因为它们不属于美国《专利法》第101条中规定的四个法定类别。美国联邦巡回法院在 In re Bilski 案中采用"机器或转换"检验方法后的早期迹象表明，Beauregard 案式权利要求和 Lowry 案式权利要求仍具有可专利性。[292]然而，在 CyberSource 案之后，这类权利要求的使用已被废弃。在 CyberSource 案中，法院在考虑"一种检测信用卡诈骗的软件"是否可专利时，[293]超越了权利要求的形式，[294]发现所要求保护的发明实际上与一项在先申请的权利要求具有同样的主题——都属于"抽象的思维过程"。[295]

根据最新的美国专利商标局《专利审查程序手册》，在这种背景下的恰当方法如下：

> 如果一项权利要求的最宽合理解释（BRI）（根据说明书和本领域技术人员的观点解读）涵盖了专利法保护的和不受专利法保护的具体实施方式，那么它便包含了没有资格获得专利保护的标的，因此是不受专利法保护的。这样的权利要求没有通过第一步检验（步骤1：否），故至少应当根据《专利法》第101条被驳回。在这种情况下，最好的做法是由审查员提出最宽合理解释和修改建议，如果可能的话，这种做法将使权利要求缩

---

〔289〕乍一看，这样的权利要求是令人反感的，因为这些权利要求的特征似乎是以其智力性内容为基础而存在的，而且与印刷品原则背道而驰。然而，正如欧洲专利局的情况一样，印刷品原则在分析的显而易见性阶段"反击"了，"如果印刷品和基体之间没有新的和不显而易见的功能关系，那么美国专利商标局的工作人员不需要给这种印刷品赋予可专利性的分量"，见2010年《专利审查程序手册》第2106章第01节，其中引用 Lowry 案，第1583~1584页作为支持。

〔290〕United States Patent and Trademark Office, "Interim Guidelines for Examination of Patent Applications for Patent Subject Matter Eligibility" *Official Gazette Notices*, 22 November 2005, <http://www.uspto.gov/web/offices/com/sol/og/2005/week47/patgupa.htm>（24 August 2010），下称"美国专利商标局暂行指南2005年版"。

〔291〕*In re Nuijten* 500 F.3d 1346（2007），见第1352页，在该案中，联邦巡回上诉法院以2比1的多数认为，"通过一些媒介，如电线、空气或真空传播的临时性的电和电磁信号……不包括在四个法定类别中的任何一个类别中"，因此不属于专利适格标的。

〔292〕见 *Ex parte Bo Li*, Appeal 2008-1213（BPAI, 2008）。

〔293〕*CyberSource* 案，见第17页。

〔294〕"无论一项权利要求的文本是为了从字面上援引哪种法定类别（'工艺、机器、制造品或组合物'，据美国《专利法》第101条规定），要验证其专利适格性，我们都要注意在权利要求之下的基础发明。"*CyberSource* 案，见第17页。

〔295〕"我们认为154号专利的权利要求3没有陈述具备专利适格性的标的，因为它是针对不可专利的思维过程——不可专利的抽象概念的一个子类别"：*CyberSource* 案，见第9页。

小到属于专利法所保护类别的那些具体实施方式。

例如，机器可读介质的最宽合理解释可以包括不受专利法保护的信号传输形式，如传播的电信号或电磁信号本身。见 *In re Nuijten*，500 F.3d 1346, 84 USPQ2d 1495（Fed. Cir. 2007）。当最宽合理解释包括信号传输的临时形式时，根据《专利法》第101条的规定，应当以要求保护的并非专利法所保护的标的为理由驳回请求。因此，针对可以是光盘或载波的计算机可读介质的权利要求涵盖了一个不受专利法保护的具体实施方式，应根据《专利法》第101条驳回，因为它是针对不受专利法保护的标的的。例如，见 *Mentor Graphics v EVE-USA, Inc.*，851 F.3d 第 1294~1295 页，112 USPQ2d 第 1134 页（针对"机器可读介质"的权利要求是不受专利法保护的，因为其范围包括受专利法保护的随机存取存储器和不受专利法保护的载波）。[296]

Beauregard 案和 *Lowry* 案的方法在欧洲专利局则是允许使用的。[297]

从诉讼的角度来看，*Beauregard* 案式权利要求和 *Lowry* 案式权利要求是非常可取的，因为它们"不需要执行任何方法步骤来证明受到侵权。相反，可以通过在计算机可读介质中存储所要求的数据结构（或计算机程序）来证明受到直接侵权"。[298] 按照这种方法，"权利要求的格式特别有助于证明计算机可读介质的制造商和销售商……是直接侵权者"。[299]

将软件定性为载体上的产品这一观点中的主要问题，是在 *Texas Instruments' Application* 案中，[300] 由听证官恰当地指出的。他认为载体是"程序的记录，而不是程序本身"。在 *Gale* 案中也采取了类似的方法。在一审中，阿道司法官（Aldous J）认为，"只读存储器不仅仅是一个载体，它是一个具有电路连接的、能运行程序的制成品"。[301] 在上诉中，法官裁定，只读存储器"只是用来承载（一系列指令）的工具"。[302] 因此，"把权利要求是针对'硬件'而提出的这一事

---

〔296〕 MPEP "2106-Patent Subject Matter Eligibility"，<https://www.uspto.gov/web/offices/pac/mpep/s2106.html>（17 July 2018）.

〔297〕 See T258/03 *Hitachi/Auction Method*〔2004〕EPOR 55; T424/03 *Microsoft/Clipboard formats I*〔2006〕EPOR 39.

〔298〕 Daniel W McDonald, Robert A Kalinsky, and William D Schulz, "Software Patent Litigation" ABA Section of Litigation, Intellectual Property Litigation Committee Roundtable Discussion, April 2006 <http://euro.ecom.cmu.edu/program/law/08-732/Patents/SoftwarePatentLitigation.pdf>（20 August 2010）at 3.

〔299〕 McDonald et al.，前述第 298 条注释，见第 3 页。

〔300〕 *Texas Instruments Inc's Application*（1968）38 AOJP 2846.

〔301〕 *Gale* 案，见第 316~317 页。

〔302〕 *Gale* 案，见第 325 页，尼克尔斯法官（Nicholls LJ）意见。

实作为一个令人困惑、无关紧要的问题来剥离,是方便且正确的"。[303]

硬件—软件等同:从纯功能性的角度来看,"一个软件工艺往往可以与一个硬件电路互换"。[304]也有观点认为,"程序的基本特征是计算机指令所代表的技术功能,在这一方面,程序与专门化的硬件没有什么不同"。[305]因此,很容易得出这样的结论:"与硬件发明相比,软件发明同样有形、实用,同样值得专利保护。"[306]这种结论在判例法中经常得到支持。

在 Vicom 案中,欧洲专利局指出,"在(硬件和软件)之间的选择无关硬件和软件本质上的区别,而是基于技术和经济考虑,与发明构思本身没有关系"。[307]上诉委员会作出的裁决经常强调这种互换性。[308]在 Gale 案中,法官布朗尼-威尔金森爵士(Browne-Wilkinson VC)作出了类似的假设,他指出:"无论是硬件还是软件,一旦计算机程序产生了新颖的技术效果,就有可能出现难解的情况。"[309]

在 Fujitsu(No 1)案的一审裁决中,法院坚持硬件和软件二者是完全等同的立场:

> 抛开新颖性不谈,根据这些原则,运行速度更快的芯片,或更高效率的存储介质,或包含这种芯片或存储介质的计算机更有可能申请到专利,那么通过软件编程对计算机进行修改,以在速度或存储空间上实现同等提升的发明,无论在原则上或逻辑上都不应该排除在专利权的保护范围之外。进步是在软件而不是硬件中实现的这一事实,不应影响其可专利性。虽然背景稍微有些不同,但用尼克尔斯法官在 Gale's Application 案中的

---

[303] Gale 案,见第 326 页。

[304] David S. Bir, "The Patentability Of Computer Software After Alappat: Celebrated Transformation or Status Quo?" (1995) 41 Wayne L Rev 1531,见第 1551 页,第 121 条脚注。Pamela Samuelson et al., "A Manifesto Concerning the Legal Protection of Computer Programs" (1994) 94 Columbia Law Review 2308,见第 2319 页。

[305] Advisory Council on Intellectual Property, Report on a Review of the Patenting of Business Systems (2003) <http://www.acip.gov.au/library/bsreport.pdf> (accessed 19 April 2007),见第 8 章第 4 节第 1 点,其中总结了 IBM 公司在 1992 年 11 月举办的欧洲专利局关于保护计算机相关发明和商业模式发明的国际学术论坛(European Patent Office International Academy Forum on the Protection of Computer-related and Business Model Inventions)上提出的论点。

[306] Joseph R. Brown, "Software Patent Dynamics: Software As Patentable Subject Matter After State Street & Trust Co.", (2000) 25 Oklahoma City University Law Review 639 at 660.

[307] Vicom 案,见第 80 页。

[308] Vicom 案,见第 79 页:"技术手段可包括由适当的硬件组成的计算机,或经过适当编程的通用计算机。"Vicom 案,见第 80 页:"一个程序(无论是通过硬件方式还是软件方式实施)",此外还提到"一个指定程序(无论是通过硬件还是软件手段)"。

[309] Gale 案,见第 333 页(强调部分由作者标明)。

话来说，如果因此而影响了这类发明的可专利性，那就是将形式凌驾于内容之上。同样地，如果一项通过机械手段实现的新工艺具有可专利性，那么没有理由说通过计算机手段实现的同样工艺的可专利性就会降低。如果是这样的话，那么专利的权利要求无论是针对一种受计算机控制的工艺，针对一种以特定方式编程的计算机，还是针对一种控制计算机的方法来起草并不重要。在每种情况下，发明的实质都是一样的。[310]

在美国，*Alappat* 案也支持类似的观点：

> 在这一领域，软件工艺往往可以与硬件电路互换。因此，专利复审委员会坚持将阿拉帕特（*Alappat*）的机器权利要求重新解释为工艺的做法是错误的，因为两者在技术上没有任何区别，而且《专利法》将两者都视为专利适格标的。[311]

然而，正如上文所表明的，实体性在专利法中有着悠久的历史。尽管经常强调专利法要灵活地适应新的技术概念，但这种实体性要求不应该被放弃。本书后面将更加详细地考虑有形和无形主题之间的区别，但总而言之，一项发明的实体性将对产品的商业化、市场的结构，以及最重要的，对创造这种产品的创造性过程的性质产生影响。

类似的批评也可能来自这样一种说法，即将可专利性扩展到包括软件，可能基于 *NRDC* 案的化学工艺和计算机工艺权利要求的对比。[312] 因为化学工艺与计算机工艺之间存在显著差异。化学是一种非确定性技术，在这种技术中，将化学原理创造性地应用于现实世界的问题，必须克服"无穷的排列组合"，只有通过广泛的现场试验才能解决这一问题。[313] 而软件则不然。

2.2.3 复杂性

与专利制度最初旨在保护的工业时代的机器相比，软件产品具有高度复杂的结构。虽然一台物理机器可能由成千上万个单独的组件组成，但一个大型计算机程序（如操作系统）可能包含数百万个组件。[314] 每一个单独的组件都有

---

[310] *Fujitsu*（*No 1*）案，见第 531 页，拉迪法官意见。但上诉法院在推翻他的裁决时，对这一观点不予考虑：*Fujitsu*（*No 2*）。

[311] *Alappat* 案，见第 1583 页，里奇法官（Rich J）意见（强调部分由作者标明）。

[312] 见 *IBM*（*Australia*）案。

[313] 杜卡里奇明确指出化学发明是非确定性的技术。见 Dukarich, 前述第 197 条注释，见第 146~147 页。

[314] Richard Stallman, "The Danger of Software Patents," Transcript of Speech Given at Cambridge University, March 2002, <http://www.cl.cam.ac.uk/~mgk25/stallman-patents.html>（13 September 2010）at [90]。

可能被授予专利，这使得大规模的侵权成为可能。显而易见，刚刚描述的这种软件产品有可能侵犯数百万项专利。

这种组件与产品的高比率可能导致的另一个后果是，如此大规模的组件，其可专利性问题会使得国家专利局陷入一场行政噩梦。美国专利商标局最初就对引进软件专利提出了强烈的抵制，理由是允许软件获得专利将使得专利局无力处理随之而来的大量专利申请。实际发生的情况也正是这样，美国专利商标局在 *Bilski* 案之前的一段时间里承认，积压的专利数量已经显著增加：

> 专利申请的数量和复杂性持续超出目前审查这些申请的能力。结果就是，待审的申请积压达到了历史性的水平，且数量还在持续上升。专利待审时间现在平均超过了两年。在更复杂的技术领域，如数据处理技术，平均待审时间现在超过 3 年。[315]

这种积压导致的明显后果是：个别专利审查不彻底的可能性增加，专利质量全面下降。当有疑问的专利被通过时，为撤销这些专利而花费的诉讼费用（通常是冒着受到侵权诉讼的风险）意味着这类专利往往能够成功地针对竞争对手实施。因此，在积压专利和随之而来的质量不过关的专利授权带来的综合影响下，在那个时期经常引起舆论批评，认为美国的专利制度"被破坏了"。[316]

---

[315] United States Patent and Trademark Office, *Performance and Accountability Report for Fiscal Year 2005*, <http://www.uspto.gov/web/offices/com/annual/2005/2005annualreport.pdf>（12 July 2010），见第 4 页。1989 年，待审的申请总数为 222755 件，但到 2005 年，这一数字已达到 885002 件：United States Patent and Trademark Office, "Fiscal Year 2009: Patent Applications Pending Prior to Allowance" <http://www.uspto.gov/web/offices/com/annual/2009/oai_05_wlt_03.html>（12 July 2010）。截至 2017 年 6 月 30 日，积压的未审查申请高达约 54 万件，软件相关的申请的平均待审时间为 28.5 个月，见 United States Patent Office, "Performance and Accountability Report-Fiscal Year 2017" <https://www.uspto.gov/sites/default/files/documents/USPTOFY17PAR.pdf>（17 July 2018）。

[316] "过去几年来，在报纸上的文章，还有联邦贸易委员会（FTC）和国家科学院（NAS）举行的听证会上，越来越多的行业管理人员抱怨专利系统已经被破坏了。"James Bessen and Michael J. Meurer, "Chapter 1: The Argument in Brief" *Patent Failure: how judges, bureaucrats, and lawyers put innovators at risk*（2008），见第 3 页。联邦贸易委员会和美国国家科学院的听证会，以及由此产生的报告，在以下文章中讨论：Carl Shapiro, "Patent System Reform: Economic Analysis and Critique"（2004）19 *Berkeley Technology Law Journal* 1017；Kurt M. Saunders, "Reforming the Patent System: Two Proposals"（2005）4（1）*The Technology Report* <http://www4.ncsu.edu/~baumerdl/The%20Technology%20Report/Revised.Reforming.the.Patent.System.pdf>（13 July 2010）。关于专利制度"残破"的状态，又见 Adam B. Jaffe & Josh Lerner, *Innovation and its discontents: how our broken patent system is endangering innovation and progress and what to do about it*（2004）。

2.2.4 重用

从第 1 章可以看出,软件开发领域是以渐进的方式发展的,从机器代码发展到汇编程序,又从汇编程序发展到编译器和解释器等。尽管"大多数发明是对某些现有物品、工艺或机器的改进",[317]但重用是软件开发的核心。这就造成了特殊的挑战,概述如下。

A 软件创新主要是累积性的

软件开发的低门槛意味着市场的高度分散。只要有最便宜的电脑和互联网连接,任何人都有可能获得创建软件所需的一切。这种分散导致了独立的重复开发,"因为程序员使用类似的(甚至相同的)软件和硬件工具来解决共同的需求"。[318]工具相似的部分原因是,抽象堆栈的较低层为上层的开发建立了一个通用的框架而产生的影响。

这种重复,再加上对用户熟悉度的强调,以及在计算机科学早期发展起来的开源精神,使得"程序员通常通过查找范例或记住其他程序中的有效方法,来选取软件设计要素,即一些如何通过软件实现特定事情的点子"。[319]因此,技术的大多数新发展往往是累积的、微小的创新。

软件开发的累积性一直没有得到法院和专利局的充分重视,这意味着只要取得最小限度的进展,就可以获得巨额报酬(以专利许可的形式)。因此,巨额利润的诱惑促使机会主义者以牺牲该领域的创新为代价来获取和实施宽泛的专利。[320]

B 软件产业依赖于开放性

自从软件起源于大学的计算机科学系,开源和协作就对软件的最前沿发展产生了巨大的影响。在最早的阶段,计算机科学家会分享新软件的源代码,无论是直接分享还是通过在免费获取的开源期刊上发表文章来分享。这种开放的精神甚至在商业参与者开始入场之后也在延续。例如,Unix 操作系统的早期历史涉及美国电话电报公司(AT&T)和加州大学伯克利分校之间的开放

---

[317] *General Electric Company v Wabash Appliance Corporation* 304 U.S. 364, 368 (1938).

[318] Ben Klemens, "New legal code: copyrights should replace software patents" (2005) *IEEE Spectrum Magazine*, <http://spectrum.ieee.org/computing/software/new-legal-code> (18 September 2010).

[319] 见 Samuelson et al., 前述第 304 条注释, 见第 2330~2331 页。

[320] 见 William W. Fisher III, "Intellectual Property and Innovation: Theoretical, Empirical, and Historical Perspectives" (2001) 37 *Industrial Property*, *Innovation*, *and the Knowledge-based Economy*, Beleidsstudies Technologie Economie, 见第 18 页。

合作。[321]

现代软件中最重要的开放形式也许是自由和开源软件（Free and Open Source Software，简称 FOSS）模式，它为基于自由和共享原则的全球合作创新提供了一种机制。[322]自由和开源软件代表了软件业的一个重要分支，因为它包含了另一种创新和全球合作的途径，在新技术的开发和公开方面推动了公共利益的发展——专利制度的目标与此相同。[323]

开放性对软件开发创新具有持续的重要性，而这与授予垄断权并不一致。美国软件业的印象性证据也对软件专利增强领域内创新的说法提出了质疑，这些证据表明，在开始对软件授予专利之前，该领域的创新水平就已经很高了，而在授予软件专利之后也没有因此提高创新水平。[324]

自由和开源软件的开发人员与所有软件开发者面临同样的问题，但在某些方面，自由和开源软件项目相比其他软件项目更脆弱。首先，自由和开源软件的开发通常是由志愿者和小规模服务公司完成的，这些公司通过对客户项目中的软件进行定制和管理来赚钱。[325]因此，上文讨论的中小企业的问题与自由和开源软件项目的持续生存能力尤其相关。由于自由和开源软件项目通常缺乏一个中心机构来资助和获取大量的专利组合来进行专利布局，或谈判许可协议，以涵盖项目的全体参与者，因此问题就成倍增加。

此外，自由和开源软件项目利用了互联网的协作力量，它允许在全球范围内进行项目合作，其规模甚至超过了软件行业的巨头。[326]自由和开源软件

---

[321] 关于伯克利软件套件项目（BSD）更详细的历史，见 Marshall K. McKusick, "Twenty Years of Berkeley Unix: From AT&T-Owned to Freely Redistributable" in Chris Di Bona and Sam Ockman (eds) *Open Sources: Voices from the Open Source Revolution* (O'Reilly & Associates, 1999)。

[322] 关于自由和开源软件的性质的更多信息，见 Kenneth Wong and Phet Sayo, "Free/Open Source Software: A General Introduction," *UNDP-APDIP*, 2004 <http://hdl.handle.net/10625/50702> (12 July 2018)。

[323] "Accelerating the moment at which knowledge is widely available is consistent with patent policy's design to bring inventions into the public domain for the public benefit.": Robin Feldman, "The Open Source Biotechnology Movement: Is It Patent Misuse?" (2004) 6 (1) Minnesota Journal of Law, Science & Technology 117, 见第 120 页。

[324] Fisher, 前述第 320 条注释，见第 24~25 页。

[325] 收集到的嵌入式 Linux 相关经验证据支持这一观点，在 259 名调查参与者中，有 139 人在少于 50 人的组织中工作，有 81 人在拥有 200 名或更多员工的公司工作。见 Joachim Henkel and Mark Tins, "Munich/MIT Survey: Development of Embedded Linux" (Institute for Innovation Research, Technology Management and Entrepreneurship, University of Munich, 10 May 2004) <http://www.linuxfordevices.com/files/misc/MunichMIT-Survey_Embedded_ Linux.pdf> (5 September 2011), 见第 7 页。

[326] Russ Roberts, "Why Linux is Wealthier than Microsoft" *BusinessWeek Online*, 19 November 2003 <http://yahoo.businessweek.com/technology/content/nov2003/tc20031119_9737.htm> (18 September 2010)。

项目参与者的地理分布，以及任何一方"派生"代码的能力，[327] 突出表明没有一个中心机构拥有对项目的最终控制权。有时，一个项目会有一个或多个领导者，[328] 或有一个持有知识产权并主持开发服务的非营利性组织，[329] 但一般来说，各方面的参与程度和责任会不时变化。这可能成为这些项目成功的关键，但缺点是专利侵权的法律责任很可能会由软件的个别贡献者或使用者承担。有人认为，追踪分散目标的难度使得对其执法的可能性降低，[330] 但许多自由和开源软件的拥护者认为，专利才是这种形式的软件开发的最大威胁。[331]

自由和开源软件项目因担忧可能遭受专利诉讼而被关停的威胁是真实存在的。在一项由"开源风险管理"网站进行的研究中，发现Linux内核有可能侵犯了283项美国软件专利，这些专利还有待法院审查。[332] 斯托曼（Stallman）估计，Linux内核只占一个完整的GNU/Linux操作系统的0.25%，[333] 这表明整个系统总体上可能涉及3万~30万个侵权行为。[334] 尽管"1/3的专利由Linux的支持者拥有，包括惠普、IBM、网威和甲骨文等，这些公司不太可能提出权利主张"，但这仍然令人担忧。[335] 一些GNU/Linux系统的分销商，包括网威、Xandros和Linspire，做出了与微软签订"专利合作协议"这样有争议的决定，

---

〔327〕 代码派生是开源软件许可中授予所有人的自由修改权和再发行权的结果。如果一个项目的任何一方对项目发展方向不满意，他们可以拷贝源代码并用来启动自己的项目。见Wikipedia, "Code Forking" <http://en.wikipedia.org/wiki/Code_forking>（18 September 2010）。

〔328〕 例如，林纳斯·托瓦兹（Linus Torvalds）是Linux内核项目的领导者，吉多·范·罗苏姆（Guido van Rossum）是Python语言项目的领导者。

〔329〕 例如，阿帕奇软件基金会（Apache Software Foundation，见<http://apache.org>）或谋智基金会（Mozilla Foundation，见<http://mozilla.org/>）主持项目网站、版本控制和邮件列表等业务，除了持有项目代码的知识产权，还使得进行项目协作成为可能。

〔330〕 Peter Williams, "Patent threat to open source is limited" vnunet.com, 8 September 2004 <http://www.pcw.co.uk/vnunet/news/2125807/patent-threat-open-source-limited>（18 September 2010）. Cf. Robert Jaques, "RIAA Launches P2P file sharing legal blitz" vnunet.com, 19 November 2004 <http://www.v3.co.uk/vnunet/news/2126208/riaalaunches-p2p-file-sharing-legal-blitz>（18 September 2010）.

〔331〕 例如见 Charles Babcock and Larry Greenemeier, "Open Source Stress" *Information Week*, 9 August 2004 <http://www.informationweek.com/story/showArticle.jhtml?articleID=26806464>（17 July 2018）。

〔332〕 Dan Ravicher, "Position Paper: Mitigating Linux Patent Risk" *Open Source Risk Management*, 2 August 2004 <http://www.osriskmanagement.com/pdf_articles/linuxpatentpaper.pdf>（4 September 2011），见第1页。

〔333〕 例如见 Richard Stallman, "Patent absurdity" *The Guardian*, 20 June 2005 <http://www.guardian.co.uk/technology/2005/jun/20/comment.comment>（4 September 2005）。

〔334〕 Richard Stallman, 前述333条注释。

〔335〕 例如见《GNU通用公共许可协议》的引言十余年来一直认为，"每个自由程序都持续受到软件专利的威胁"。见 Free Software Foundation, "GNU General Public License" 16 February 1998 <http://www.gnu.org/copyleft/gpl.html>（18 September 2010）。

说明许多人认为这种威胁是真实存在的。[336]

2.2.5 小结

事实证明，抽象性和上下文构成了软件专利问题的主要维度。软件这一标的的抽象性是理解为什么软件不可专利的关键。但是，由于缺乏强有力的理论基础，通过诉诸传统的排除法，如思维步骤、智力信息和抽象概念，来解决抽象性问题的尝试以失败告终。判例表明，软件经常被错误地定性，其上下文也被忽视，以此来回避关于特定的一组软件相关权利要求的本质的棘手本体论问题。

复杂性和重用是软件本身带来的实际问题。软件的复杂性导致了可申请专利的组件过多，这不仅有导致专利局负担过重的风险，也增加了独立开发的产品侵犯多项专利的可能性。重用在软件开发过程中的核心地位，使软件创新的"粒度（规模）"降低，同时提高了侵权的可能性。对重用的依赖也意味着软件业的开放文化和替代性创新范式，如自由和开源软件，将因垄断权的授予而遭受严重破坏。

因此，提出的任何软件专利问题解决方案都需要解决上述问题。

2.3 专利的授予对软件产业有何影响

除了软件的性质给专利法带来的问题，还有一些其他因素影响着软件是否应该获得专利。下面将讨论这些问题。

2.3.1 文献的缺乏意味着更多低价值专利

众所周知，程序员不擅长编写程序文档，这也许是因为源代码就是文档，或者也许是因为与编写代码积极解决问题相比，编写文档简直无聊透顶。[337] 然而，即使文档编写得当，计算机的无处不在、软件业的全球性，以及缺乏集

---

[336] 例如见 Microsoft Legal and Corporate Affairs, "Patent Cooperation Agreement−Microsoft and Novell Interoperability Collaboration" *Microsoft.com*, 2 November 2006 <http://www.microsoft.com/about/legal/en/us/IntellectualProperty/IPLicensing/customercovenant/msnovellcollab/patent_agreement.aspx>（4 September 2011）; Rich Lehrbaum, "Linspire, Microsoft in Linux−related deal" *DesktopLinux.com*, 13 June 2007 <http://desktoplinux.com/news/NS9642338710.html>（4 September 2011）; Xandros Inc, "Microsoft, Xandros Broad Collaboration Agreement Extends Bridge Between Commercial Open Source and Microsoft Software" on *xandros.com*, 4 June 2007 <http://www.xandros.com/news/press_releases/xandros_microsoft_collaborate.html>（4 September 2011）.

[337] 关于这个问题的一系列有代表性的观点，见"Why Do Programmers Hate Documenting?" <http://discuss.fogcreek.com/joelonsoftware1/default.asp?cmd=show& ixPost=35336&ixReplies=61>。

中的知识库（如行业期刊），都意味着在任何时候都很难以文献形式充分掌握技术的最新发展状况。〔338〕文献的缺乏给专利审查过程带来了严重的问题，因为如果没有完整的现有技术基础，专利审查员就不可能判定申请保护的发明是否真正具备新颖性，以及这种发明的进步对于该领域的专业人员来说是不是显而易见的（非显而易见性的要求）。风险在于，相对于现有技术的微不足道的进步将经常被拔高到可专利的发明的高度。〔339〕

2.3.2 软件市场发展过快，不适合专利制度

专利的授予包括将垄断权授予个别实体，通常为期 20 年。这在快节奏的软件行业中简直相当于无限期，因为在软件行业中，典型的产品生命周期是 3~5 年。〔340〕然而，由于专利的解释会按照其权利要求的文本所允许的最宽泛的合理解释来进行，专利权人对技术发展可能拥有的控制程度远远超出了授予专利权时的考量。

甚至就连申请过程也太过缓慢了。如前文所述，软件专利的等待期超过两年。〔341〕在这段等待期的部分甚至全部时间内，申请书将会保持保密状态。〔342〕

---

〔338〕 正如引言中所指出的，在 2008 年，美国有大约 130 万名计算机系统软件工程师和程序员。预计到 2018 年，这个数字将增加 21%，达到 160 万左右：United States Bureau of Labor Statistics, "Computer Software Engineers and Computer Programmers" in *Occupational Outlook Handbook*, 2010-11 Edition <http://www.bls.gov/oco/ocos303.htm> (3 September 2011)。根据 2002 年或其后的巴西、中国、印度、爱尔兰、以色列、日本和德国的软件产业相对规模的数据，估计这些国家的程序员人数将在 66 万左右。见 Asish Arora and Alfonso Gambardella, "The Globalization of the Software Industry: Perspectives and Opportunities For Developed and Developing Countries" (National Bureau of Economic Research Working Paper 10538, June 2004) <http://www.nber.org/papers/w10538> (18 September 2010)。

〔339〕 这就是通常对亚马逊"一键下单"专利的批评，许多开发者认为它是对 cookie 技术的一项显而易见的应用。有关这场争论中的启发性讨论，见 Tim O'Reilly, "Ask Tim: Open Source, Patents & O'Reilly" *O'Reilly Network*, 28 February 2000 <http://oreilly.com/pub/a/oreilly/ask_tim/2000/amazon_patent.html> (18 September 2010)。亚马逊的"一键下单"专利将在 2017 年到期（目前已过期）。例如见 Ian Morris, "Amazon's Multi-Billion Dollar Patent Expires in 2017" <https://www.forbes.com/sites/ianmorris/2017/01/02/amazonsmulti-billion-dollar-patent-expires-in-2017/> (21 August 2017)。

〔340〕 概况见 Wikipedia, "Moore's Law" <http://en.wikipedia.org/wiki/Moore%27s_law> (18 September 2010)。更深入的分析，见 Ilkka Tuomi, "The Lives and Death of Moore's Law" (2002) 7 (11) *First Monday* <http://firstmonday.org/htbin/cgiwrap/bin/ojs/index.php/fm/article/view/1000/921> (18 September 2010)。

〔341〕 请注意，就美国专利商标局 2100 号技术中心（负责计算机体系结构、软件和信息安全）而言，最近一个财政年度，美国专利商标局的专利申请第一次实质审查的待审时间是 21.3 个月，总的平均待审时间是 28.5 个月。见 United States Patent Office, "Performance and Accountability Report-Fiscal Year 2017" <https://www.uspto.gov/sites/default/files/documents/USPTOFY17PAR.pdf> (17 July 2018)。

〔342〕 向国家专利局提出的普通申请在获得专利权之前不会被公布。然而，如果它是根据《专利合作条约》(*Patent Cooperation Treaty* [1980] ATS 6, 1978 年 1 月 24 日生效）的条款提出的国际申请，那么根据该条约第 21 条（b）款规定，除某些例外情况外，国际公布应在 18 个月后"迅速予以办理"。

鉴于软件行业具有独立重复开发的特点，完全独立开发但涉及侵权的软件，很可能在对相关专利有任何了解之前，就已经被设计、实施、推向市场，甚至被第二代软件所取代。在这种情况下，独立软件产品的开发者没有从专利中获得任何好处，却承担了为产品成功打开市场的全部负担。但专利权人却可以限制这些开发者的业务，直到专利使用费和/或合适的许可协议达成为止。这样的专利使用费是对自主创新的一种无端征税。

2.3.3 网络效应放大了专利权人的权力

网络效应在软件界是很常见的，在软件界，特定产品拥有训练有素的用户群，会给竞争对手的产品设置进入壁垒。网络效应是指，"当某类技术的所有用户都遵守相同的标准，从而可以分享他们的工作，并在机器和企业之间轻松迁移时，产生的社会优势"。[343]一个简单的例子是 Microsoft Word 文档，它已经成为存储和交换电子文档的事实上的标准。

网络效应也可能因行业对特定标准的采用而产生。例如，TCP/IP 协议是在计算机网络，特别是互联网上传输数字信息的标准。标准通常用于鼓励使用者以技术上最优的方式实现互操作性和协作性。

网络效应通过消除竞争对手的议价能力，扩大了其所有者控制市场的能力。例如，将一项专利技术纳入标准，不仅允许专利权人向所有需要其产品来与标准互操作的竞争对手强制收取许可费，而且还可以向竞争产品的用户收取许可费。[344]这是因为在不偏离标准的情况下，相关发明不可能"绕过"标准必要专利来进行。[345]

2.3.4 程序员不喜欢软件专利

如果专利法的社会契约确实在按照它应有的方式正常运行，人们会认为那些最有可能从新技术的公开当中获益的人，即程序员，会把专利作为重要的信息来源来看待。事实上，大多数程序员认为软件专利"严重妨碍了他们的

---

〔343〕 Fisher，前述第 320 条注释，见第 25 页。

〔344〕 从技术上讲，产品的使用属于专利权人利用发明的权利范围。但是，一般认为专利权人不太可能起诉自己的客户。

〔345〕 正是为了规避网络效应，专利池才常常被建立起来。根据参与专利池各方的市场力量，这种专利池可能产生促进竞争或反竞争的效果。见 Steven C. Carlson, "Patent Pools and the Antitrust Dilemma" 16 *Yale Journal on Regulation* 359（1999）; Jeanne Clark et al. "Patent Pools：A Solution to the Problem of Access in Biotechnology Patents"（2001）20（4）*Biotechnology Law Report* 607; Robin Feldman, "The Open Source Biotechnology Movement：Is It Patent Misuse?"（2004）6（1）*Minnesota Journal of Law, Science & Technology* 117，见第 166~167 页。

工作"。[346]例如，至少从1991年起，编程自由联盟（League for Programming Freedom）就一直在主张废除软件专利。[347]自由和开源软件项目的关键人物也都一致主张废除软件专利。[348]也有经验性[349]和传闻性的证据[350]表明，专有软件开发者也宁愿没有软件专利。这是为什么呢？

尽管公众普遍认识到，在软件行业内有不少像IBM、微软和甲骨文这样的大型美国公司，但全球软件行业主要是由中小型企业（SMEs）组成的。[351]例如，在澳大利亚，2005年的一项研究发现，99.6%的澳大利亚计算机软件和服务公司的员工人数少于100人。[352]这些小公司尤其容易受到软件专利所造成的问题的影响。他们有限的预算意味着他们负担不起专利许可费、挑战专利有效性或专利侵权抗辩所涉及的费用。他们对软件专利带来的痛苦感受最深。[353]

相比之下，软件行业的巨头们则通常能够通过持有大量的专利组合来减少

---

〔346〕 Fisher，前述第320条注释，见第25页。

〔347〕 League for Programming Freedom, "Against Software Patents" 28 February 1991 <https://web.archive.org/web/20150329103351/http://www.progfree.org/Patents/against-software-patents.html> (17 July 2018).

〔348〕 Richard Stallman, "The Danger of Software Patents" 2004 Cyberspace Law and Policy Seminar (audio recording), Sydney, 14 October 2004 <http://www.bakercyberlawcentre.org/2004/talks/Stallman_1_small.ogg> (18 September 2010) (Part 1) and <http://www.bakercyberlawcentre.org/2004/talks/Stallman_2_small.ogg> (18 September 2010) (Part 2); Linus Torvalds and Alan Cox, "Open Letter on Software Patents from Linux Developers" 21 September, 2003 <http://www.effi.org/patentit/patents_torvalds_cox.html> (5 September 2011); Robert McMillan, "Torvalds joins in anti-patent attack" Techworld, 2 February 2005, <http://news.techworld.com/applications/3059/torvalds-joins-in-antipatent-attack/> (18 September 2010); Bruce Perens, "Public Policy Area: Software Patents" <http://perens.com/policy/software-patents/> (18 September 2010); Bruce Perens, "The Monster Arrives: Software Patent Lawsuits Against Open Source Developers" <http://technocrat.net/d/2006/6/30/5032/> (18 September 2010).

〔349〕 Effy Oz, "Acceptable Protection of Software Intellectual Property: A Survey of Software Developers and Lawyers." (1998) 34 (3) *Information & Management* 161.

〔350〕 The selection of anti-software-patent quotes collated on this page read like a virtual who'swho of the US Software Industry. See Foundation for a Free Information Infrastructure, "Quotations on Software Patents," <http://eupat.ffii.org/vreji/quotes/index.en.html> (18 September 2010).

〔351〕 见Samuelson et al.，前述第304条注释，见第2377页。

〔352〕 Centre for Innovative Industry Economic Research Consortium, "Executive Summary", *The Australian software industry and vertical applications markets: Globally competitive and domestically undervalued*, <http://www.dbcde.gov.au/data/assets/pdf_file/0020/36461/Executive_summary.pdf> (5 September 2011).

〔353〕 关于这一点，见Puay Tang, John Adams and Daniel Paré, "Patent protection of computer programmes" (Final Report submitted to the European Commission, 2001). See also Foundation for a Free Information Infrastructure, "Alliance of 2, 000, 000 SMEs against Software Patents and EU Directive," 16 September 2003, <http://eupat.ffii.org/papers/eubsa-swpat0202/ceapme0309/> (18 September 2010).

遭受侵权诉讼的可能性。这些专利组合使人想起"冷战"时期超级大国的"确保相互毁灭"[354]战略，因为它们使任何潜在的诉讼当事人都不愿意提起诉讼，以免自己被反诉侵权。但软件专利也对这些持有专利组合的巨头们产生了负面影响。维持这样的专利战略需要消耗时间和金钱：

> 我们花在专利归档、申请、维护、诉讼和许可上的时间和金钱，本来可以更好地用于产品开发和研究，从而带来更多创新。但我们每年都在申请数以百计的专利，申请的动机却与促进或保护创新无关。[355]

防御性的专利布局对阻止所谓的"专利流氓"也没有什么作用——这些公司并不从事软件开发，其唯一的收入来源依赖于对其获得的专利进行投机式的运营实施。[356]

2.4 这是否属于适格标的问题

从《欧洲专利公约》实施的相关判例调查中得出一点，欧洲专利局上诉委员会认为软件专利的问题整体而言是一个创造性的问题，而不是适格标的的问题。例如，扩大委员会在第 G3/08 号案中指出：

> 虽然扩大委员会意识到，以缺乏创造性的步骤作为理由而驳回，而不是根据《欧洲专利公约》第 52 条第 2 款的排除条款来驳回，在某种程度上令许多人不认同，但这是自 *IBM Twins* 案以来一直在应用中发展的方法，而且由于在移交的案件中没有发现这一方法在发展中产生了任何应用上的分歧，我们认为在本意见中，推翻这一方法不是扩大委员会的职责。[357]

美国联邦巡回法院在 *Diehr* 案的判决中也表现出类似的态度，法院在该案中拒绝采用 *Flook* 案的"新颖点"方法来确定专利适格标的时陈述道：

> 一项特定发明是否具有新颖性的（问题）与该发明是否属于专利适格

---

[354] See Wikipedia, "Mutually Assured Destruction," <http://en.wikipedia.org/wiki/Mutually_assured_destruction>（18 September 2010）.

[355] Robert Barr, Statement to the Joint Federal Trade Commission and Department of Justice Hearings on Economic Perspectives on Intellectual Property, Competition and Innovation, 28 February 2002, <http://www.ftc.gov/opp/intellect/barrrobert.doc>（5 September 2011）.

[356] 关于专利流氓如何运作的更多信息，见 Wikipedia, "Patent Troll," <http://en.wikipedia.org/wiki/Patent_troll>（18 September 2010）。

[357] G3/08 *Programs for computers*（Opinion of 12 May 2010）at [10.13].

标的完全无关。[358]

在 *Bilski* 案中，大多数人似乎也非常认同可专利性的其他要求：

> 《专利法》第 101 条的资格调查只是一项门槛检验。即使一项要求保护的发明属于第 101 条规定的 4 个类别中的一类，它也必须满足"本卷所规定的条件和要求"，见第 101 条（a）款，其中包括：新颖性，见第 102 条；非显而易见性，见第 103 条；完整和具体的描述，见第 112 条。[359]

鉴于上述困难，不出意料，裁判机关可能希望把关注重点放在一个更技术性的问题上，即一个要求被保护的发明是不是新颖的。英国上诉法院在 *Aerotel* 案中明确了这个问题的答案：

> 例如，请考虑以下情况。
>
> i 针对一本书的权利要求，例如，针对一本包含新故事的书，其主要内容在权利要求中列出。
>
> ii 针对装载有新音乐的标准 CD 播放器或 iPod 的权利要求。
>
> 每个人都会同意，这些权利要求肯定是不好的——然而从整体上看，它们都是新颖的、非显而易见的和有作用的。如果为了驳回这些糟糕的权利要求而将新的音乐或故事视为现有技术的一部分（*Pension Benefits* 案和 *Hitachi* 案采取的手段），在理智上根本说不过去。而且，就我们看来，微软（*Microsoft*）案中的方法，即放弃使用这种手段，实际上会导致这些权利要求具备可专利性。[360]

关于为什么对创造性进行检验不是一个令人满意的变通办法，克里斯蒂和赛姆（Christie and Syme）指出了另一个原因。[361] 对创造性的检验是在相关

---

[358] *Diehr* 案，见第 190 页。又见 *Bernhart* 案。

[359] *Bilski* 案，见第 3221 页，肯尼迪法官意见（强调部分由作者标明）。请注意，美国专利商标局在 *Bilski* 案之后发布的暂行指南中已经注意到了这一点，并提醒审查员，"《专利法》第 101 条不是确定可专利性的唯一工具……因此，审查员应避免专注于第 101 条下的专利适格性问题，以免影响考虑申请是否符合第 102 条、第 103 条和第 112 条的要求，并应避免仅根据第 101 条下规定的专利适格性来处理申请，除非在最极端的情况下"。见 2010 年《专利审查程序手册》，见第 43923~43924 页。参照 *Bilski* 案，史蒂文斯法官意见——见下文第 234 条注释。

[360] *Aerotel* 案，见第 27 段。

[361] 克里斯蒂和赛姆讨论的是澳大利亚判断创造性的方法，但她们的评论也同样适用于美国和英国的方法。至于英国和欧洲专利局的方法，见 *Pozzoli Spa v BDMO SA & Anor* [2007] EWCA Civ 588（22 June 2007）；T154/04 *Duns/Method of estimating product distribution* [2008] OJ EPO 46，见判决理由第 5 点（G）分点。同样地，美国的方法是参照美国《专利法》第 103 条中规定的"本领域普通技术人员"来检验。对于这一标准的更新解释，见 *KSR International Co. v Teleflex Inc.*，*et al.* 550 U.S. 398（2007）。

技术的背景下进行的。当权利要求的实质内容是计算机程序时，则相关技术可能是计算机编程。然而，计算机编程常常涉及对其他领域的工艺的自动化。用克里斯蒂和赛姆的例子来说，[362]当一个数学算法被翻译成计算机自动化的形式时，即使这个算法本身在数学领域已经被使用了几百年，但如果该算法之前没有被用于计算机编程，那么它也具有创造性。

此外，由于上文所述的文献缺乏，任何对于创造性的确定都因为现有技术记录的不完整而受到妨碍。当现有技术并不在创造性检验范围内时，其是否能充分确定已经不必考虑，相反，在确定其是否具有固有的可专利性时，却是一个恰当的考虑因素。这是因为固有的可专利性是任何专利申请在是否属于专利适格标的的调查中都必须跨越的"首要且最基本"[363]的门槛。其他要求侧重于发明的技术方面，而专利适格标的的调查是为了确定适合授予专利的标的物获取专利授权的初步（prima facie）资格。[364]因此，相比对创造性进行检验，专利适格标的的调查可以（而且被认为是应该）涉及更广泛的考虑。

换句话说，"新颖性、非显而易见性和具体描述的要求（不能）查漏补缺"。[365]固有的可专利性调查可能触及新颖性和创造性的概念，这并不是新的发展——至少在专利法历史上，将现有技术的类似用途排除在专利之外就证实了这一点。[366]但固有的可专利性是一个先决问题，事实上服务于确定申请人究竟发明了什么的需求，[367]这意味着需要对发明的性质进行一些考虑。如果认为定性过程与可专利性的其他要求有交集（这是毫无必要的），就忽视了调查的历史和目的。

---

〔362〕 See Andrew Christie & Serena Syme, "Patents for Algorithms in Australia",（1998）20 *Sydney Law Review* 517 at 553.

〔363〕 Advisory Council on Intellectual Property, *Patentable Subject Matter: Issues Paper*（2008）<http://www.acip.gov.au/library/Patentable%20Subject%20Matter%20Issues%20Paper.pdf>（accessed 13 November 2008）at 1.

〔364〕 Justine Pila, "Response to the Australian Government Advisory Council on Intellectual Property's Request for Written Comments on Patentable Subject Matter" *Oxford Legal Studies Research Paper No. 37/2008*, September 19, 2008 <http://papers.ssrn.com/sol3/papers.cfm?abstract_id=1274102>.

〔365〕 *Bilski* 案，见第3238页，史蒂文斯法官意见，第5条注释。法官还注释道，"学术上有很大争议……关于筛选专利的新颖性和显而易见性的一般程序是否能有效地应用于商业方法。我的意见是，由于商业方法既模糊又不局限于任何一个行业，没有一个明确的现有技术体系可供参考，因此，许多'糟糕的'专利可能会被授予，这个问题需要以后的诉讼中加以解决。"见第3256页，第55条注释。史蒂文斯法官的这种观点与刚才针对软件专利的批评是一致的。

〔366〕 见 *Losh v Hague*（1838）1 Web Pat 202（NP）；*Harwood v Great Northern Railway*（1865）11 ER 1488；*Muntz v Foster*（1843）2 WPC 93。又见 *Crane v Price*（1842）134 ER 239。

〔367〕 见前述第271条注释。

2.5 分析应该如何进行

从上文中我们可以发现一些问题。首先，缺乏一个令人满意的解释来说明为什么抽象概念是不可专利的，这一点令人担忧。其次，"思维步骤学说"等排除法缺乏理论基础，导致这些排除法随着时间的推移而被削弱。这表明，如果不能恰当地阐明将抽象概念排除于专利适格标的之外的理由，可能会导致这种排除被削弱。鉴于这种排除可能是"所有可以想象到的人类活动与专利垄断之间剩下的唯一屏障"，[368] 这样的结果将是灾难性的。

本章讨论的许多问题源于狭隘的、经济的/功利主义的方法对专利法理论的限制，从而也对专利适格标的的调查产生了限制。所探讨的许多问题并不完全符合这种分析。因此，如果要解决软件专利问题，就需要一种新的方法。

鉴于第 1 章中概述的数学和软件之间的同构性，人们可能会认为数学的不可专利性也将决定软件的专利地位。但专利法对软件和数学之间的关系知之甚少。在像 Benson 案这类案例中，主流的方法是通过"算法"的视角来看待软件专利，假定一些软件是数学性的，而一些不是。显然这样的区分是不切实际的。[369]

虽然人们普遍认为数学是不可专利的，但这其中的原因却从未被确定过。数学这一学科的历史和人类历史一样古老。然而，在专利法 400 年的历史中，对数学的考虑都是无关紧要的。鉴于软件与数学之间的密切关系，数学的性质及其可专利性对于软件相关发明的可专利性是至关重要的问题。因此，建议参照数学的可专利性来探讨软件的可专利性。

2.6 结论

本章以专利适格标的的相关法理的历史基础，以及这种法理在软件专利这一独特而复杂的主题上的现代应用为依据，探讨了软件专利问题的各种决定因素。每一个司法管辖区的法院和法庭在试图对软件为什么应该或不应该获得专利做出一个令人信服的解释时都被弄得晕头转向，这使得我们得出一个结论，即需要一种新的解释方法。本章提出，软件的可专利性之所以成为一个棘手的

---

[368] *Bilski* 案，见第 3238 页，史蒂文斯法官意见，第 5 条注释。

[369] 见 Newell，前述第 189 条注释，见第 1024~1025 页，其中，纽厄尔指出，"在数字领域和非数字领域之间存在着一种潜在的同一性，这将使任何人试图在它们之间做出一种有用的区分时被弄得晕头转向"。

问题，是因为它与数学的关系被误解了，而数学的性质及其不可专利性的原因可能会为软件专利问题带来破解之道。

通向这一解决之道的过程必须从对数学本质的详细考虑开始。正如将在下一章中所看到的，专利律师对数学的回避可能是明智之举。关于什么是数学，甚至在数学家之间都有很多争议。本书并不打算解决这个问题，但希望通过考察关于数学性质理论的差异，可以发展出数学的不可专利性理论。

第 3 章
数学的本质

法院曾使用"数学算法""数学公式""数学方程"等术语来对不受专利法保护的数学标的进行分类,但没有解释这些术语是可以相互替换,还是有所不同。即使假设这些术语表达的是同一个概念,但对于这个概念究竟包括哪些内容,依然存在很大的疑惑。[370]

从专利法的角度来看,数学是一个有趣的话题,因为它是可专利性例外中存在时间最长,同时也许是最不被理解的一种。虽然人们普遍认为数学应被排除在可专利性之外,但很少有人考虑其被排除在外的原因。数学的不可专利性似乎是一种至今未被质疑的假设,或者说是一种直觉。对数学不可专利性的一种典型解释是,数学"(倾向于)属于自然规律、发现、方案和计划的范畴,属于艺术而非实用艺术的范畴"。[371]换句话说,它和什么都有些关联。

本章将从数学哲学和专利制度的历史发展两方面入手,为数学的不可专利性寻找合理的理论依据。

本章首先从历史和哲学两个角度对数学的本质进行探讨。本章的探讨将表明,虽然许多关于数学本质的理论被提出,但并没有哪个理论占据主导。也许有人会问,这样看似已经陷入死胡同的探究会有什么价值? 首先,这样的探究是必要的基础,可以用来理解数学艺术领域创新的本质。虽然对于数学本质的研究没有一个主导性理论,但所有的理论都有其价值,因为它们能启发人们对数学活动的理解并由此引申出数学艺术领域创新的本质。

其次,只有了解关于数学本质的各种理论,才能对其不可专利性进行分析解释。

---

[370] *AT&T Corp v Excel Communications Inc* 172 F.3d 1352(Fed Cir,1999),下称"AT&T Corp"案,见第 1353 页。

[371] Rocque Reynolds and Natalie P Stoianoff,*Intellectual Property:Text and Essential Cases*(2nd ed,Federation Press,2005),见第 268 页,第 46 条注释。

本章的后半部分正是为此目的而撰写。这一部分将说明为何一些律师对数学概念的论述不能囊括所有的数学理论，为何这些论述不能令人满意。

3.1 数学家对数学的论述

首先，要对什么是数学有一个基本的理解。数学就是数学家研究的学科——这可能是我们理解数学的起点，尽管这一定义并不能完全阐明数学的本质。给数学下一个明确的定义是很困难的，因为随着时间的推移，数学的本质在不断变化。数学的广泛使用和发展使得数学家对数学的理解也在发生动摇。[372]

数学家们自己也用宽泛的、诗意的语言来定义数学。例如，有人说数学是：

- "思想经过放大后的实体"；[373]
- "科学的女王"；[374]
- "理性的艺术"；[375]
- "一门关于模式的科学"。[376]

以上描述虽然提供了一些关于数学本质的初步探索，但缺乏必要的细节，因而难以成为一个论点的坚实支撑。一种比较传统有效的方法是从字典定义入手：

（1）一组相关科学，包括代数、几何学和微积分，涉及数字、数量、形状和空间的研究以及它们之间的相互关系，这些通常用专门的符号表示。

（2）解决某一问题或研究某一科学领域的数学运算及过程。[377]

现在，数学的多面性开始显现出来。首先是一个本体定义：数学只是一些都关注数字、数量、形状和空间的相关学科的集合，以及这些学科之间的相互关系。这样的定义引发了一个问题，即这些从属的概念是否存在"数学的统

---

[372] Simon McLeish, "Mathematics" in Kenneth McLeish (ed.), *Bloomsbury Guide to Human Thought*, (Bloomsbury Publishing, 1993). 又见 "I.1 What is Mathematics About?" in Timothy Gowers et al. (eds.), *The Princeton Companion to Mathematics* (Princeton University Press, 2008): "要给'什么是数学？'这个问题一个满意的答案是出了名的困难，本书不做尝试。"

[373] Leonard Peikoff, Objectivism: *The Philosophy of Ayn Rand* (Penguin Group, 1991), 见第90页。

[374] Carl Friedrich Gauss, cited in Guy W Dunnington, Jeremy Gray and Fritz-Egbert Dohse, *Carl Friedrich Gauss: titan of science* (MAA, 2004) at 44.

[375] William P. Berlinghoff, *Mathematics: The Art of Reason* (DC Heath & Company, 1968).

[376] Michael D. Resnik, *Mathematics as a science of patterns* (Clarendon Press, 1997).

[377] Elspeth Summers and Andrew Holmes (eds), *Collins Australian Dictionary and Thesaurus* (3rd ed, HarperCollins Publishers, 2004).

一性"？在这个定义的背后，隐藏着更多关于这些领域内所研究对象的性质问题——例如，数字是一种怎样的对象？它们是一种精神层面的构造，还是独立于我们而存在？

第二种定义与第一种定义形成鲜明对比，因为它表明，数学也许没有特定主题，它只是人们所做的一些事情。通过将数学归为科学的一种类型，这一定义绕过了关于数学的认识论问题。在自然科学中，知识是通过实证观察来验证的。但数学所研究的内容是抽象的"对象"，如数字、变量等。如果没有经过实证观察的验证，如何证明数学命题的真实性？例如，数学中所谓的"已知"意味着什么？[378]显然，要回答这些认识论问题，可能取决于如何回答本体论问题。而这种相互依存关系是双向的。[379]因此，很明显，这些定义本身并不能充分说明数学的本质。

从更实际的角度来讲，数学可以被描述为"一种思维过程，涉及如何建立和应用抽象的、有逻辑联系的思想网络。这些思想往往用于解决科学、技术和日常生活中遇到的问题"。[380]数学的核心是一个抽象的过程——把焦点从当前需要解决的实际问题转移到一个抽象的模型上。[381]这个抽象的过程基于两个方面——简化和概括。例如，如果我们需要求出一块木板的一个面的面积，可以采用简化的方法，如图 3.1 所示。为了简化木板的面的实际形状，我们可以把它边缘的所有凸起和变化抹平，把它看成一个矩形，四条直线成直角相交。虽然这种简化方式并不精确，但其所达到的精确程度足以满足大多数需求。

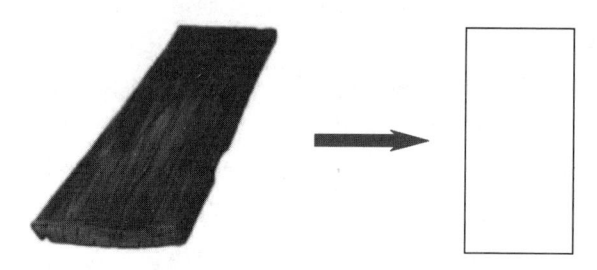

图 3.1 将现实世界中的物体抽象成简单的形状

---

[378] 下面的数学史叙述中会涉及其中的一些问题。

[379] Sam Butchart, *Evidence and Explanation in Mathematics*（PhD Thesis, Monash University, 2001）at 8.

[380] American Association for the Advancement of Science, "The Nature of Mathematics" on *Benchmarks Online* <http://www.project2061.org/publications/bsl/online/ch9/ch9.htm#MathematicalWorld>（accessed 12 August 2018）.

[381] 这并不奇怪，因为抽象性已经被确定为软件的一个关键方面，在第 1 章已经讨论了数学和软件之间的同构关系。

第 3 章 数学的本质

对于许多尺寸相似的木板，可以遵循类似的简化过程。在这里，简化可能涉及使用平均尺寸，即通过对所涉木板的一小块样本进行测量来计算其总体面积。实际木板的尺寸可能和理想化的平均尺寸并不完全对应。但这种简化的方式使估算和建模更为可行。这种抽象化的过程使数学能够作为"一种'场所'来运作，在这个场所里，逻辑的精确性可以被'应用'到极致"。[382] 此外，这种抽象模型的应用常常并不局限于问题原本所处的领域。如图 3.2 中的抛物线。

抛物线的反射特性早已为人们所知。据称早在公元前 3 世纪，阿基米德（Archimedes）就用一系列沿抛物线排列的反射镜来抵御罗马人对锡拉库扎的进攻。同样的反射特性意味着这种形状今天仍被用于前灯和卫星天线，在卫星天线上的应用如图 3.3 所示。[383]

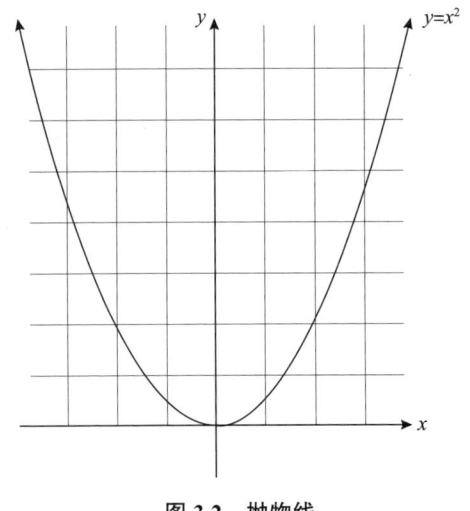

图 3.2 抛物线

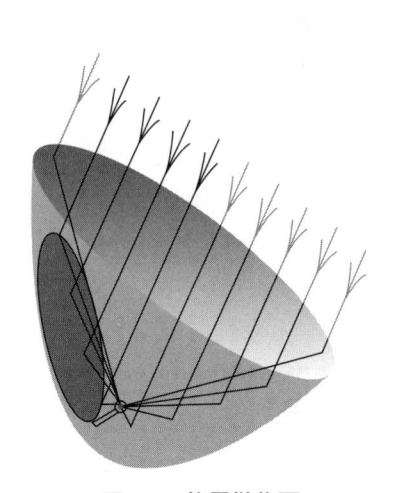

图 3.3 偏置抛物面卫星天线的几何形状

抛物线的意义不仅仅在于它的反射特性。17 世纪时，伽利略（Galileo）通过实验发现，物体在空中飞行的轨迹具有大致相同的形状。艾萨克·牛顿（Isaac Newton）后来证明了这一点。抛物线还可以用来模拟悬索桥（如金门大

---

[382] Evandro Agazzi, "The Rise of the Foundational Research in Mathematics", (1974) 27 Synthese 7 at 9.

[383] 图片由 Wikimedia Commons 用户"cmglee"提供，<https://commons.wikimedia.org/wiki/File: Off-axis_ parabolic_reflector.svg>（29 June 2017）。基于知识共享署名—相同方式共享 3.0 本地化许可协议许可。

桥）的主缆的形状，模拟被限制在容器中并绕中心轴旋转的液体表面，以及弹跳球的轨迹（后两个问题如图 3.4 所示）。[384]

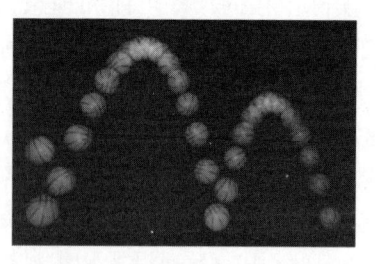

（a）旋转液体表面上的抛物线　　　（b）弹球的抛物线轨迹

图 3.4　自然界中的抛物线

这表明，数学抽象通常不仅源于对现实世界问题的研究，还存在于许多现实世界问题之间的深刻联系中，这些问题甚至存在于看似不相关的领域中。

在各种物理现象中反复出现的数学模型，使数学所依据的对象具有真实性。然而，数学研究经常涉及的概念似乎与现实世界根本没有直接关系。自然数，即使是非常大的数，[385] 也可以和真实的事物对应。但 2 的 65536 次方呢？这个数字超过了对宇宙中物理可观测现象的最大估值。[386] 即使是几何学，由于可被人类的感觉经验所验证，长期以来被认为是唯一"名副其实的"数学学科，也面临类似的问题。直线看似毫无争议，但数学中使用的直线没有宽度，因此根本无法被描绘出来。所谓的直线，画在纸上或打印机打印出来的，实际上是一个很细的长方形。[387] 既然它没有物理形态的表现，那么直线是否存在呢？

这些问题如果不是有什么实际用途的话，也许只有周日下午数学家们在当

---

[384]　Wikipedia, "Parabola" <http://en.wikipedia.org/wiki/Parabola>（30 October 2007）. Picture of the rotating liquid by Matthew Trump, 26 February 2005, <https://en.wikipedia.org/wiki/File：Parabola_shape_in_rotating_ layers_of_fluid. jpg>（29 June 2017），基于知识共享署名—相同方式共享 3.0 本地化许可协议许可。Picture of trajectory of bouncing ball by Michael Maggs, edited by Richard Bartz, <https://en.wikipedia.org/wiki/Parabola#/media/File Bouncing_ball_strobe_edit.jpg>（29 June 2017），基于知识共享署名—相同方式共享 3.0 本地化许可协议许可。

[385]　考虑 20350000000000。这个数字表示 2000 年当年发送的电子邮件字节数的上限，取自 Peter Lyman and Hal R. Varian, "How Much Info? Internet"（School of Information Management and Systems, University of California, 2000）<http://www2.sims.berkeley.edu/research/projects/how-muchinfo/internet.html>（7 September 2011）。

[386]　这个数目超过的估值是宇宙所有粒子的亚原子振动总数，见 David Isles, "What Evidence is there that 2^65536 is a natural number?"（1992）33（4）*Notre Dame Journal of Formal Logic* 465。

[387]　即使如此也只是近似，因为如果你仔细观察它就会发现，它不可能有直边。

地酒吧辩论时才会被讨论到。例如，负数与现实世界中的事物没有直接的对应关系。你不能把 –1 个橙子拿在手里。但在会计中，使用负数表示债务是很常见的。同样，所谓的无理数，如 e、$\sqrt{2}$ 和 π，其数值不能用简分数来表示，[388] 但它们对于涉及三角形和圆的几何计算来说是必不可少的。即使是所谓的虚数，[389] 如 i ($\sqrt{-1}$)，也可以被电气工程师用来模拟交流电路在任何给定时间的功率。[390]

在这个虚幻的东西和真实的东西一样有用的世界里，要区分真实和虚幻是很难的。因此，重要的是要有某种机制来证明数学命题的真值。寻找数学真理的坚实根基，既是一个数学史问题，也是一个哲学问题，并且这是一个让人难以跨越的领域。关于数学本质问题，数学家们各持己见。尽管有很多争论，但没有一个学派的观点能成为主导。

为了达到当前的目的，分析一个有代表性的例子就够了，因为大多数替代理论都可以被当作是这些基本理论的衍生物、混合物或变体。本书不会试图为这场辩论给出一个最终定论。对这些理论本身的理解才是本书的核心。因为一个人所相信的思想学派会极大地影响其对于数学不可专利性的推断。如果认为数学对象和原理是先验的，则数学是不可以取得专利的，因为数学相当于一种发现。如果认为数学对象和原理只是心理层面的构造，那么数学作为抽象的概念是不能取得专利的。如果采取一种包容性的观点，即任何一种数学理论都无法为这个问题提供终极指导，但是每种理论都有其价值，那么寻求和解就需要另辟蹊径。这一点将在本章结束时进行探讨。

为了充分理解数学哲学，必须对数学的历史有所了解。完整地叙述数学的

---

[388] 据说，当希腊数学家希帕索斯（Hipassus）报告了他发现 $\sqrt{2}$ 的不合理性时，他"受到了毕达哥拉斯学派的憎恨，他们不仅把他赶出了圈子还为他建了一座神龛，就好像他已经死了一样"。见 Hyamblicus of Chalkis, *De vita pythagoras*, 第 246~247 页，转引自 Michael Lahanas, "Irrational numbers" <http://www.mlahanas.de/Greeks/Irrational.htm> (28 December 2007)。另一种说法是，他当时是被从船上扔下去淹死的，见 Richard Mansfield, "Real and Complex Numbers" in *Logic: The Bridge to Higher Math* <http://www.math.psu.edu/melvin/logic/node8.html> (7 September 2011)。

[389] 这个带有贬义的术语是由笛卡尔（Descartes）创造的，他拒绝使用虚数，因为"虽然我们总是能想象出（负数的平方根），但仍然没有……与我们所想象的数量相对应"。见 Rene Descartes, *Discourse on Method, Optics, Geometry, and Meteorology* (PJ Olscamp (trans), Hackett Publishing, 2001), 第 236 页。

[390] John A Masters, "Imaginary Numbers Really Exist! (I'm Really, Really Serious!)" on *Least Significant Bits* <http://jamspeaks.blogspot.com/2007/09/imaginarynumbers-really-exist-im.html> (7 September 2011).

历史及其令人称道的方方面面远远超出了本书的范围。[391]相反，本书仅对数学的历史进行简短的介绍，以便为所提出的各种数学哲学提供一些背景知识，并将数学的发展与专利制度的各个里程碑关联起来。

3.1.1 数学的历史和哲学

数学起源于数字的使用，保守估计，它比专利制度的诞生至少早了3000年。[392]在最早期阶段，"数学脱胎于单纯的计数，其关键的标志便是……抽象化"。[393]但直到古希腊文明时期，"数学才从一门严格的实践性学科过渡到知识性学科，知识本身成了数学的主要目标"。[394]

A 古代时期

在近2000年的时间里，数学是由希腊人主导的，[395]他们的"特色成就是发展了严格的演绎证明，并且在天文学和地理学中使用几何图形来表示宇宙"。[396]大约在公元前375年，柏拉图（Plato）撰写了《理想国》，书中他提出了一种理论，认为可理解的领域比可见的领域更重要。[397]可见的世界处于

---

[391] 无论如何，这样的历史已经被编纂好了。例如见 Morris Kline, *Mathematical Thought from Ancient to Modern Times*（Oxford University Press, 1972）；David Eugene Smith, *History of Mathematics*（Courier Dover Publications, 1958）；Walter William Rouse Ball, *A Short Account of the History of Mathematics*,（4th ed, Project Gutenberg, 2010）；Florian Cajori, *A History of Mathematics*（Project Gutenberg, 2010）。更简明的解释见 Dirk J. Struik, *A Concise History of Mathematics*,（3rd ed, Dover Publications, 1967）；Robert Tubbs, *What is a Number? Mathematical Concepts and Their Origins*（John Hopkins University Press, 2009）；Eli Maor, *To Infinity and Beyond: A Cultural History of the Infinite*（Birkhäuser, 1987）。

[392] 关于古埃及人数学的信息的最早来源是莫斯科数学莎草纸，这张纸的历史大约可以追溯到公元前1850年，见 Anglin, *Mathematics, a concise history and philosophy*（Springer Verlag, 1994），第1~2页。斯特鲁伊克（Struik）认为数学的起源是在"从单纯的食物采集到实际生产，从狩猎和捕鱼到农业的转变时期"：Struik，前述第391条注释，见第7页，他认为数学的起源"可能是在一万年前"。如上文所述，第一个有记录的专利制度是建立在15世纪的威尼斯。

[393] McLeish，前述第372条注释。

[394] Maor，前述第391条注释，见第31页。

[395] "可以肯定的是，在希腊时代之前，数学作为一门科学已经达到了相当先进的阶段……但是，印度教徒、中国人、巴比伦人和埃及人的古代数学仅仅局限于日常生活中的实际问题，如面积、体积、重量、时间的测量"：Maor，前述第391条注释，见第2~3页。

[396] Ian Mueller, 'Earlier Greek Mathematics' in Donald J. Zeyl, Daniel Devereux, and Phillip Mitsis（eds）, *Encyclopedia of Classical Philosophy*（1997）.

[397] 见 Plato, "The Republic" in The Dialogues of Plato translated into English with Analyses and Introductions by B. Jowett, M.A. in Five Volumes（3rd ed, Oxford University Press, 1892），见第511行（斯特凡努斯编号）："与这四种划分相对应，这四种划分是通过将可见的和可理解的领域一分为二而实现的，假如灵魂中有四种能力——理性最高（第一），理智第二，信仰（或信念）第三，感知阴影最后（第四）——那么，不妨让这四种能力有一个尺度，并假定这四种能力具有明确性，就像它们所对应的事实一样。"

不断变化的状态，只能建立观点或信仰。因此，"真实"世界和真理或知识的基础就是可理解的世界，在这个世界里，不可改变的理想形式（是可见世界对象的原型或抽象的形式）是类似的不可改变的真理。[398]数学既独立于经验科学，又高于经验科学。柏拉图把数学的科目分为数论（算术）、几何学、天文学和声学（或音乐）。这些科目构成了4科，即他的7门文科的第二个阶段，"在转向辩证法和上升到至善之前"[399]必须掌握这些科目。在4科内，各科都是配对的，几何与天文，算术与音乐，每一对都对应着一个领域的抽象和具体方面。[400]

关于实用数学，大约在公元前300年，欧几里得（Euclid）在《几何原本》（*The Thirteen Books of the Elements*）中将几何学系统化。[401]欧几里得的体系是建立在5条公设的基础上的，据说其真理是不言而喻的。从这5条公设中，"按相应步骤推导出大量的知识，这些知识对任何有理智和受过充分训练的读者来说都是显而易见的"。[402]然而，它对视觉直觉的依赖性（阿基米德已经注意到了由此产生的推理漏洞），加上欧几里得第五公设（即平行公设）受到的挑战，以及尽人皆知的无法解决的尺规作图问题，为数代数学家的研究确立了日程。[403]

---

〔398〕"《对话录》的主要教义表达了柏拉图自己的哲学：有一个永恒不变的领域叫作'观念'或'型相'；这些是最真实的实体和知识的基本对象；善的形式是理智的最高对象；可观察的世界是型相的不充分的反映……"：Richard Kraut, "Plato（427–347 B.C.E.）" in Zeyl, 前述第396条注释, 见第390页。在《斐多篇》（*Phaedo*）中，柏拉图以平等的概念为基础，举例说明型相的存在。Kraut（于第397页）总结如下：平等的棍子和不平等的一样多，因为这对棍子的每个成员对其他棍子也是不平等的。但"形式"恰恰是平等的内容，永远不可能被定性为不平等。这就是为什么知道什么是平等的人必须通过观察形式而不是仅仅观察感官所检测到的平等的物体来获得这种知识。

〔399〕Mueller, 前述第396条注释, 见第316页, 引用柏拉图（Plato）《理想国》（*The Republic*）。

〔400〕Luigi Borzacchini, "2. Greek mathematics and Pythagoras" in *Being and Sign II*: *Axiomatic deductive method and infinite in Greek mathematics*,（1995）<http://www.dm.uniba.it/~psiche/bas2/node3.html>（2 November 2010）.

〔401〕可以注意到，古希腊人对几何学的关注似乎比算术多得多。例如，有人认为几何学是"古希腊人在哲学上最令人满意的数学分支"；事实上，直到中世纪末期，"数学"这个词的意思都是"几何"：McLeish, 前述第372条注释。柏拉图认为几何学是"人类自然进入形式世界的最清晰的例子"：Borzacchini, 前述第400条注释。这在一定程度上可能是由于所施加的限制毕达哥拉斯学派的数论，他的数论只扩展到整数。因此，许多涉及非整数（例如，所谓的无理数，如 π 或 $\sqrt{2}$）的问题"就这样……用几何方式解决了"：Wilbur R Knorr, "Transcript of a Lecture Delivered at The Annual Convention of the History of Science Society, Atlanta, December 28, 1974" in Jean Christianidis（ed）*Classics in the history of Greek mathematics*（Kluwer Academic Publishers, 2004）.

〔402〕McLeish, "Mathematics", 前述第372条注释。

〔403〕CJP, "Philosophy of Mathematics" in Robert Audi（ed）, *The Cambridge Dictionary of Philosophy*（2nd ed, Cambridge University Press, 1999）at 681.

尽管有这些局限性,"《几何原本》一书仍是西方世界历史上仅次于《圣经》的被翻印和研究最多的书籍"。[404]

柏拉图主义：柏拉图的理论催生了最悠久的数学哲学——柏拉图主义。在柏拉图主义的论述中,数学领域中充满了"抽象的、必然存在的、独立于人类思想的对象"。[405]这些数学对象存在于可理解而非可见的领域中。[406]然而,尽管以柏拉图命名,柏拉图主义并不局限于柏拉图描述的内容,通常"独立于其最初的历史灵感而被定义和辩论"。[407]

柏拉图主义支持一种客观的证明概念,它将数学置于类似物理学的基础上。因此,"数学的论述是真的还是假的,取决于那些(抽象的数学)实体的属性,而与我们确定数学论述真假的能力以及是否具备这种能力无关"。[408]也许正是由于这个原因,柏拉图主义持续受到数学家的欢迎,至少可以将柏拉图主义作为一个研究的起点。[409]因为对于一个数学家来说,对研究对象持柏拉图主义的态度是不可避免的：在日常工作中,数学家习惯于把数、点、线等当作"最后的现实",当作一个特定的独立"世界"。这种柏拉图主义是数学方法的一个重要方面,是数学在自然科学和技术领域能够产生如此惊人效率的源泉。[410]

事实上,一些"实在论者"试图完全回避哲学辩论,他们主张"方法论观点,即数学应该在假定柏拉图主义为真的基础上去实践"。[411]

然而,这种理想世界论也带来了一些问题,"这个理想世界在哪里,我们

---

[404] Struik, 前述第391条注释, 见第50页。

[405] Anglin, 前述第392条注释, 见第218页。

[406] 见本章前文关于数学科目的论述。

[407] Øystein Linnebo, "Platonism in the Philosophy of Mathematics", *Stanford Encyclopedia of Philosophy*, 18 July 2009 <http://plato.stanford.edu/entries/platonism-mathematics/>（22 November 2010）.

[408] Penelope Maddy, *Realism in Mathematics*（Clarendon Press, 1990）at 21.

[409] "在日常生活中,我们以柏拉图主义者的身份说话,将我们研究的对象视为独立于人类思维而存在的真实事物。然而,如果有人对此提出质疑,我们就会退回到某种形式主义,认为实际上我们只是在把推动符号推来推去,而没有做出任何形而上的主张。最重要的是,我们想要研究数学而不是争论它到底是什么。我们就把这个问题留给哲学家们吧。"Jean Dieudonné. Cited in Fernando Gouvea, "Book Review: What is Mathematics Really? by Reuben Hersh", *MAA Online*, <http://test.maa.org/reviews/whatis.html>（9 September 2011）.

[410] Karlis Podnieks, "Platonism, Intuitionism and the Philosophy of Mathematics" in（1992）31 *Semiotika i informatika* 150, English translation available at <http://www.ltn.lv/~podnieks/gt1.html>（29 Oct 2007）.

[411] Linnebo, 前述第407条注释。林波（Linnebo）引用伯奈斯（Bernays）和夏皮罗（Shapiro）作为这一观点的拥护者: Paul Bernays, "On Platonism in Mathematics" in Paul Benecerraf and Hilary Putnam（eds）*Philosophy of Mathematics*: *Selected Readings*（2nd ed, Cambridge University Press, 1983）; Stewart Shapiro, *Philosophy of Mathematics*: *Structure and Ontology*（Oxford University Press, 1997）at 21-27 and 38-44。

如何与它接触？我们的思想怎么与柏拉图的境界产生互动，从而使我们的大脑状态被这种经验所改变？"[412]换句话说，接受柏拉图主义的数学观需要信仰的飞跃。[413]

也许正是由于这个原因，对柏拉图主义观点的现代解释摒弃了关于如何才可能进入理念世界的认识论主张。例如，布朗（Brown）指出，对物理世界的普通感知可以理解为生理学的问题，但这些感知如何成为感觉和信念"是一个非常大的谜，这和数学实体如何带来数学信仰一样，是一个巨大的谜团"。[414]但对于"在知识的严谨性和精确性方面具有几乎无与伦比的标准"[415]的数学学科来说，这种解释仍然不尽如人意。

B 15 世纪

最早有记载的专利权授予是在 15 世纪的威尼斯，许多其他欧洲国家也在 15~16 世纪授予过类似的权利。[416]当时，数学的理论范畴仍以中世纪大学里教授的 4 门学科为主。[417]在这一时期，"意大利人，特别是威尼斯人，意识到算术在日常商业交易中的重要性"，[418]这催生了诸如复式记账法等创新，[419]同时带来了计算方法和符号系统的改进，并最终形成了现代形式的代数。[420]

同样在这个时候，文艺复兴时期的艺术家们也在以多种方式推动着几何学的发展，例如"将三维的自然现象转化到二维的平面上，画出几乎逼真的复

---

[412] John D Barrow, *Pi in the Sky: Counting, Thinking, and Being* (Clarendon Press, 1992) at 272.

[413] "把'数学'换成'上帝'，其他的似乎就没什么变化了。人类与某些精神领域的联系、永恒的问题、我们无法用语言和符号捕捉一切的问题——在追求柏拉图式数学的本质时，这些问题都有对应的办法"：Barrow，前述第 412 条注释，见第 272 页。

[414] James Robert Brown, *Philosophy of Mathematics: An Introduction to the World of Proofs and Pictures* (Routledge, 1999) at 15.

[415] Michael J White, "Plato and Mathematics", in Hugh H Benson (ed), *A Companion to Plato* (Blackwell Publishing, 2005) at 228.

[416] 见 Edward C Walterscheid, "The Early Evolution of the United States Patent Law: Antecedents (Part 1)" (1994) Journal of the Patent and Trademark Office Society 697, 708 页, 第 37 条脚注。

[417] "中世纪早期和中世纪中部继承了古代的七门文科：语法、修辞学、辩证法（三门）和四门数学艺术：算术、几何、音乐和天文（四门）。" Jens Høyrup, *In measure, number, and weight: studies in mathematics and culture* (SUNY Press, 1994), 第 177 页。"对于中世纪的大学生来说，四年级课程是理论和精确科学的源泉。" Edward Grant, *The foundations of modern science in the Middle Ages: their religious, institutional and intellectual contexts* (1996), 第 44 页。又见 Frank Swetz, *Capitalism and Arithmetic: The New Math of the 15th Century* [David E Smith (trans), Open Court Publishing, 1987], 第 14 页, 其中作者指出算术缺乏突出地位。

[418] Swetz, 前述第 417 条注释, 见第 11 页。

[419] Swetz, 前述第 417 条注释, 见第 12 页。

[420] Struik, 前述第 391 条注释, 见第 93~97 页。

制品"[421]（透视），以及"为他们的画作确定恰当的比例"[422]（比例）。列奥纳多·达·芬奇（Leonardo da Vinci）也许是最著名的代表人物，但绝不是唯一的例子。[423]

在这一时期，"机器的有效使用和进一步完善"[424]也促进了数学的发展，带来了"理论力学，以及对运动和变化一般规律的科学研究"。[425]

C 17 世纪

17世纪，当笛卡尔（Descartes）等数学家开始使用代数工具来解决几何问题时，传统上认为数学应该与现实世界密切相关的观点开始受到质疑。[426]17世纪初，当《垄断法》通过时，数学正处于变化之中。这一时期的主要议题围绕着"几何相较于算术和代数的优缺点（核心问题在于人类思维对符号的推理能力），负数和虚数的合法性，以及算术中数字的最终来源"。[427]这些都说明了数学家和哲学家们对日益抽象的数学本质的关注。

这时关于数学本质的争论主要分为理性主义和经验主义两派。主张理性主义的主要是笛卡尔、斯宾诺莎（Spinoza）和莱布尼茨（Leibniz）等代数学家。主张经验主义的是（主要是英国人）洛克（Locke）、伯克利（Berkeley）、休谟（Hume）和约翰·穆勒（J.S. Mill）等几何学家。

理性主义：理性主义的论述在许多方面与柏拉图主义相似，[428]但它并不假定数学对象的独立存在。[429]理性主义者认为，知识来源于人类理性，并且知

---

[421] Joseph W Dauben, "Galileo and Perspective: The Art of Renaissance Science" *American Physical Society*, 2002, <http://www.aps.org/publications/apsnews/200201/backpage.cfm>（21 December 2007）.

[422] Dauben, 前述第 421 条注释。

[423] 见 Robert Tubbs, *What is a Number? Mathematical Concepts and Their Origins*（John Hopkins University Press, 2009），第 141~151 页，其中除了达·芬奇，还提到了阿尔哈森（Alhazen）的视觉理论，以及迪·邦多内（di Bondone）和布鲁内莱斯基（Brunelleschi）。又见 Struik，前述第 391 条注释，见第 90 页。

[424] Struik, 前述第 391 条注释, 见第 99 页。

[425] Struik, 前述第 391 条注释, 见第 99 页。

[426] Helena M Pycior, "Mathematics and Philosophy: Wallis, Hobbes, Barrow, and Berkeley"（1987）48（2）Journal of the History of Ideas 265, 见第 267 页。又见 Struik, 前述第 391 条注释, 第 102~104 页。

[427] Pycior, 前述第 426 条注释, 见第 267 页。

[428] 之所以如此，是因为理性主义的解释保持了可见领域和可解领域之间的区别，并强调可理解性的重要性。

[429] "理性主义的一个典型的学说是先天观念的学说，根据这种学说，头脑不仅构建了知识的结构，而且甚至构建了知识的内容"：Thomas M Lennon and Shannon Dea, "Continental Rationalism" *Stanford Encyclopedia of Philosophy*, 21 November 2007 <http://plato.stanford.edu/entries/continental-rationalism/>（27 Sep 2010）。然而，请注意笛卡尔关于数学对象的本质的理论 René Descartes, "Meditation V: On the Essence of Material Objects and More on God's Existence" in *Meditations on First Philosophy*（Areté Press, 1986），见第 35 页：例如，假设我脑海中有一个三角形的图像，虽然可能没有这样的形象确实存在或曾经存在于我的思想之外，但这个形象有一个固定的性质（本质或形式），不变的和永恒的，它不是由我产生的，也不是依赖于我的心灵。

第 3 章 数学的本质

识的最终评判也取决于人类理性。例如，笛卡尔认为，理性"是人类传承下来的最强大的知识工具，因为它是所有其他知识的来源"。[430]

经验主义：经验主义认为数学最终要靠感官可察觉到的证据来进行验证。也就是说，数学真理与任何其他科学一样，都要通过实证研究来验证。经验主义一个突出的观点是认为世界在很大程度上是，甚至完全是偶然的产物。根据经验主义的观点，宇宙是由许多独立的个体组成的，如果它们之间有联系，那也只是偶然的，因果关系只不过就是个体之间的不断结合。……在这种情况下，只有获得关于世界的经验，才能产生对世界的认知。[431]

约翰·洛克（John Locke）、[432]乔治·伯克利（George Berkeley）[433]和大卫·休谟（David Hume）[434]是经验主义的主要倡导者。[435]密尔也是数学作为

---

[430] René Descartes, "Rules for the Direction of the Mind" in *Key Philosophical Writings*（Wordsworth Editions, 1997）at 13.

[431] Lennon 和 Dea, 前述第 429 条注释。

[432] John Locke, *An Essay Concerning Human Understanding*, [John W. Yolton (ed), Dent, 1976]。洛克认为，人一出生，大脑"就像一张白纸，直到感觉和反思的经验提供了基本的材料——简单的想法——我们大多数更复杂的知识都是由这些材料构建的"。William Uzgalis, "John Locke", *Stanford Encyclopedia of Philosophy*, 2 September 2001, <http://plato.stanford.edu/entries/locke/>（30 November 2010）。

对洛克来说，数学是一种"推进知识的真正方法……通过考虑我们的抽象概念……数学家们……从非常简单的开始，慢慢地，通过一连串的推理，继续探索和证明那些乍一看似乎超出人类能力的真理"。Locke, above, Book IV, Chapter 12, paragraph 7。

[433] George Berkeley, *Treatise Concerning the Principles of Human Knowledge*（Project Gutenberg, 2009）<http://www.gutenberg.org/files/4723/4723-h/4723-h.htm>（29 November 2010）。与洛克不同，伯克利认为数学只是一个次要的角色，他指出"无论数学在证明方面是多么的清晰和确定，在其他任何地方都是很难找到的，然而我们不能认为它完全没有错误"，见第 108 段。

[434] David Hume, *An Enquiry Concerning Human Understanding*（2006, Project Gutenberg）<http://www.gutenberg.org/dirs/etext06/8echu10h.htm>（29 November 2010）。与伯克利相似，休谟似乎满足于数学，因为它保持了与物理世界的联系，但他又注意到，"心灵的微妙情感，理智的活动，各种情感的激荡，虽然本身是不同的，但一经反思，就很容易逃避；我们也没有能力去回忆最初的目标，只要我们有机会对其进行思考。通过这种方法，模糊性逐渐被引入我们的推理中：相似的对象很容易被认为是相同的：结果最后结论与前提偏离得很远"：见第 48 段。

[435] 在这一点上应该提到亚里士多德（Aristotle），他的哲学"包含了经验主义的种子"：Stewart Shapiro, *Thinking About Mathematics*（Oxford University Press, 2000），见第 62 页。亚里士多德同意柏拉图关于型相（或他称之为共性）的存在。然而，亚里士多德认为这些形式"存在于可感知的对象中"：Aristotle, *Metaphysics*, Book M, [Annas (trans), Clarendon Press, 1976], 转引自 Shapiro, 见第 64 页。这些完美的形式是通过抽象的能力来实现的，在这种能力中，物理对象被设想，他们的一些特征被抽象掉了。见 Shapiro, 第 66 页。

经验科学这一观点的早期重要支持者。[436] 例如，密尔认为，算术定律不过是"从观察到的事实中被归纳出来的"。[437] 典型的经验主义的说法认为，感官知觉是被动地接受的。

经验主义者和理性主义者的观点有一个共同点，那就是在数学和现实世界（特别是物理）之间寻求一种和谐。虽然希腊人对数学和科学进行了明显的区分，但笛卡尔和牛顿时代的数学与物理学并没有那么明显的区别。克莱因（Kline）指出，随着数学领域的扩大，数学家不仅依靠物理含义来理解数学概念，而且还通过已被接受的数学论证来理解，因为这些数学论证给出了合理的物理结果，因此数学和科学之间的界限开始变得模糊不清。

事实上，在18世纪，杰出数学家对科学往往也有浓厚的兴趣。因此，这些人并不寻求在这两个领域之间做出任何区分。[438]

先验唯心主义：康德（Kant）的先验唯心主义介于理性主义和经验主义之间。[439] 典型的经验主义的说法认为，感官知觉是被动接受的。但康德认为，"智者的思想在我们之前就为经验做出了积极的贡献"。[440] 在康德看来，"事物的表象并不是事物本身。经验性的预见只在通过（对空间和时间的）纯粹的直觉才能达到"。[441] 康德认为，数学概念正是参照这种"纯粹的直觉"而构建起来的，使其具有与感官信息相同的可验证性，从而将数学与哲学等其他智力追求区分开来。康德的理论是"在他的前辈和同时代人的数学实践中发展起来的，因此他对早期现代数学的描述是连贯且令人信服的"。[442] 因此，康德的理论一直占据着主导地位，直到19世纪下半叶数学界发生巨变。

虽然理性主义与经验主义的观点存在鲜明差异，但它们确实有一个共同

---

〔436〕 见 John Stuart Mill, *A System of Logic Ratiocinative and Inductive being a Connected View of the Principles of Evidence and the Methods of Scientific Investigation*, (8th ed, Harper & Brothers, 1882) <http://www.gutenberg.org/files/27942/27942-pdf.pdf>（10 September 2011），特别是第二卷第5章和第6章，第三卷第24章。关于密尔观点的总结，见 Donald Gillies, "An Empiricist Philosophy of Mathematics and Its Implications for the History of Mathematics", in Emily Grosholz and Herbert Breger (eds), *The Growth of Mathematical Knowledge*(Springer, 2000), 第41~57页。

〔437〕 Gillies, 前述第436条注释，见第41页。

〔438〕 Kline, 前述第391条注释，见第395页。

〔439〕 下面是康德数学哲学的概括性叙述。详见 Lisa Shabel, "Kant's Philosophy of Mathematics" in Paul Guyer (ed) *The Cambridge Companion to Kant and Modern Philosophy* (Cambridge University Press, 2006)。

〔440〕 Matt McCormick, "Immanuel Kant: Metaphysics" *Internet Encyclopedia of Philosophy*, 30 June 2005 <http://www.iep.utm.edu/kantmeta/>（7 December 2010）。

〔441〕 Immanuel Kant, *Critique of Pure Reason*[Paul Guyer, Allen W Woods (trans, eds), Cambridge University Press, 1998] at 289（A165/B206）。

〔442〕 Shabel, 前述第439条注释，见第119页。

点。两种观点似乎都承认，数学是一种与物理世界相分离的活动。无论是哪种观点，都认为数学是一种精神活动，它因依赖理性而真实，或在事后通过对物理世界的实证观察而得到验证。

D 19 世纪

到了 19 世纪，理性主义与经验主义的争论已经基本解决，经验主义更受青睐。[443] 然而，到了 20 世纪下半叶，数学变得日益抽象和复杂，这使外部世界与数学研究之间的联系受到质疑。

特别是，密尔的观点被逻辑主义学派的创始人戈特洛布·弗雷格（Gottlob Frege）严厉讽刺。[444] 他评论道：

那么，对于那些不在这项工作尚未完成的地方推进它，而是轻视它，把自己带到"托儿所"……像约翰·斯图尔特·密尔那样，在那里发现一些姜饼或卵石一般的算术的人，我们该说什么好呢？[445]

弗雷格指出，我们对大数目运算的理解正说明了密尔理论的局限性。他指出，"按照密尔的看法，我们实际上不能让'1000000=999999+1'，除非我们观察到刚好按照这种奇特的方式划分的一组实物"。[446]

在 19 世纪，"就像之前的两个世纪一样……数学发生了更大的变化，这些年复一年的变化难以让人察觉，但这些变化本身及其对数学未来的发展却至关重要"。[447] 由于"学科内容的大规模扩张，新领域的开辟以及旧领域的扩展"，[448] "到 1870 年，数学已经发展成为一个庞大而笨重的结构，分成了许多领域，而这些领域只有专家才了解"。[449] 为了融合这些不同领域，形成了以群论为中心的一套新的统一原理，这套原理被描述为"数学抽象艺术的最高范例"。[450]

在这一时期，高斯（Gauss）、罗巴切夫斯基（Lobachevsky）、鲍耶（Bolyai）和黎曼（Riemann）向欧几里得几何学的统治地位发出挑战，他们通

---

〔443〕 Leon Horsten, "Philosophy of Mathematics" *Stanford Encyclopedia of Philosophy*, 25 September 2007 <http://plato.stanford.edu/entries/philosophy-mathematics> (10 September 2011).

〔444〕 下面考虑数学的逻辑哲学。

〔445〕 Gottlob Frege, *The Basic Laws of Arithmetic* [Montgomery Furth (trans), University of California, 1967]，见第 vii 卷。

〔446〕 Frege，前述第 445 条注释，见第 10~11 页。

〔447〕 Kline，前述第 391 条注释，见第 1023 页。

〔448〕 Kline，前述第 391 条注释，见第 1023 页。

〔449〕 Struik，前述第 391 条注释，见第 1024 页。

〔450〕 James R. Newman, *The World of Mathematics*, *Volume 3*（Courier Dove Publications, 2000）at 1534.

过构建一个欧几里得第五公设不成立的几何体系来替代欧几里得几何学。[451] 非欧几里得几何学的发展,"从人类思维上的重要性和对数学本质的最终影响来看,是(数学领域中)最为重要的发展"。[452] 这样的几何学可能是内在一致的,也就是说,人们选择作为数学结构(如几何)基础的公理集,在某种程度上是任意的;改变一个或多个公理,就会出现一个不同的结构。新的结构是否与"真实"的物理世界一致完全不重要,重要的只是逻辑上的一致性。[453]

然后,几何学变得"不受欢迎了,因为数学家们发现他们不自觉地接受了基于直觉的事实,因而他们假设成立的证据也就不再完整了。这种情况不断出现的危险使他们相信,几何学唯一可靠的基础将是算术"。[454] 然而,"即使是算术和建立在算术之上的分析也很快变得不可信。非交换代数的产生……提出了这样一个问题:我们怎么确信普普通通的数字具备如此特殊的属性,足以揭示关于真实世界的真理"。[455] 其结果是,"到 1900 年,数学已经脱离了现实;它显然已经无可挽回地失去了对自然界真理的要求,而变成了追求关于无意义事物的任意公理的必然结果"。[456]

数学和"真实"世界之间到底有多深的联系依旧是一个被激烈辩论的主题。有些人,如康托尔(Cantor),他认为数学与其他领域的区别在于它不受现实的束缚:

> 数学的发展是完全自由的,数学概念受到的限制也只在于,需要与先前精确定义引入的概念不相矛盾且协调一致……数学的本质在于它的自由。[457]

另一些人则惋惜"真理的丧失和表面上的任意性,以及数学思想和结果的主观性"。[458] 如菲利克斯·克莱因(Felix Klein),他本人是发展非欧几里得几何学的主要人物,他认为对这种任意结构的研究是"科学的死亡"。并且认为

---

[451] Struik,前述第 391 条注释,见第 167 页。

[452] Kline,前述第 391 条注释,见第 1023 页。然而,非欧几里德几何的影响被越来越多的与物理无关的概念引入数学领域,从无理数到负数和复数,"四元数……几何中的复杂元素,n 维几何,奇异函数和超限数",见第 1029 页。

[453] Maor,前述第 391 条注释,见第 124 页。

[454] Kline,前述第 391 条注释,见 1016 页。

[455] Kline,前述第 391 条注释,见 1034 页。

[456] Kline,前述第 391 条注释,见 1035 页。

[457] Georg Cantor, "Über unendliche lineare Punktmannigfaltigkeiten"(1883)*Math. Ann* 21,转引自 Kline,前述第 391 条注释,见第 1031 页。

[458] Kline,前述第 391 条注释,见第 1035 页。

"谁拥有自由特权，谁就应该承担（利用自由来研究自然的）责任"。[459]同样，"希尔伯特（Hilbert）不仅强调研究具体问题是数学的命脉，而且还在1900年发表了一份清单，不厌其烦地列出了数学领域23个突出的具体问题"。[460]可以理解的是，在数学领域，所谓的纯数学家和应用数学家之间也因为这些不同的观点而产生了持久的分歧。[461]

柏拉图主义在这一时期仍然很受欢迎，因为根据柏拉图主义的说法，非欧几里得几何学是存在的，并不亚于欧几里得几何学。和物理世界的经验相对应不是必须的。然而，为了巩固数学的基础，人们做出了一些新的尝试，这也是接下来要讨论的。

逻辑主义：逻辑主义的核心原则是，所有的数学都只是逻辑的一个分支。因此，逻辑主义是理性主义的一种形式。逻辑主义学派是由戈特洛布·弗雷格创立的，他希望表明"算术是逻辑的一个分支，不需要借助经验或直觉加以证明"。[462]这就"要求他表明，算术只用推理规则、公理和定义就可以推导出来，而这些都是纯粹的逻辑分析原则"。[463]正当弗雷格在逻辑中建立数学基础的工作快要完成时，伯特兰·罗素（Bertrand Russell）在其中对集合论的论述中发现了一个矛盾，[464]而这个矛盾是弗雷格从未克服过的障碍。

伯特兰·罗素和阿尔弗雷德·诺斯·怀特海（Alfred North Whitehead）撰写了《数学原理》(*Principia Mathematica*)，尝试以逻辑为基础对数学进行解释。他们使用形式主义的方法，[465]认为所有关于数论的陈述都可以从逻辑公理

---

[459] Kline，前述第391条注释，见第1037页。

[460] Kline，前述第391条注释，见第1038页。

[461] Kline，前述第391条注释，见第1036页。然而，由于主观上的"纯"数学强调了尖端应用，这种划分是复杂的。例如，非欧几里得几何是爱因斯坦发展相对论的关键，因为这个理论要求时空必须是弯曲的……为了描述这样一个四维弯曲的空间数学，从理论上讲，这位年轻的物理学家正在寻找某种非欧几里得几何，他在黎曼几何中发现了这一点，黎曼几何允许空间具有可变曲率。因此，广义相对论可以说是一种数学思想的最终胜利，而这种思想在其婴儿期只不过是一种智力练习。

[462] Frege，前述第445条注释，见第29页。

[463] Edward N. Zalta, "Frege's Logic, Theorem and Foundations for Arithmetic", *Stanford Encyclopaedia of Philosophy*, 13 April 2007, <http://plato.stanford.edu/entries/frege-logic/> (27 March 2010)，见第6.1节。

[464] 这种悖论，即所谓的罗素悖论（Russell's paradox），源于弗雷格的系统中定义了一组不属于自身的集合的能力。克莱因（Kline）的矛盾不是来自弗雷格的系统，而是来自集合本身。见Kline，前述第391条注释，第1183页。克莱因还提出了一个流行的悖论形式如下：一个乡村理发师，吹嘘他没有竞争对手，广告说他当然不会给那些自己刮胡子的人刮胡子，但会给所有不自己刮胡子的人刮胡子。有一天，他突然想到要不要刮胡子。如果他应该自己刮胡子，那么根据他的断言的前半部分，他不应该自己刮胡子；但如果他不刮胡子，然后按照他的自夸，他必须自己刮胡子。理发师陷入了一种逻辑上的困境。

[465] 参见下面关于形式主义的讨论。

中得出。罗素和怀特海声称将"所有的数学都建立在一个可由 5 个原始逻辑命题推导出来的逻辑系统上,而这些命题的真理是建立在基本的直觉上的"。[466] 罗素和怀特海的尝试最终被库尔特·哥德尔(Kurt Gödel)推翻,库尔特·哥德尔的贡献将在下文讨论。[467]

形式主义:以大卫·希尔伯特(David Hilbert)为首的形式主义者专注于将数学表达为一种形式逻辑系统,并在不考虑其意义的情况下对数学进行研究。对形式主义者来说,数学"不比数学语言多或少,数学只是一系列的规则"。[468]数学家可以在特定的术语中读出意义,但术语本身是没有意义的。对形式主义者来说,数学定理的真假取决于是否可以使用形式系统中的规则来证明。任何特定形式系统的成功都依赖于三点:一致性、完整性和可判定性。[469]

德国数学家库尔特·哥德尔提出了一个特别让形式主义者头痛的问题,他在证明罗素和怀特海的研究工作有缺陷时,提出了一个数学证明,称为不完备定理,可以总结为以下内容:

任何足够强大的形式系统都不可能既完整又一致。[470]

虽然哥德尔的证明只严格适用于数学系统,但内格尔(Nagel)和纽曼(Newman)认为这个定理适用于"一大类演绎系统"。[471]无论如何,哥德尔的定理对形式主义造成了致命的打击,至少对作为数学基础的形式主义来说是如此。

有趣的是,将"研究数学"的心理过程简化为一系列有限的、机械的步骤,这种形式主义的概念取得了意想不到的成果。1936 年,艾伦·图灵开发了"思维过程在形式上的对应物"[472]——图灵机,它成为数字计算机的理论模型。因此,不完整和不一致似乎并不是软件发展不可逾越的障碍,曾经与计算

---

〔466〕 Berlinghoff,前述第 375 条注释,见第 203 页。

〔467〕 参照(Cf.)Bernard Linsky and Edward N. Zalta,"What is Neologicism?"(2006)12(1)*The Bulletin of Symbolic Logic* 60,见第 61 页:"当我们回顾逻辑主义时,我们将看到它的失败不再是这样一个明确的问题……"作者继续论证了一种新的新逻辑主义,它"非常接近原始逻辑学程序的主要目标"。

〔468〕 Anglin,前述第 392 条注释,见第 218 页。

〔469〕 "一致性意味着在系统中不会发现矛盾,也就是说,一个定理和它的否定不可同时为真。完备性意味着每个定理在该系统可在系统内验证。可判决性要求一个有限的机械程序的存在,以确定系统提出的任何给定的索赔是否可以在系统内被证明。"见 Brigham Narins(ed),*World of Mathematics*,Volume 1(Gale Group,2001),第 235 页。

〔470〕 上述简化定理是在笔者的文字中,但却是基于若干不同的公式。见 Douglas R. Hofstadter,*Godel, Escher Bach: An Eternal Golden Braid*(Basic Books,1979);Narins,前述第 469 条注释。

〔471〕 Ernest Nagel and James R. Newman,*Gödel's proof*(NYU Press,2001),见第 5 页。

〔472〕 Jean Lassègue,"Doing Justice to the Imitation Game; a Farewell to Formalism",December 2003,<http://formes-symboliques.org/article.php3?id_article=75>(10 September 2011)。

机做过斗争的人肯定可以证明这一点。[473]

直觉主义：直觉主义者，如 L.E.J. 布劳威尔（L.E.J. Brouwer）和海廷（Heyting），认为数学是"人类大脑思维的结晶。数字就像童话故事中的人物，只是精神实体，如果没有人类的思考，它们就不会存在"。[474]对直觉主义者来说，数学命题的真理不是被发现的，而是必须亲身体验的。[475]作为数学的基础，直觉主义者的出发点是："数学的基本概念极其简单，甚至微不足道，因此对其属性的怀疑根本不会产生。"[476]海廷从对计数的直观理解开始阐述，计数需要对一个又一个对象进行分离。"分离出某一个对象，并把注意力集中在它身上，这是我们大脑的一个基本功能。"由此他得出这样的观点："在人类大脑中构想的实体，是所有思维活动的起点，特别是数学的起点。"[477]接着，海廷继续构建算术，然后处理更复杂的数学系统，如连续体和集合论。[478]

直觉主义立场的一个有趣的观点是，"即使在其最简单的形式下，数学仍然局限于一个人的思维之下"。[479]这就意味着，对于形式主义者来说，数学公式作为数学的最终表现形式，仅仅是数学语言，就像任何语言一样，它们"不能免于误解"，[480]因为"思维构建的内容并不能通过语言准确表达出来"。[481]

---

[473] 哥德尔定理和图灵模型之间的关系是数学和软件开发之间同构的理论方面的内容，这在本书第 1 章已经提到，并将在第 5 章中进一步探讨。

[474] Anglin，前述第 392 条注释，见第 219 页。

[475] 布劳威尔认为，在思维活动之外没有数学真理的行列式，一个命题只有在主体经历了它的真理（通过进行适当的心理建构）后才为真；类似地，只是一个命题，当主体经历了它的虚假（通过意识到不可能有适当的心理构造），它就变成虚假。因此布劳威尔可以宣称"没有没有经历过的真理"，[L.E.J. Brouwer, *Collected Works*, Volume 1, Philosophy and Foundations of Mathematics（A Heyting, North-Holland, 1975），p. 488］。Mark van Atten, "Luitzen Egbertus Jan Brouwer" in Edward N. Zalta（ed），*Stanford Encyclopaedia of Philosophy*,（Summer 2011 Edition）<http://plato.stanford.edu/archives/sum2011/entries/brouwer/>（10 September 2011）。

[476] Arend Heyting, "Intuitionistic Views of the Nature of Mathematics"（1974）27 *Synthese* 79，见第 79 页。

[477] Heyting，前述第 476 条注释，见第 80 页。

[478] Heyting，前述第 476 条注释，见第 81~88 页。

[479] Heyting，前述第 476 条注释，见第 80 页。

[480] Heyting，前述第 476 条注释，见第 88 页。

[481] Heyting，前述第 476 条注释，见第 89 页。又见 Kline，前述第 391 条注释，见第 1200~1201 页：数学直觉的世界与因果知觉的世界是对立的。在这个因果世界中，而不是在数学中，属于语言，它在那里服务于对常见交易的理解。语言或口头交流是用来传达真理的。语言通过符号和声音在人们的头脑中唤起对思想的复制。但是思想永远不可能被完全符号化。数学思想独立于语言的外表，事实上要丰富得多。

对直觉主义立场最强烈的批判来自实用主义。直觉主义者必然排斥像无穷大〔482〕和排中律这样的概念。〔483〕这使得对数学的真正研究变得更加困难。〔484〕

总结：随着 19 世纪的结束，这些不同的流派处于对峙状态。没有一个理论成为主导，也没有一个理论看似会成为主导。随着时间的推移，这场不同流派间的辩论被简单地搁置起来，从而数学家们可以继续研究数学了。

E 20 世纪

从某种意义上说，20 世纪的数学发展延续了 19 世纪的走向。从欧几里得几何学到非欧几里得几何学，与物理学中从牛顿到爱因斯坦的转变相一致，"（数学的）重点已经从（在局部坐标的小范围内进行研究）转移到试图理解……全局、大范围的行为"。〔485〕其他的进展包括对更多维度的研究，〔486〕从研究交换系统到非交换系统的转变，〔487〕从线性系统到非线性系统的转变。〔488〕这些发展表明，数学进一步走向抽象化，这种抽象化可能比任何人类对三维、线性世界的了解都要复杂得多。这种复杂性带来的一个必然结果是，在 20 世

---

〔482〕 直觉论者对于无限大的立场也许比最初认为的更加微妙。克莱因指出："对布劳威尔（Brouwer）来说，就像对所有直觉论者一样，无限存在的意义在于，人们总能找到一个比已知的更大的有限集合。"要讨论任何其他类型的无穷大，直觉主义者要求人们给出一种构造或定义无穷大的方法，这个无限大的步数是有限的。Kline, 前述第 391 条注释, 见第 1202~1203 页。

〔483〕 这条规则指出所有的事情不是真就是假。通过排除这个规则，一个直觉论者不可能通过证明一个命题不为假来证明它的真理。

〔484〕 克莱因在 1972 年指出："他们已经成功地用极限过程保存了微积分，但是他们的构造非常复杂。他们还重建了代数和几何的初等部分。与克罗内克（Kronecker）不同的是，韦尔（Weyl）和布劳威尔确实允许某些类型的无理数。"Kline, 前述第 391 条注释, 见第 1203 页。

〔485〕 Michael F. Atiyah, "The Evolution of Mathematics in the 20th Century", （2001）108（7）*The American Mathematical Monthly* 654, 见第 654 页。

〔486〕 在几何学中，这意味着超越了"你在空间中真正能看到的东西，进入到更高维空间中，这是一种稍微虚构的东西，你可以在数学上想象出来的东西"：Atiyah, 前述第 485 条注释, 见第 656 页。在"总是关心更多的变量"的代数中，这意味着"从有限维到无限维，从线性空间到希尔伯特空间，有无限多个变量"：Atiyah, 见第 656 页。

〔487〕 比如矩阵和四元数。矩阵是"符号或数学的矩形数组"按照行和列排列的数学表达式，作为单个实体处理："matrix" in *Oxford English Dictionary Online*, June 2011, <http://oed.com/view/Entry/>（10 September 2011）。四元数，也被称为"由实维数和 3 个虚数（i，j，k）组成的四维超复数，每个虚数都是 –1 的平方根。它们通常用于矢量数学和三维的游戏。"："Quaternion" in *Wiktionary*, 19 October 2010 <http://en.wiktionary.org/wiki/quaternion>（17 Nov 2010）。所有的代数定律都适用于四元数，除了乘法，因为它是非交换的。

〔488〕 非欧几里得几何（Non-Euclidean geometries），如前述，是一个例子的非线性系统几何学。

纪上半叶，数学的基础性危机出现了，数学由此变得形式化和专业化。[489]这本身就对"证明"的概念提出了挑战，因为除了少数从事该领域工作的数学家，现代数学的大部分内容都超出了其他所有人的专业范围。[490]

与20世纪上半叶相比，下半叶"更像是……'统一的时代'，边界被跨越，技术从一个领域被移到另一个领域，许多事物在很高程度上已经混杂在一起"。[491]最后，必须指出的是，至少自20世纪最后25年以来，数学在很大程度上受到了物理学发展的影响。迈克尔·阿蒂亚（Michael Atiyah）在2001年指出，在刚刚结束的20世纪的最后25年，物理学的新思想大量侵入数学。……但物理学家预测的结果一次又一次地被数学家检验，并发现从根本上说是正确的，尽管很难提出证据，而且其中许多结论还没有被完全证明。[492]

在这之中，有一个特别重要的发展，即可计算性理论的出现，以及计算机的发展。除在数学领域之外的用途，计算机也是有用的工具，可以用来处理日益复杂的数学问题，以及"证明"涉及很多运算的数学定理。[493]计算机还提供了一个数据源，在难以或不可能进行精确证明的情况下为数学直觉提供依据。[494]

鉴于这种混合和日益复杂的主题，数学哲学的相应发展开始变得更加微妙，并结合了早期思想流派的特点，这一点也就不足为奇了。

准经验主义：奎因（Quine）和普特南（Putnam）的不可或缺性论证声称要解决柏拉图主义对信仰的单纯依赖，认为"物理理论中使用的数学与这些理

---

[489] 形式主义的数学方法，将在下面进一步详细讨论，这种方法避免依赖公理作为"'不言而喻的真理'……而倾向于强调逻辑概念的一致性和完整性等概念"："20th Century Mathematics"*The Story of Mathematics*，<http://www.storyofmathematics.com/20th.html>（18 November 2010）。又见 Atiyah，前述第485条注释，第665页。

[490] 见 Henk Barendregt and Freek Wiedijk，"The Challenge of Computer Mathematics"（2005）363 *Philosophical Transactions*：*Mathematical*，*Physical and Engineering Sciences* 2351，第2352页："在数学的历史过程中，证明变得越来越复杂。特别是在19世纪，一些证明不再能被随便一个其他有能力的数学家轻易理解：必须是这方面的专家才可以。这开始了所谓的证明的社会学验证（通过同行评审）。……在20世纪，这种发展走向了极端。"作者观察了分类的证明在1979年出版的有限简单群中，它"包含了一系列记录在不同地方的关联结果，总共有10000页……（以及）一些'著名的'结果（其中一些结果被证明是无效的）"：同前引（*ibid*），见第2352页。直到2004年，证明问题才最终得到解决。

[491] Atiyah，前述第485条注释，见第665页。

[492] Atiyah，前述第485条注释，见第663页。

[493] 比如四色问题和开普勒猜想。见 Barendregt and Wiedijk 的讨论，前述第490条注释，第2352页。有关四色问题的讨论见 Tubbs，前述第391条注释，第269~270页。见 Brown，前述第414条注释，第154~158页，对这种证明的地位的讨论，它是一种"研究数学的新方法……不是先验的，不是确定的，不是可调查的，也不允许其他数学家进行复查"。

[494] 见 Brown，前述第414条注释，第158~171页，作者在其中讨论了猜想和数学中的开放问题，如"完美"数的性质，完美数字是否"正常"以及黎曼假设。

论一起被证实，科学实在论必然导致数学实在论"。[495] 这一理论可以被视为经验主义和柏拉图主义的混合体，因此被称为准经验主义。奎因和普特南的观点可以总结为：

命题1：我们应该对所有对于我们的最佳科学理论不可或缺的实体做出本体论承诺。

命题2：数学实体对于我们的最佳科学理论是不可或缺的。

结论：我们应该对数学实体做出本体论承诺。[496]

言下之意，这将数学的合理性限制在"有足够的数学来满足科学的需要"。[497]

不可或缺性论证的弱点在于第一个命题。[498] 奎因和普特南结合自然主义和整体论为这一命题找到了支撑。自然主义是一种哲学学说，即"哲学既不优先于科学，也不优越于科学"，[499] 其基础是"对科学方法论的极度尊崇，并承认这种方法论在回答有关事物基本性质问题方面取得了不可否认的成功"。[500] 然而，自然主义"可能会也可能不会告诉你是否要相信最佳科学理论的所有实体"，[501] 所以整体论弥合了这一点，[502] 假定"我们对外部世界的描述不是单独的，而是作为一个整体来面对感官体验的判决"。[503] 或者换句话说，"在证明理论的数学部分的信念时所诉诸的证据，与证明理论的经验部分时所诉诸的证

---

[495] Susan Vineberg, "Confirmation and the Indispensability of Mathematics to Science" (1996) 63 (3) *Philosophy of Science* S256 at S256.

[496] 改编自 Mark Colyvan, "Indispensability Arguments in the Philosophy of Mathematics" in Edward N. Zalta (ed) *The Stanford Encyclopedia of Philosophy* (Spring 2011 Edition) <http://plato.stanford.edu/archives/spr2011/entries/mathphil-indis/> (28 June 2011)。

[497] Colyvan，前述第496条注释。

[498] 然而，对于第二个命题的批判，见 Hartry H. Field, *Science Without Numbers*: *A Defence of Nominalism* (Blackwell, 1980)。菲尔德 (Fields) 的计划本身也受到了广泛的批评。例如见 Penelope Maddy, "Physicalistic Platonism" in A.D. Irvine (ed), *Physicalism in Mathematics* (Kluwer, 1990), 第259~289页；David Malament, "Review of Field's Science Without Numbers" (1982) 79 (9) *Journal of Philosophy* 523; Michael D. Resnik, "How Nominalist is Harry Field's Nominalism" (1985) 47 (2) *Philosophical Studies* 163; Stewart Shapiro, "Conservativeness and Incompleteness" (1983) 80 (9) *Journal of Philosophy* 521。

[499] Colyvan，前述第496条注释。

[500] Colyvan，前述第496条注释。

[501] Colyvan，前述第496条注释。

[502] 具体来说，确证整体论 (Specifically confifirmational holism)，也称为迪昂-奎因命题 (Duhem-Quine thesis)。见 Colyvan，前述第496条注释。

[503] W.V. Quine, "Two Dogmas of Empiricism" (1951) 60 *The Philosophical Review* 20 at 38.

据是一样的"。[504]

佩内洛普·麦蒂（Penelope Maddy）对不可或缺性论证提出批评，因为她认为自然主义对科学方法的尊崇与整体论之间存在矛盾。[505]她特别指出，从事相关工作的科学家对已被证实的科学理论持有各种不同的态度，"有人相信，有人勉强接受，有人断然拒绝"。[506]这种态度的多样性与整体论所要求的要么全有、要么全无的方法是不相容的。同样，她指出：

> 只要有用或者方便，科学家们似乎愿意使用强大的数学来解决问题，而不考虑在他们的本体中增加新的抽象概念。事实上，甚至更令人惊讶的是，也不考虑该数学所预设的额外物理结构。一方面，他们不对这些数学和结构性的假设进行检验；另一方面，他们不认为使用强大数学的理论在经验上的成功是对所涉及的数学或结构假设的确认。[507]

艾略特·索伯（Elliott Sober）抨击了以实证经验为依据的整体论，认为科学中使用的数学没有受到与科学理论的经验方面相同的检验。[508]此外，在支撑经验理论方面没有数学的替代，这表明数学没有被经验证据所证实。尽管有这些批评，但是，与此有关的"辩论仍在非常活跃地继续，最近有许多文章专门讨论这个问题"。[509]

虚构主义：菲尔德（Field）[510]在对奎因和普特南不可或缺性论证的回应中提出，[511]尽管数学的用处不可否认，但它对我们理解物理世界并非不可或缺。[512]为了证明数学并非不可或缺，菲尔德构造了一个非数学的物理学解释。这种方法很有趣，因为它回避了数学命题如何通过实证观察以外的方式加以验证的问题。菲尔德的论述虽然被认为是"重要的智力成果"，[513]但却遭到了广

---

[504] Colyvan，前述第496条注释。又见 Hilary Putnam, "What is Mathematical Truth", in *Mathematics Matter and Method: Philosophical Papers*, Volume 1（2nd ed, Cambridge University Press, 1979），第74页："数学和物理学是以这样一种方式结合在一起的，即不可能在物理理论方面成为现实主义者，而在数学理论方面成为唯名主义者。"

[505] Penelope Maddy, "Indispensability and Practice"（1992）89（6）*Journal of Philosophy* 275; Penelope Maddy, "Naturalism and Ontology"（1995）3（3）*Philosophia Mathematica* 248. 又见 Penelope Maddy, *Naturalism in Mathematics*（Clarendon Press, 1997）.

[506] Maddy, "Indispensability and Practice"，前述第505条注释，见第280页。

[507] Maddy, "Naturalism and Ontology"，前述第505条注释，见第255页。

[508] Elliot Sober, "Mathematics and Indispensability"（1993）102（1）*Philosophical Review* 35.

[509] Colyvan，前述第496条注释。

[510] Field，前述第498条注释。

[511] Field，前述第498条注释，见第5页。

[512] Field，前述第498条注释，见第7~8页。

[513] Shapiro，前述第435条注释，见第237页。

泛的批评。[514]

社会建构主义：社会建构主义者[515]把数学仅仅看作是"一种社会建构，一种文化产物，像任何其他知识分支一样不可靠"。[516]在这种观点下，数学的真理取决于"数学家被灌输的数学传统、方法、问题、意义和价值观——它们致力于保护过去已定义好的学科"。[517]换句话说，数学是"由数学家的活动构建或创造而成为现实"。[518]根据这样的理解，数学真理的来源"既不是物理的也不是精神层面的，而是社会的，它是文化的一部分，它是历史的一部分，它就像法律，像宗教，像金钱，像所有这些非常真实的东西，只有作为人类集体意识的一部分才是真实的"。[519]

社会建构主义是一种新康德主义，其中数学的客观性既不来源于柏拉图式的理想世界，也不来源于物理领域。不出所料，这种观点并没有受到一部分数学家的热烈欢迎，他们对"数学知识只是相对的，而不是一门真正客观的学科"这一说法表示反对。其他一些人指出，关于数学是一种人类活动的说法是微不足道的，而且对这场辩论没有任何帮助。[520]阿祖尼（Azzouni）提出了一

---

[514] 有关批评的总结，见 Mark Colyvan "Fictionalism in the philosophy of mathematics" in E.J. Craig（ed）, *Routledge Encyclopedia of Philosophy Online edition*,（Taylor and Francis, 2011）<http://homepage.mac.com/mcolyvan/papers/fictionalism.pdf>（11 March 2011）。对于另一种批评，注意到一个类似于哥德尔（Gödel）的不完备定理对形式主义程序造成的问题，见 Shapiro, 前述第 435 条注释，第 235~236 页。

[515] 社会建构主义在数学上的主要论述者是赫什（Hersh）和欧内斯特（Ernest）。见 Reuben Hersh, *What is Mathematics, Really?*（Oxford University Press, 1997）；以及 Paul Ernest, *Social Constructivism as a Philosophy of Mathematics*（State University of New York Press, 1998）。关于赫什和欧内斯特观点的总结，以及两者之间的区别，见 Julian C. Cole, "Mathematical Domains: Social Constructs?" in Bonnie Gold and Roger Simons（eds）, *Proof and Other Dilemmas: Mathematics and Philosophy*（Mathematics Association of America, 2008）。社会建构主义的解释受到维特根斯坦哲学的影响，维特根斯坦（Wittgenstein）认为数学是一种语言游戏，波普尔（Popper）认为数学是"人类智力努力的进化产物"：Eduard Glas, "Mathematics as Objective Knowledge and as Human Practice" in Reuben Hersh（ed）, *18 Unconventional Essays on the Nature of Mathematics*（Springer, 2006）, 见第 289 页。

[516] Paul Ernest, "Social Constructivism as a Philosophy of Mathematics: Radical Constructivism Rehabilitated?"（1990）<http://people.exeter.ac.uk/PErnest/soccon.htm>（10 September 2011）, 转引自 Gold and Simons（eds）, 前述第 515 条注释, 见第 39 页。

[517] Wikipedia, "Philosophy of Mathematics", <http://en.wikipedia.org/wiki/Philosophy_of_mathematics>（20 April 2007）。

[518] Cole, 前述第 515 条注释, 见第 111 页。

[519] John Brockman, "What Is Mathematics? A Talk With Reuben Hersh" *Edge 5*, 10 February 1997, <http://edge.org/documents/archive/edge5.html>（6 December 2010）。

[520] 例如见哈金（Hacking），他对科学哲学的社会建构主义描述进行了抨击，称其未能精确定义这种哲学所提出的主张。Ian Hacking, *The Social Construction of What?*（Harvard University Press, 1999）。

个更微妙的反对意见，认为仅仅基于社会实践的陈述无法解释数学中独特的一致性程度：

> 我很同情那些自诩"标新立异"的人关于数学是一种社会实践的说法。……但许多活动同样是（认识论上的）社会性的：政治家会认可普遍持有的信仰和行为；宗教崇拜者、银行出纳员、实证科学家和囚犯也是如此……人们普遍注意到，与其他一致性的情况不同，在社会因素确实是这种一致性的来源的情况下，人们在数学实践中发现的变化与在饮食、服装或形而上学的教条中发现的变化完全不同。[521]

结构主义：夏皮罗（Shapiro）和雷斯尼克（Resnik）等结构主义者[522]将数学视为"结构的科学"。[523]这种观点可被称为准柏拉图主义，因为结构主义者断言，"（数学）的每一个明确的句子都是非真即假的，与数学家的语言、思想和社会习俗无关"。[524]但结构主义者否认数学是由数字等独立对象组成的，他们认为"数学的对象，也即我们的数学常数和量词所表示的实体，是无结构的点或某个结构中的位置。作为结构中的位置，它们在结构之外没有身份或特征"。[525]结构主义的魅力在于它与现代数学实践中对结构的强调相一致。[526]但结构一词的含义是什么？各种结构主义的说法"彼此之间有很大的不同，甚至在很多方面有冲突"。[527]此外，每个特定的变体都有自己的哲学问题，其中许多问题在性质上与迄今为止讨论的思想体系所面临的问题相似。[528]

---

[521] Jody Azzouni, "How and Why Mathematics is Unique as a Social Practice"in Reuben Hersh(ed) *18 Unconventional Essays on the Nature of Mathematics*（Springer，2006），见第 201~202 页。

[522] 例如见 Michael D. Resnik, *Mathematics as a Science of Patterns*（1997, Clarendon Press）; Shapiro, 前述第 411 条注释。结构主义的出现有时一直追溯到 Paul Benacerraf, "What Numbers Could Not Be"（1965）74（1）*Philosophical Review* 47。对结构主义数学哲学的总结见 Shapiro, 前述第 435 条注释, 第 10 章; Erich H. Reck and Michael P. Price, "Structures and Structuralism in Contemporary Philosophy of Mathematics"（2000）125 *Synthese* 341。

[523] Shapiro, 前述第 435 条注释, 见第 257 页。

[524] Shapiro, 前述第 435 条注释, 见第 257 页。

[525] Michael D. Resnik, "Mathematics as a Science of Patterns: Ontology and Reference"（1981）15 *Noûs* 529，见第 530 页。

[526] Reck and Price, 前述第 522 条注释, 见第 346 页。

[527] Reck and Price, 前述第 522 条注释, 见第 374 页。

[528] 例如，一个明显的问题出现了，即这些结构的本质是什么。这些结构以柏拉图主义、形式主义和准经验主义为基础进行了各种各样的辩护，引入了那些哲学所支持的相同的反对意见。有关主要变体及个别困难的概述，见 Reck and Price, 前述第 522 条注释。

3.1.2 这些不同的观点是否可以相互调和

显然，所有这些观点都不可能完全相互调和，[529]这也不是本书打算讨论的部分。本书所寻求的更温和的目标，以及为数学例外提供基础的一项重要任务，是提出一种关于数学的不可专利性的观点，这种观点可以囊括所有这些不同的理念。换句话说，采取的是一种后现代的[530]整体方法。[531]这就承认，没有一种理论能够为"数学是什么"这一问题提供终极答案，但每一种理论都对数学的本质提供了一种了解，抓住了数学的某些本质，就像4个盲人分别抓住了大象的某些本质一样。

从数学家做研究的态度中可以找到这种整体观的依据，因为大多数数学家在他们各自的领域中"研究数学"，很少关注哲学问题。每个人都对什么是足以指导研究的数学形成了自己的看法，而且这些看法往往是混杂的。[532]

这些混杂性的看法可以在戈特洛布·弗雷格的哲学中看到，戈特洛布·弗雷格的理念可以同时与柏拉图主义、[533]逻辑主义、超验唯心主义[534]相提并论，他的工作也极大地影响了形式主义的发展。同样地，海廷说：

> 直觉主义和形式主义之间并不存在冲突，当两者都保持自己的主张时，直觉主义是指心理建构，形式主义是指形式系统的建构，为其内在美

---

[529] 例如，一个人不能既是柏拉图主义者，相信数学对象存在于一个只有心灵才能到达的地方，又是经验主义者，相信数学真理是只能通过与物理世界的通信来验证。也不能是一个相信数学是逻辑的一个分支的逻辑学家或者一个相信数学必须在经验中被验证的直觉论者。有些组合是可能的，例如，拉塞尔的逻辑主义与形式主义的结合。但完全和解仍然是不可能的。

[530] 作者承认，由于担心后现代主义对元叙事的厌恶，再加上它本身就是元叙事的事实，他不愿将这种方式描述为后现代主义，这就像理发师为所有不刮胡子的人剃须一样自相矛盾。尽管如此，"后现代是一个好名字，尤其是因为它是对现代的普通含义的一个玩笑。显然，现代时期的名字取错了。"Larry Wall, "Perl, the first postmodern computer language" <http://www.perl.com/pub/1999/03/pm.html> (7 July 2011).

[531] 在目前的情况下，有人认为包容性比怀疑性更可取。引用维特根斯坦（Wittgenstein）的话，"我们不能调查一切，因此我们不得不满足于假设"：Ludwig Wittgenstein, *On Certainty* [G.E.M Anscombe and G.H. von Wright, (trans), Wiley-Blackwell, 1975]. 这种方法可以被认为是奎因的网络理论的变体："我们所谓的知识或信仰的总和……是一个人造的结构，它只是沿边缘冲击经验。"Quine, 前述第503条注释，见第39页。

[532] Berlinghoff, 前述第375条注释，见第204页。

[533] "我们在勾股定理中表达的思想……是永恒的真实，它的正确性与是否有人认为它是正确的无关。它不需要承载者。它不是第一次被发现时才是真的，而是就像一颗行星，在任何人看到它之前，就已经与其他行星相互作用了。"Gottlob Frege, "The Thought: A Logical Inquiry" (1956) 65 *Mind* 289, 见第302页。

[534] Shabel, 前述第439条注释，见第120页，辅引 Gottlob Frege, *On the Foundations of Geometry and Formal Theories of Arithmetic* (Yale University Press, 1971).

或其科学或工业上的实用性所驱动。[535]

按照类似的思路，阿维加德（Avigad）和雷克（Reck）[536]认为，尽管有哥德尔定理，形式主义学派在现代数学中仍有一席之地，因为它试图调和"关于抽象特征的数学结构的一般概念推理，和关于符号表示对象的计算显式推理"。[537]

有人认为，数学哲学就像数学本身一样，不是一个真理被揭示的静态体，而是一个处于不同演变阶段的概念的综合体，其中的每一个概念都与所有其他的概念相关，并影响彼此的发展。通过合并和概括的过程，这些概念经常融入更广泛的概念中，这些更广泛的概念强调数学家通常所指涉的"数学的统一性"。[538]

后现代整体论方法的好处是它提供了一条出路，即走出不太熟悉的数学哲学领域，回到更舒适的法律领域中来。在这种方法中，不可专利性的理论可以说是成功的，不是因为它符合某种特定的数学观点，而是因为它基本上可以与所有的观点相互调和。

考虑到这一点，现在是时候评估专利法是如何看待数学的了，以确定是否存在一种可以与所有数学理论相互调和的不可专利性理论。

3.2 一位专利律师对数学的描述

尽管《欧洲专利公约》第52条明确规定数学方法"本身"不属于可专利范围，但在美国和澳大利亚都没有像这样将数学直接排除在外的规定。[539]这些司法管辖区采用的方法是通过参考其他不可专利性的概念来解决数学的可专利性问题。因此，尽管人们对数学固有的不可专利性达成了共识，但我们可以看到，专利法并没有对此提供统一的解释。

这可能是因为很难找到一项仅仅针对数学标的的专利。数学的可专利性通常是在通过计算机实现的方法、数据处理、信号处理和模拟/建模的背景下产

---

[535] Heyting，前述第476条注释，见第89页。

[536] Jeremy Avigad and Erich H. Reck, "Clarifying the nature of the infinite: the development of metamathematics and proof theory,"(Carnegie Mellon Technical Report No CMUPHIL-120, 11 December 2001).

[537] Avigad and Reck，前述第536条注释，见第4页。

[538] Raymond M. Wilder, "The Nature of Modern Mathematics", in William E. Lamon (ed), *Learning and the Nature of Mathematics*(Science Research Associates, 1972) at 47.

[539] 即使在欧盟，在EPO，只要涉及纸和笔的使用，数学标的仍然可以要求专利保护，因为这将满足技术性的要求。见T258/03 *Hitachi/Auction Method* [2004] EPOR 55 (*Hitachi*案)，第[4.6]分点。在 *Bilski*案中，多数意见拒绝将绝对商业方法例外视为"文本性的"，因此，在该司法管辖区内，绝对数学例外的命运似乎也被确定。

生的。在任何情况下，如果主张的核心内容是数学创新或进步，那么就有必要考虑将数学排除在可专利性范围之外。

本节所涉及的一些内容会比较熟悉，因为它与第 2 章中所讨论的计算机相关发明的判例法相重叠。然而，本节的重点有所不同，因为其目的是找到一个现有基础，以奠定数学的不可专利性，来与目前调查的司法管辖区中的专利适格标的的法律状态相一致。

3.2.1 欧洲

根据《欧洲专利公约》第 52 条，数学方法本身是不能获得专利保护的。第 52 条构成了 1977 年专利法（英国）第 1 条第 2 款（c）中专利适格标的定义的一部分。

然而，第 52 条第 2 款中的"本身"一词已经成为欧洲专利局弱化其他例外的机制，最明显的是计算机程序例外。特别是，"任何硬件"的方法将第 52 条的例外情况减少到仅仅是声称在计算机上实施时的形式要求，[540]因为任何方法"在由计算机或其他硬件设备实施时……是一种具有实用目的的人造技术设备，而根本不是一种方法，因此可以避免根据第 52 条第 2 款被予以排除"。[541]

A 欧洲专利局

欧洲专利局对数学的专利性的立场如下：

这是纯粹的抽象或智力方法不能取得专利原则的一个特殊例子。例如，一种除法的快捷算法是不能取得专利的，但为相应操作而建造的计算机却可以取得专利。[542]

2007 年欧洲专利局的 *Circuit Simulation/Infineon Technologies* 案[543]说明了数学方法在计算机上运行时，是如何按照"任何硬件"的方法取得专利的。该案中的发明是一种"用计算机实现电路数字模拟的方法"。[544]上诉发明人声称，数字模拟应被视为符合所要求的技术贡献标准，理由是"解决工程科学，

---

[540] 或者以任何物理方式。在 *Hitachi* 案第 [4.5] 分点，欧洲专利局表示："对于'发明'的概念来说……重要的一点是存在技术性，这可能是由一个实体的物理特征或一项活动的性质所暗示的，也可能是通过使用技术手段而赋予非技术性活动的。"

[541] Justine Pila, "Dispute over the Meaning of 'Invention' in Article 52（2）EPC-The Patentability of Computer-Implemented Inventions in Europe"（2005）36 *International Review of Intellectual Property and Competition Law* 173 at 179.

[542] European Patent Office, "Guidelines for Examination in the European Patent Office", December 2007, <http://www.epo.org/patents/law/legal-texts/guidelines.html>（13 January 2008），见第 2.3.3 节。

[543] T1227/05 *Circuit Simulation/Infineon Technologies*［2007］OJ EPO 574，下称"*Infineon* 案"。

[544] *Infineon* 案，见第 575 页（权利要求 1）。

特别是电气工程中的问题需要技术考虑……以预测变量为技术参数的电路的性能"。[545]上诉人进一步声称,"模拟……本身就构成了一个技术过程",[546]因为它创建了一个"早期技术文献认为很难甚至不可能"的模型。[547]上诉人还声称做出了技术贡献,理由是,权利要求中的指示"是针对技术工程师的,而不是针对数学家的,因此本身就构成了技术教学"。[548]最后,上诉人声称有技术贡献的理由是,这种改进的建模方法在计算机上实施时[549]"只需要更短的计算时间和更少的存储空间"。[550]

委员会的理由是:"由于根据独立权利要求1或2的方法是通过计算机实现的,它使用了技术手段,因此具有技术特性。"[551]在得出这一结论时,委员会"认为(模拟)……构成了计算机实现的方法所充分定义的技术目的,只要该方法(在功能上)限于该技术目的"。[552]技术目的是在所要求保护的模拟电路中找到,该电路"具有输入通道、噪声输入通道和输出通道,其性能由微分方程描述"。[553]由于模拟的真实性可以通过"系统中规定的物理和数学推导"得到验证,[554]委员会"相信独立权利要求(是)对功能上的限制"。[555]

委员会还认为,该发明"既不是数学方法本身,也不是计算机程序本身,尽管使用了数学公式和计算机指令来进行模拟"。[556]之所以如此,是因为虽然模拟可以由人完成,但作为一个实际问题,"模拟方法不能由纯粹的心理或数学手段来完成"。[557]这种模拟是"现代工程工作的典型",[558]所要求保护的方法的效率提高"使一系列的设计在昂贵的电路制造过程开始之前就能进行虚拟测试和检查是否合适"。[559]因此,用于虚拟试验的计算机模拟方法是电气工程师

---

[545] *Infineon* 案,见第577页。
[546] *Infineon* 案,见第578页。
[547] *Infineon* 案,见第578页。
[548] *Infineon* 案,见第578页。
[549] *Infineon* 案,见第578页。
[550] 参照(Cf.) *Gale's Patent Application* [1991] RPC 305,下称"*Gale's Application* 案",将在下文讨论。
[551] *Infineon* 案,见第581页。
[552] *Infineon* 案,见第582页。
[553] *Infineon* 案,见第582页。
[554] *Infineon* 案,见第582页。
[555] *Infineon* 案,见第582页。又见第587页,委员会贴切地指出,权利要求"都需要一个充分确定的技术系统类别(电路)和明确的措施,而不仅仅是智力构造,以便在1/f噪声的技术相关条件下,有针对性地实现和应用电路模型"。
[556] *Infineon* 案,见第582页。
[557] *Infineon* 案,见第583页。
[558] *Infineon* 案,见第583页。
[559] *Infineon* 案,见第583页。

工具箱中的一个实用和面向实践的部分。用于虚拟试验的计算机模拟方法之所以如此重要，是因为作为一项规则，没有纯粹的数学、理论或心理方法可以提供完整和/或快速的电路性能预测。[560]

在此基础上，所要求保护的方法具有必要的技术特征。

委员会的决定在许多方面都很有意思。首先，它说明了任何硬件的方法使几乎任何可以想象的标的物都在可专利的范围内。其次，委员会在其推理中，在"数学方法"的排除条款中加入了该方法必须由人类操作的要求，因此排除了它与计算机实现的方法的相关性。最后，数学创新的可专利性显然取决于这些创新所针对的受众——如果创新可能更多的是吸引工程师而不是数学家的兴趣，那么它就是技术性的，因此可以获得专利。[561]

B 英国

正如在第2章中所看到的，英国的立场对数学方法的可专利性不太友好，尽管至少在技术上还没有规定。[562]根据*Aerotel*案中的四步法，[563]如果技术贡献是在数学领域，这样的发明就会触犯第52条的排除条款。这种试图理解发明实质的方法与欧洲专利局采用的方法不一致，在欧洲专利局，权利要求中提到的任何物理表现或技术目的，都会使所要求的标的获得专利。在*Symbian*案中，这种不一致得到了承认，法院似乎在保持与欧洲专利局的一致性和避免"使法律陷入混乱"[564]之间纠结，因为采用一种解释将意味着排除条款"完全失去意义"。[565]有人希望，通过将这个问题提交给扩大上诉委员会，可从欧洲专利局获得一些明确的指导。[566]然而，第G3/08号案回避了对这一问题的确定，而英国和欧洲专利局的解释之间的冲突在此后的几年里仍然没有得到解决。[567]

Gale's Application 案：在第2章中讨论过的*Gale's Application*案，[568]涉及一种改进的计算数字平方根的方法，并要求保护一种用于实现该方法的只读

---

[560] *Infineon*案，见第583页。

[561] 这反映了所谓的纯数学和应用数学的二分法面对的困难，上文已经讨论过。

[562] 上诉法院在*Symbian Ltd v Comptroller-General of Patents*［2008］EWCA Civ 1066;［2009］RPC 1（下称"*Symbian*案"）明确指出，英国法院将维持其立场，直到欧洲专利局给出"可接受的明确指导"。

[563] *Aerotel Ltd v Telco Holdings Ltd（and others）and Macrossan's Application*［2007］RPC 7，下称"*Aerotel*案"。

[564] *Symbian*案，见第46段。

[565] *Symbian*案，见第46段。

[566] G3/08 *Programs for computers*（Opinion of 12 May 2010），下称"第G3/08号案"。

[567] 英国脱欧可能意味着这场冲突以和平的分离告终。

[568] 见本书第2章。

存储器电路。在向专利法院上诉时，阿道司法官指出：

> 该权利要求继续通过其操作方式来定义（只读存储器的电路），这实际上是一种获得数字平方根的数学方法。毫无疑问，该权利要求背后的基础可以说是一种数学方法或执行心理行为的方法，甚至是计算机的程序，因为只读存储器作为一种载体或程序，将在计算机中使用。[569]

尽管如此，法官认为，由于权利要求是针对只读存储器的，这与针对方法本身的权利要求不同，前者是：

> 一种具有电路连接的制成品，能够使程序得到运作。在我看来，对具有特定电路的只读存储器提出的权利要求，尽管是由功能步骤定义的，但不能说是与程序或功能步骤本身有关。[570]

然而，上诉法院不赞同这种解释，称对硬件的权利要求是"令人困惑且无关紧要的"，[571]并指出"实质上，是对一系列指令的权利要求，其中包含了盖尔先生改进的计算平方根的方法"。[572]法院继续驳回了盖尔先生的发明，相关理由如下：

> 在本案中，盖尔先生声称自己发现了一种算法。显然，就其本身而言，这是不可以取得专利的。这是一种智力发现，为了慎重起见，它完全属于第1条第2款所列的一种，即数学方法。[573]

这是一种数学方法的事实并不是决定性的问题。尼克尔斯法官接着说道：

> 这一发现的本质在于它具有实际应用价值，因为它使传统计算机的指令得以编写，据称这将加速计算机的计算。我认为，将盖尔先生的数学公式应用于编写计算机指令的目的，就足以消除他正在要求保护一种数学方法的观点。[574]

然而，法院的结论是，该发明还是不能避免由于是计算机程序而被排除可专利性，因为该方法既没有体现"存在于计算机之外的技术过程"，[575]也没

---

[569] *Gale's Application* 案，见第316页，阿道司法官意见。
[570] *Gale's Application* 案，见第317页，阿道司法官意见。
[571] *Gale's Application* 案，见第326页，尼克尔斯法官意见。
[572] *Gale's Application* 案，见第326页，尼克尔斯法官意见。
[573] *Gale's Application* 案，见第327页，尼克尔斯法官意见。
[574] *Gale's Application* 案，见第327页，尼克尔斯法官意见。
[575] *Gale's Application* 案，见第327页，尼克尔斯法官意见。

有"解决存在于计算机内的'技术'问题"。[576]虽然法院没有进一步解释这一结论,但法院给出的结论是改进后的算法虽然"更有效地利用了计算机的资源",[577]但并没有解决"技术性"问题,这一结论很有意思。有人认为,技术性的缺乏使可专利性的调查再次回到排除数学的状态——智力发现或数学方法不能是技术性的。

Citibank v Comptroller of Patents 案:在 Citibank 案中,法院直接考虑了数学方法的可专利性。[578]案中考虑的权利要求涉及一种通过确保用于风险评估的数据的完整性和有效性来进行与金融衍生品贸易有关的风险管理的方法。[579]所要求保护的方法通过使用统计分析来比较当前的数据集和历史数据集,以确定"输入数据集的变化是一个或多个错误造成的可能性"。[580]

Comptroller 的律师声称,这些权利要求是针对一种方法,其实质是"两种计算以及一种统计比较和分析"。[581]Citibank 的律师"试图区分数学方法和涉及应用数学进行计算的方法",[582]据说两者的区别在于前者存在于类似于"高水平"的发现和科学理论中。[583]

曼法官(Mann J.)指出,Citibank 没有向法院提交关于数学方法应该被排除的权威法律依据。在回顾了 Gale 案和 Fujitsu 案之后,他指出这些案例并不支持 Citibank 所寻求的那种区别。他认为,"无论从语言的正常使用还是从《专利法》的可能政策来看,这些权利要求都是一种数学方法"。[584]

曼法官还指出了数学方法和进行智力行为的方法之间的关系,他说:"智力行为和数学计算两个概念之间的相互关系可能有助于解决这个问题,但我只能接受向我提出的上诉。"[585]

---

[576] *Gale's Application* 案,见第 328 页,尼克尔斯法官意见。
[577] *Gale's Application* 案,见第 327 页,尼克尔斯法官意见。
[578] 1(09 June 2006),下称"*Citibank* 案"。
[579] *Citibank* 案,见第[2]段。
[580] *Citibank* 案,见第[3]段。
[581] *Citibank* 案,见第[19]段。
[582] *Citibank* 案,见第[20]段。
[583] *Citibank* 案,见第[20]段。这个"高水平"的含义没有进一步解释,但似乎可以认为,它是指本排除法中收集的主题的抽象性。
[584] *Citibank* 案,见第[26]段。
[585] *Citibank* 案,见第[29]段。在附言中,法官驳回了一项为了实际目的,将需要在计算机上运行的权利要求,认为该权利要求与此无关。这是因为这些权利要求明显指向智力活动,因为它们针对的是"方法和技术,而不是物理手段",见第[29]段。

3.2.2 美国

与欧盟的做法相反，我们可以回顾一下，美国《专利法》第101条中没有明确的例外规定，而是采用了4种专利适格标的的积极定义，即工艺、机器、制造品和组合物。

A 早期的判例

美国关于数学可专利性的判例表明了数学的不确定性。如上所述，数学家之间对什么是数学有很大的分歧。这种不确定性在判例法中也有体现。一些判决试图将数学等同于算法；[586]在其他情况下，数学被视为"数学真理和其他自然规律的不完美代表"。[587]例如，1939年美国最高法院的 *Mackay Radio* 案[588]就关注了数学在科学中经常发挥的交流作用，并在概念上对"发现"和"应用"进行了划分。在这个案例中，美国最高法院认为：

> 虽然科学真理或其数学表达不属于可取得专利的发明，但借助科学真理的知识创造的具备新颖性和实用性的发明可以取得专利。[589]

在该案件中，申请人试图改变描述其发明的数学公式，以覆盖一种据说侵犯其专利的天线的新配置。法院拒绝了这一申请，理由是如果一个科学原理是以数学公式表达的，那么则不允许改变该公式，因为如果这样做会改变它所依据的法律的性质。[590]本案中的法院明确表达了一个概念，即数学是作为描述自然属性的语言。因此，可以追溯到对科学原理专利授予的禁止，这在 *O'Reilly v Morse* 案中有所讨论。[591]

B Yuan 案

在 *Yuan* 案[592]中，可专利性问题和数学问题是在不同的背景下产生的。在该案中，上诉人申请了一项低阻力高速翼型的专利。[593]然而，法院认为，上诉人的贡献在于"一个数学过程，通过这个过程，飞机设计师可以从所需特性的

---

[586] 最值得注意的是在第2章中讨论的 *Gottschalk v Benson* 409 US 63 (1973)。见纽厄尔(Newell)的批评意见，他指出其鼓励数字和非数字之间的一种虚幻的区别。

[587] John A. Burtis, "Towards a Rational Jurisprudence of Computer-Related Patentability in Light of *In re Alappat*", (1995) 79 *Minnesota Law Review* 1129 at 1157.

[588] *Mackay Radio v RCA* 306 US 86 (1939), 下称"*Mackay Radio* 案"。

[589] *Mackay Radio* 案，见第94段。

[590] *Mackay Radio* 案，见第98段。

[591] *O'Reilly v Morse* 56 US 62 (1854).

[592] *In re Yuan* 188 F.2d 377 (1951), 下称"*Yuan* 案"。

[593] *Yuan* 案，见第378页。

压力分布曲线开始,将其转换成速度分布曲线"。[594]因此,该发明被认为包括"依赖于数学公式的纯粹智力活动,该数学公式在权利要求中被提及,并构成权利要求的核心"。[595]由于"各法院的裁决已经明确确定,纯粹的智力活动并不属于法规规定的可专利性的范围",[596]因此该发明的标的是不可获得专利的。[597]

C Benson 案和 Diehr 案

数学的可专利性问题在美国司法管辖区的计算机软件案件中得到了最详细的解决。在具有里程碑意义的 *Gottschalk v Benson* 案中,[598] 法院"判决发现一个新的和有用的数学公式并不能获得专利"。[599] 案中所要求保护的发明是"一种更快和更有效的数学程序,用于将通常的'十进制'类型的数字(基数为10)转化为真正的'二进制'数字(基数为2),在计算机中处理更容易"。[600]发明者的权利要求"不限于任何特定的艺术或技术,不限于任何特定的仪器或机械,也不限于任何特定的用途",[601]尽管在法庭辩论中,发明者的律师称,该权利要求没有延伸到人类使用笔和纸的情况。

在裁定本案发明不可专利时,法院援引了早期关于科学原理不可专利的判例法,[602]也援引了思想不可专利的判例法。[603]法院的结论是,"该发明的'程序'要求是如此的抽象和宽泛,以至于一并涵盖了已知和未知的用途",[604]因此,允许该发明获得专利将导致"该专利将完全先占该数学公式,实际上会成为针对算法本身的专利"。[605]

这一立场在最高法院后来的 *Diamond v Diehr* 案中得到了支持,法院在该案中说道:"算法或数学公式就像自然规律一样,不能成为专利的主题。"[606]

---

〔594〕 *Yuan* 案,见第 379 页。

〔595〕 *Yuan* 案,见第 380 页。

〔596〕 *Yuan* 案,见第 380 页。

〔597〕 关于智力活动步骤的可专利性,又见 *In re Abrams* 89 USPQ(BNA)266(1951)。智力活动步骤原则在本书第 2 章中有更详细的介绍。

〔598〕 409 US 63(1973)。

〔599〕 *Parker v Flook* 437 US 584(1978),下称"*Flook* 案",见第 585 页。

〔600〕 Oyez,"Gottschalk v Benson"<http://www.oyez.org/cases/1970–1979/1972/1972_71_485/>(26 Feb 2008)。

〔601〕 *Gottschalk v Benson* 案,见第 64 页。

〔602〕 见 *Gottschalk v Benson* 案,第 67~68 页。

〔603〕 "一个想法本身是不能申请专利的。"*Rubber-Tip Pencil Company v Howard* 87 US 498(1874),转引自 *Gottschalk v Benson* 案,见第 67~68 页。

〔604〕 *Gottschalk v Benson* 案,见第 68 页。

〔605〕 *Gottschalk v Benson* 案,见第 72 页。

〔606〕 *Diehr* 案,见第 186 页。

D Alappat 案和 State Street 案

这两起案件尽管看似是对数学不可专利性的支持，但下级法院，特别是联邦巡回法院，还是通过利用 Benson 案和 Diehr 案判决中的理论缺陷，推动了软件和数学的可专利性。正如联邦巡回法院在 Alappat 案中指出的：

最高法院没有明确……这种主题是否因为代表自然规律、物理现象或抽象概念而被排除在《专利法》第 101 条的范围之外。见 Diehr, 450 U.S. at 186（将数学算法视为自然规律）；Gottschalk v. Benson, 409 U.S. 63, 71–72（1972）（将数学算法视为一种"想法"）。最高法院也没有明确指出，究竟哪种数学主题不能获得专利。

最高法院使用了"数学算法""数学公式""数学等式"等术语来描述数学主题的类型，这些主题是无权单独获得专利保护的。然而，最高法院并没有对这些术语的含义做出任何一致或明确的解释，也没有说明这些术语之间的关系（如果它们之间有关系的话）。[607]

在 Alappat 案中，法院明确表示，不认为数学可以构成另一类不可专利的主题：

数学并不是要被消除或者排除在专利制度之外的怪胎，而只是实现技术进步的另一种工具。[608]

由于这种混乱，专利适格标的的法律规定已经发展到了许多最近的判决都难以与数学例外相协调的地步，如 State Street 案，[609] 在该案中，计算机通过一系列数学计算对数字数据进行转换，构成专利适格标的，只要它能提供"实用、具体和有形的结果"，[610] 而不会先占该算法的其他用途。这种对数学的可专利性的侵犯大部分是通过以下方式实现的，即将执行算法的计算机作为发明的一个有形组成部分。然而，在 AT&T v Excel 案中，计算机作为权利要求的需求被删除了；任何数学应用，只要能产生"实用、具体和有形的结果"就足够了。[611] 也就是说，不再需要在权利要求中包含一台计算机来运行算法。然而，在 Bilski 案之后，这种方法的继续适用性必须受到质疑。

---

[607] In re Alappat 33 F.3d 1526（1994），下称"Alappat 案"，见第 1543 页，第 19 条脚注。

[608] Alappat 案，见第 1570 页。

[609] State Street Bank & Trust Co v Signature Financial Group Inc 149 F.3d 1368（1998），下称"State Street 案"。

[610] State Street 案，见第 1373 页。

[611] "无论明示还是暗示，我们认为 §101 的范围是相同的，无论起草一个特定的权利要求的形式是机器还是过程。" AT&T Corp v Excel Communications Inc 172 F.3d 1352（1999），下称"AT&T 案"，见第 1357 页。

法院明确指出，在今天看来，任何东西都不应被理解为对联邦巡回上诉法院过去对《专利法》第101条解释的支持。例如，见 *State Street* 案、*AT&T Corp.* 案。也许上诉法院认为需要使"机器或转换"检验方法具有排他性，正是因为其判例法没有充分确定限制商业方法专利的非极端手段，包括（但不限于）适用我们在 *Benson* 案、*Flook* 案和 *Diehr* 案中的意见。[612]

E Bilski 案之前的实践

直到2010年，美国专利商标局的《专利审查程序手册》第8版[613]（MPEP）还为数学的可专利性保留了一个单独的章节。这一章后来被删除了，现在数学的可专利性由 *Mayo* 案式的两步法来解决。第8版没有给出具体的结论，而是建议在以下情况下，涉及数学的发明将是不受专利法保护的（不可专利的）：

● 仅由数学运算组成，而没有实际应用（即执行"数学算法"）；

● 简单抽象概念，如投标（*Schrader*）或泡沫层次（*Warmerdam*），而没有要求保护的实际应用。[614]

按照第8版的规定，似乎对数学创新的可专利性的唯一限制是人们对它的实际应用的想象能力。数学家们早就注意到，在纯数学和应用数学之间进行区分是不可能的。因为几乎每一个数学领域，无论它在某个时期被认为是多么"纯粹"，都可能被发现有实际的应用价值。MPEP还继续解释了自然规律和数学算法之间的关系：

> 某些数学算法被认为是不受专利法保护的，因为它们代表了自然规律或自然现象的数学定义。例如，代表公式 $E=mc^2$ 的数学算法是一个"自然规律"——它定义了一个"基本科学真理"（即能量和质量之间的关系）。为了理解自然规律与任意物体的关系，人们无一例外地必须执行某些步骤（例如，用一个代表物体质量的数字乘以一个代表光速的数字的二次方）。在这种情况下，如果一个程序仅由解决 $E=mc^2$ 的数学表示法所必须遵循的步骤组成，则该程序与自然规律没有区别，并且会"先占"该自然规

---

[612] 见 *Bilski* 案，第3223页，肯尼迪法官进一步指出，依赖有用效应方法将是一个"严重错误"。类似地，布雷耶法官指出，拒绝将"机器或转换"测试法作为可专利性的唯一测试方法，"绝不意味着任何产生'实用、具体和有形的结果'的东西都是可专利的。"见第3259页，布雷耶法官意见（引文被省略）。

[613] United States Patent and Trademark Office, "2106.02 Mathematical Algorithms", Manual of Patent Examining Procedure, Eighth Edition, August 2001, Revision 5, August 2006 <http://bitlaw.com/source/mpep/2106_02.html>（21 August 2017）.

[614] MPEP "2106.02 Mathematical Algorithms".

律。不能对这种程序授予专利。[615]

克莱门斯（Klemens）指出，尽管理论上继续支持将数学"单独"排除在外，但至少在 *Bilski* 案之前，美国司法机构已经允许为数学授予专利。他举了以下4项专利的例子：
- 解决线性系统的方法和系统（专利号 No. 6078938）。
- 相对小角度的余弦算法（专利号 No. 6434582）。
- 高效的梯度计算方法（专利号 No. 5886908）。
- 计算矩阵奇异值分解和矩阵低秩近似的方法和系统（专利号 No.6807536）。[616]

F Bilski 案

从第2章可以看出，*Bilski* 案中要求保护的发明是"一种在商品交易领域对冲风险的方法"。[617]因此，*Bilski* 案必须被视为加强了数学的不可专利性，因为权利要求的标的显然是一种数学算法，包括数据收集和处理，而没有对执行该方法的物理实例提出任何要求。法院大多将该发明定性为是针对不可专利的抽象概念。[618]此外，"有用的结果"的存在将不再有意义，因为 *State Street* 案中采用的方法被明确反对。[619]

自 *Bilski* 案以来，美国专利商标局的做法和以前相比发生了很大变化。[620]*Bilski* 案后《专利审查程序手册》指南中特别提到数学概念"不过是抽象概念"。[621]

该手册确实为由机器实现的数学算法取得专利提供了可能性。尽管这可能取决于"权利要求的要素，无论是单独考虑还是作为有序的组合，都需要足够确保权利要求作为一个整体比'数学'本身更有价值"这一做法本身的程度。[622]同样，"机器或转换"检验方法的转换部分确实允许对利用计算机实

---

〔615〕 MPEP "2106.02 Mathematical Algorithms".

〔616〕 Ben Klemens, "Software Patents Don't Compute", *IEEE Spectrum Online*, July 2005, <http://spectrum.ieee.org/careers/careerstemplate.jsp?ArticleId=i070305>（4 January 2008）.

〔617〕 *In re Bernard L. Bilski and Rand A. Warsaw*（2008）545 F.3d 943，下称"*In re Bilski* 案"，见第949页。

〔618〕 *Bilski* 案，见第3230页，肯尼迪法官意见。

〔619〕 *Bilski* 案，见第3231页，肯尼迪法官意见。

〔620〕 United States Patent and Trademark Office, "Interim Guidelines for Determining Subject Matter Eligibility Claims in View of *Bilski v Kappos*"（2010）75（143）*Federal Register* 43，922.

〔621〕 United States Patent and Trademark Office, *Manual of Patent Examining Procedure*, "2106-Patent Subject Matter Eligibility" <https://www.uspto.gov/web/offices/pac/mpep/s2106.html>（21 August 2017）.

〔622〕 MPEP, "2106-Patent Subject Matter Eligibility".

施的数学程序授予专利,只要这种程序能将通用计算机改造成特定用途的计算机,这一点在第2章中讨论过。[623]

3.2.3 澳大利亚

数学没有被列入1990年《专利法》(联邦)[Patents Act 1990(Cth)]第18条的明确例外条款中,英国《1623年垄断法》(澳大利亚定义可专利性所依据的法案)也未将数学包括在其中。[624]然而,"数学算法……传统上被认为是不能获得专利的,因为它们不符合某种制造方法的要求"。[625]

澳大利亚关于专利适格标的的法律规定相应地从明确的分类转向可专利性的一般检验。[626]最可能决定数学创新的可专利性的因素取决于它在实质上而非形式上是否是一个人为创造的状态,以及其在经济领域的实用性。[627]

当申请专利的是一种工艺时,"该工艺必须提供一些实质性的优势,即该工艺属于一种实用艺术"。[628]在数学方面,调查的重点往往是有关的数学算法是否产生"有用的效果"。对这一要求的最新表述来自 *Grant v Commissioner of Patents* 案,[629]该案中联邦法院全席法庭裁决:

> 长期以来,人们都认为……*没有效果的数学算法*……不能获得专利。必须是"有用的产品",或某种方法的运作所产生的一些物理现象或效果,才能申请专利。[630]

---

[623] United States Patent and Trademark Office, "Interim Guidelines for Determining Subject Matter Eligibility Claims in View of *Bilski v Kappos*" (2010) 75 (143) *Federal Register* 43,922, 见第43925页,尤其是第B(3)点因素。

[624] 第18(1)(a)条要求,一项发明必须是"《垄断法》第6条所指的一种制造方式",才能获得专利。

[625] Australian Patent Office, "2.9.2.5 Discoveries, Ideas, Scientific Theories, Schemes and Plans" in *Manual of Practice and Procedure* <http://www.ipaustralia.gov.au/pdfs/patentsmanual/WebHelp/Patent_Examiners_Manual.htm> (10 September 2011).

[626] *Research affiliates LLC v Commissioner of Patents* [2014] FCAFC 150, 下称 "*Research Affiliates* 案",第[116]段:"决定要求保护的方法或产品是否适合颁发专利证书的方法必须是灵活的,必须允许目前未知的新技术。这些原则应适用于所有考虑的人类努力和发明的领域。" 又见 William van Caenegem, *Intellectual Property* (2nd ed, LexisNexis Butterworths, 2006), 见第126~127页。

[627] 参照(Cf.) *Research Affiliates* 案,见第[101]段:"通过仅引用 *National Research Development Corporation v Commissioner of Patents* (1959) 102 CLR 252(下称 'NRDC案')中对包含人为创造的、具有经济意义的事物状态产品的定性来说明可专利性,这是高等法院推理的一部分,但并不充分或详尽地说明一项要求保护的发明所处的状况。"

[628] *Research Affiliates* 案,见第[101]段。

[629] (2006) 154 FCR 62, 下称 "*Grant* 案"。

[630] *Grant* 案,见第73页(强调部分由作者标明)。

RPL Central 案和 *Research Affiliates* 案都没有正视数学的可专利性问题。然而，在这些案件中采用的英国和美国的判例与澳大利亚的方法是一致的，而且推理也是恰当的，[631] 只需一小步，就可以看到这种"有用的产品"或"实际效果"的方法如何与"技术效果"或技术性要求等同起来。[632]

对可专利性法律规则的反对，以及对符合上述 *Bilski* 案立场的实体性要求的推断，似乎表明数学的不可专利性问题在澳大利亚司法管辖区可能会继续下去。然而，这对于数学的不可专利性问题还并不确定，因为澳大利亚的立场反映了美国在 *State Street* 案中的立场。如果不出意外的话，在 *Grant* 案中被联邦法院全席法庭引用的，认为符合其物理结果要求的 *IBM v Commissioner of Patents* 案，[633] 实际上是一项关于纯数学标的的专利。在那个要求保护的发明中，一组数字控制点通过几个已知的数学算法产生一个数字表，这些数字表可以被放入存储器，在屏幕上产生一个曲线。该发明被认为是一种制造方法，因为它在计算机图形领域产生了一种商业上的有益效果。

如下为输入到所要求保护的算法中的内容：

> 一组定义曲线的控制点（每个维度都要输入这些控制点）以及待计算曲线的若干区间。[634]

然而，该算法最关注的方面是输出，或者说是效果：

> 并不是说本发明的数学有什么新意。本发明的创新之处是将选定的数学方法应用于计算机，特别是通过计算机生成所需的曲线。据称这涉及与计算机的正常使用不相干的步骤，因此具有创造性。产生改进的曲线图像是计算机图形在商业上的有效应用。[635]

接受这种分析会导致一个问题，那就是曲线在计算机屏幕上的实际显示是由一组完全独立的组件负责的，即视频卡（显卡）。为了理解这背后的原理，有必要对事物在屏幕上的绘制方式有一个基本了解。计算机屏幕上的每个点，或称为像素，在计算机的内存中被表示为一个单一的值。屏幕以一系列连续的存储地址表示，这些地址映射出一个"虚拟屏幕"表，对应于表上的点。一个简单的 9×9 的单色（单种颜色）屏幕可以用一个 10×10 的像素值表来表示，

---

[631] *Research Affiliates* 案，见第［59］段。

[632] *Commissioner of Patents v RPL Central*［2015］FCAFC 177，下称"*RPL Central* 案"，见第 99 页。

[633] （1991）33 FCR 218，下称"*IBM（AU）*案"。

[634] *IBM（AU）*案，见第 4 页（权利要求 11）。

[635] *IBM（AU）*案，见第 225~226 页。

软件的可专利性

0是黑色，1是白色。一个空白屏幕可以用表3.1所示的方式表示。通过更新存储在表中的数值，可以通过改变内存中的一些像素值来表示一个简单的圆，如表3.2所示（0由空白单元表示）。

表3.1 空白屏幕

0	0	0	0	0	0	0	0	0	0
0	0	0	0	0	0	0	0	0	0
0	0	0	0	0	0	0	0	0	0
0	0	0	0	0	0	0	0	0	0
0	0	0	0	0	0	0	0	0	0
0	0	0	0	0	0	0	0	0	0
0	0	0	0	0	0	0	0	0	0
0	0	0	0	0	0	0	0	0	0
0	0	0	0	0	0	0	0	0	0

表3.2 屏幕上的圆

			1	1	1	1			
		1					1		
	1							1	
	1							1	
	1							1	
	1							1	
		1					1		
			1	1	1	1			

在本案中，典型的屏幕尺寸为1024×768像素，每个像素有65536种颜色可供选择（称为16位色深）。为了适应这一点，需要一个大得多的表，但概念仍然相同。颜色是通过在表中存储0到65535之间的整数来处理的。一个16位的像素值实际上包含了3个颜色通道的二进制值——红色、绿色和蓝色，如表3.3所示。

表3.3 16位颜色表示

15	14	13	12	11	10	9	8	7	6	5	4	3	2	1	0

在显存设置完毕后，显卡会读取虚拟屏幕数据。在 IBM 案中，这些数字像素值必须再通过显卡内置的数模转换器：

现代显示器由阴极射线管（CRT）发展而来。阴极射线管显示器使用电子枪在管子内部喷射 3 种不同的材料，这些材料在被激发时发出红、绿和蓝光。这些早期的设备本质上是模拟的，为了将数字转换为模拟信号，一种被称为数模转换器（DAC）的设备参与了图形输出。[636]

像 IBM 算法产生的"虚拟屏幕"表，可以通过类似的方式发送到打印机而不是屏幕上。显卡和数字模拟转换器的操作完全独立于这里所要求保护的算法，把它们作为发明的一部分是错误的。如果这个元素不被当作专利发明的一部分，那么我们就只剩下了一个过程，即输入一系列数字，这些数字代表着一条曲线的控制点。这些输入通过若干数学转换，得出一张整数表。显然，这样的发明在本质上是数学性质的发明。

3.2.4 为什么数学不可以取得专利

在通过讨论数学历史和哲学的问题并掌握了关于数学本质的必要知识后，再来寻到一个合适的（或至少是一致的）基础，以支持数学的不可专利性，将变得简单。

有许多依据可以用来支撑这个观点。考虑到与数学有关的判例法以不同的方式确定了讨论的框架，这些包括：
- 发现，或智力发现；[637]
- 科学理论，或其表达式；[638]
- 智力发现；[639]
- 抽象信息、抽象概念；[640]

---

[636] Don Woligroski, "The Basic Parts of a Graphics Card" *Tom's Hardware*, 24 July 2006 <http://www.tomshardware.com/reviews/graphics-beginners, 1288-2.html>（15 October 2010）.

[637] 将数学作为一种不可专利的发明的观念至少可以追溯到 1884 年，当时在 *Young v Rosenthal*（1884）1 RPC 29 一案中，见第 31 页，格鲁夫法官（Grove J）将数学称为一种"抽象的发现"。从那时起，数学就一直用类似的术语来表述。这些发现和数学之间的对应关系在 EPC 第 52 条中得到了体现，其中数学方法与发现和科学理论一起被列出。又见 Citibank 案，第［20］段；*Gale's Application* 案，第 327 页，尼克尔斯法官意见。

[638] *Mackay Radio* 案，见第 94 页。

[639] *Gale's Application* 案，见第 327 页，尼克尔斯法官意见。

[640] 见 *Bilski* 案，第 3230 页，肯尼迪法官意见。参照（Cf.）*Alice Corp v CLS Bank International* 134 S.Ct. 2347（2014），下称"*Alice Corp.* 案"，见第 2357 页，其中法院指出，在 *Bilski* 案中的方法可以被简化为一个数学公式，这一事实并不能具有"护身符般的意义"。又见 *Citibank* 案。

● 智力活动。[641]

人们可能会认为，这些描述中的一个（或多个），可能成为数学不可专利性的候选依据。因为这些描述是在所考虑的司法管辖区中随着时间的推移对专利适格标的概念的阐述而产生的。然而，由于这样或那样的原因，这些解释大多是有问题的。

基于本章所讨论的数学的本质，有些主张会立即遭到反对。例如，将数学真理归类为有关科学真理或发现，虽然与经验主义和柏拉图主义等"实在论"哲学相一致，但无法与建构主义的说法相协调，如果接受这种说法，就会认为数学是创造出来的，因此在有经济用途的地方可以取得专利。后者提出了一个问题，即数学是否可以被认为是"阳光下的人造物"[642]或"人为创造的状态"。[643]这表明，发现的概念可能与抽象概念或没有技术特征的概念同义。

同样，考虑到所谓的"纯"数学和"应用"数学之间的相互关系，试图区分发现、理论、智力信息或抽象思想及其应用是有问题的：

今天被认为是应用数学的东西，通过一个奇怪的反转过程，明天可能会成为纯数学。而在任何特定的时间里，纯数学和应用数学之间没有明确的区别。我甚至注意到，两组数学家都认为自己是应用型的，都否认"应用型"这个名称对另一组的适当性。而且……即使是那些坚持自己是一个纯数学家的数学家，实际上也是一个应用数学家，因为他的兴趣是对数学概念在世界上的应用。[644]

同样，罗巴切夫斯基说："任何一个数学分支，无论多么抽象，有一天都可能被应用于现实世界。"[645]如罗巴切夫斯基开发的非欧几里得几何学，就是一个例子。[646]同样，正如阿蒂亚在上文指出的，21世纪之交的数学在很大程

---

[641] 见 *Yuan* 案。

[642] *Diamond v Chakrabarty* 447 US 303（1980）at 309.

[643] NRDC 案，见第 277 页。

[644] Raymond M. Wilder,"The Nature of Modern Mathematics", in William E. Lamon（ed）, *Learning and the Nature of Mathematics*（Science Research Associates，1972），见第 46 页。

[645] 转引自 George E. Martin, *The foundations of geometry and the non-Euclidean plane*（Springer，1998），见第 225 页。

[646] "对于那些将知识和研究局限于表面上有用的东西的人来说，没有什么比这样的反思更令人印象深刻的警告了：圆锥曲线仅仅作为一门抽象的科学被研究了1800年，除了满足数学家对知识的渴望，没有任何效用得到考虑，然后在这个漫长的抽象研究期结束时，它们被发现是获得最重要的自然规律知识的一把必要钥匙。"Alfred North Whitehead, *Introduction to Mathematics*（Williams & Northgate，1911），见第 136~137 页。

度上受到现代物理学发展的影响，因此数学与物理密切相关。[647]

即使看起来最令人印象深刻的观点也有问题。在英国的 *Citibank* 案[648]中，法院肯定地提及了数学方法与智力活动之间的相互关系，这对美国的 *Yuan* 案具有决定性意义。这一学说在软件方面显示了巨大的前景，因为它引发人们对人类思维和计算机之间的关系问题的探讨。考虑到数学活动在很大在程度上是在没有计算机的情况下进行的，并考虑到思维过程在上面所讨论的抽象、演绎和证明等概念中的重要性，人们可能会认为，这种学说在解决数学的不可专利性方面特别有用。但美国放弃了这一学说，而将重点放在"数学算法"上，这意味着任何建立在这种基础上的反对数学可专利性的论点都是站不住脚的。[649]

在美国目前的方法中占主导地位的概念，即不可专利的抽象概念，[650]可能看起来是以不同的形式出现的智力活动学说。即使不是这样，这种似乎承认抽象性在数学中起到基本作用的做法也不是没有问题。抽象的概念，以及相应的"机器或转换"检验方法，使人们对以物理形式表现发明的重要性提出疑问。正如史蒂文斯法官（Stevens J）在 *Bilski* 案中所指出的，权利要求被作为不可专利的抽象概念而被驳回，多数人未能对"什么是不可专利的抽象概念"给出令人满意的解释。[651]在 *Alice* 案中也没有为这个问题给出答案。本书作者想对史蒂文斯法官的评判进行补充，即法院仍然未能充分解释为什么抽象概念应该保持不可专利性。也许这就是为什么发现和发明之间的区别"不够精确以至于会产生误导性"。[652]这些概念之所以不够精确，就是因为未能恰当地解释影响这些概念的原则。

在前文调查的所有司法管辖区中，人们似乎都接受了这样的观点：在理论上和实践上，数学都是不能取得专利的。

支持这一观点的理由之一是，数学的例外情况已经持续了近 400 年，但实

---

[647] 一般来说，对纯科学和应用科学之间有明确区分的主张受到了斯托克斯（Stokes）的质疑。他注意到还有一类由用途激发的基础研究。见 Donald E. Stokes, *Pasteur's Quadrant-Basic Science and Technological Innovation*（Brookings Institution Press，1997）。

[648] 曼法官（Mann J）在第［27］段中指出，"拉迪法官在 *Fujitsu Limited's Application*［1996］RPC 511 一案中反映了这些概念的接近性，见第 532 页"，而且在他看来，"心理行为和数学计算的概念之间的相互关系可能有助于解决这个问题"，见第［30］段。

[649] 虽然该理论的最初表述现在已经是老生常谈了，但最近的 *Bilski* 案给它带来了新的活力：例如见 *CyberSource Corporation v Retail Decisions Inc* Appeal No 2009–1358（Fed Cir，2011）。第六章将进一步讨论智力活动步骤方法的局限性。

[650] *Alice Corp.* 案。

[651] *Bilski* 案，见第 3236 页。

[652] NRDC 案，见第 264 页。

际情况与理论有出入。鉴于扩张主义的长期趋势，以及商业方法例外在澳大利亚和美国的消亡，缺少一个被充分理解的数学例外是一个令人担忧的问题，特别是考虑到数学进步对现代产品市场的实用性，例如：

- 生物信息学；
- 计算机；
- 密码学；
- 金融；
- 机器人学；
- 图像处理；
- 纳米技术。

当我们考虑到商业方法例外的时候，这种担忧尤为突出。虽然没有明确规定，但这种例外在很长一段时间内都被认为是存在的。[653]然而，在美国和澳大利亚，这一类专利适格标的首先被削弱，然后被删除了。在 State Street 案中，如第3章所述，商业方法例外被描述为"构思不周"，[654]并被草草地拆解了。尽管 State Street 案的裁决已经被 Bilski v Kappos 案和最高法院后来的判决类似地抹去了，但大多数人的篇章意识没有为这种绝对例外留下恢复空间。[655]美国《专利法》或《宪法》文本中同样没有任何条款禁止为数学授予专利。

在澳大利亚，黑利法官在 Catuity 案[656]中沿用了美国 State Street 案的做法，认为没有理由维持商业方法的例外，而是倾向于根据 NRDC 案的标准来判断这一领域的专利申请。如果类似的逻辑适用于数学，那么只要参照"具体的、有形的、物理的或可观察到的效果"来描述，数学上的进步就可以被视为可专利的。[657]鉴于上文中提到的 IBM 的专利是如何被证明是针对数学主题的，这表明在该案中，所谓的物理效果仅仅相当于一种形式要求，尽管有人试图将该案纳入 Research Affiliates 案和 RPL Central 案实质重于形式的范围中。[658]

---

〔653〕"尽管要准确地理解哪些方法在英国法律下可以获得专利是很困难的。因为在《垄断法》以及1790年以前的英国先例中也没有任何依据可以推断出商业方法可以获得专利。"Bilski 案，见第3240页，史蒂文斯法官意见。关于美国法律的后续发展，史蒂文斯法官在详细分析后指出，"历史的线索都集中在一个结论上：商业方法不是一种'工艺'，"见第3250页。

〔654〕 State Street 案，见第1375页。

〔655〕"本法院从不知道有任何论点支持，有一种'普通的、当代的、常见的释义'，见 Diehr 案……第182页，使得'方法'中不包括商业方法。"Bilski 案，见第3221页，肯尼迪法官意见。

〔656〕 Welcome Real-Time SA v Catuity Inc and Ors（2001）113 FCR 110.

〔657〕 Grant 案，见第70页。

〔658〕 在 RPL Central 案中，联邦法院全席法庭正确地指出，"在 IBM（AU）案中的方法可以被简单地描述为涉及'在计算机上画一条曲线'"，见［105］段。作者认为，这正是该案中的专利应该被赋予的定性。

这种理论与现实的不匹配源自对数学处于专利制度之外的原因有根本性的误解。如果不能很好地理解把数学排除在可专利性之外的原因，那么可以预见的最差的情况是，对数学不可专利性的支持也会逐渐被削弱。最好的情况是，我们对数学可专利性的理解可能会像潮汐的起伏一样波动。但是，这种例外情况一直持续到最近。这表明，它反映了专利制度中的一些重要因素。通过强调数学被认为不可取得专利的原因，本书将试图强调专利制度的一些内部运作原理，并进一步为关于专利法层面的一些争论提供论据。之后的章节将试图调和数学和专利法对数学的理解之间的差异，但并非着眼于数学是什么的问题，而是数学需要什么——其发展的最佳条件是什么。

3.3 结论

本章将从数学的历史和哲学角度对数学本质的理解与 3 个司法管辖区的判例法中对数学本质的法律理解进行比较。

虽然已经明确指出，关于数学的本质的问题不可能得到解决，但通过对各种观点的理解，我们可以看到目前对数学的不可专利性的解释的局限性。可以说迄今提出的任何解释都不具有广泛的可接受性，即还没有一种解释可以兼顾目前对数学的所有理解。

因此，下一章将基于对数学本质的理解，以及以往对数学不可专利性论述的局限性，以一种不同的方式看待这个问题——不是看数学是什么，而是看数学创新的繁荣需要什么。这肯定是一个值得研究的问题，因为专利法就是为了促进这种创新而制定的。下一章将利用前文这些关于数学本质的历史和哲学论述，发现其中的共同特征。从这些共同点出发，我们将论证为什么数学创新要依靠自由来继续推进。依托这一思考角度，本书将对其不可专利性进行解释。

第 4 章
为什么数学不具备可专利性

首次理解完整的爱因斯坦引力场方程,初见由希腊字母组成的阿拉伯式花纹贴在纸上,像轻薄的蛛网,有一种令人愉悦的笃定。起初它们像是虚幻的、一串歪歪扭扭的字迹。然而随着公式中精巧张量的变化,随着上标与下标配对,在数学上分解成具体的经典实体——电压、质量、曲面结合中的矢量力——那真是绝妙的体验。真实的铁拳,藏在无形数学的天鹅绒手套中。[659]

4.1 引言

可以看出,迄今所考虑的关于数学本质的法律解释,并不符合各种数学哲学。这些解释有些不达标,有些虽已触及数学本质的某些方面,但只做出部分解释,本章打算采取与以往不同的解释方法。尽管历史、哲学和法律对数学的描述都集中在"数学是什么"这一问题上,但更应关注的问题却是"数学的进一步发展需要什么"。这样一来,从数学家的需求出发,即关注数学发展或数学创新的本质,可以避免回答关于数学对象本体论地位这样的难题,绕开明确统一解释数学是什么这一不可能完成的任务,只需回答数学是不是专利保护的适格标的这一问题。

数学进步的基础是自由,即数学家不受约束地创造新数学的能力。没有这种自由,数学将不可能取得发展。更具体地说,正是认识到了思想和表达自由对数学持续发展的极端重要性,才将数学列为专利保护客体的例外。这种自由从其核心的认知和表达方面来看都是显而易见的。

然而,这并不是说对自由的需求使得数学有别于其他领域。在某种程度上,自由是人类努力的所有领域中取得进展的先决条件。然而,正是所需求的

---

[659] Gregory Benford (1941) in Lloyd Albert Johnson, *A Toolbox for Humanity: More than 9000 Years of Thought* (Trafford Publishing, 2004) at 89.

自由程度不同，使得数学有别于其他可专利主题领域。因此，本章探讨了自由在数学中所扮演的角色，并引出对数学不可专利性的正确解释，这与传统的可专利性概念是一致的。可以断言的是，数学进步所需要的自由度，远大于专利范式中可用的自由度。

探讨自由在数学发展中的作用时，我们注意到自由的三个具体方面。第一，思想自由的重要性强调了数学的抽象而非实体性。第二，数学作为一种语言概念，证明了表达自由的必要性。作为一种语言，数学注重表达性，而非目的性。尽管数学可能被用于实用工艺中，但其本质在于表达我们对这些工艺理解的能力。换句话说，数学的符号性质是它的核心。第三，对表达的需要也引出了数学的艺术本质而非理性的本质。数学活动的最终产物——数学证明，表现为从公认的公理中得出的一系列逻辑推论。但是这种逻辑的、理性的本性掩盖了它被锻造的创造过程。

正是这三个方面，即数学的抽象性、表达性和艺术性，为本书的讨论又回到专利法铺平了道路。简单地说，数学是不能申请专利的，因为它具有纯艺术特征，而非实用艺术。本章还将表明，这种对数学不可专利性的解释与第3章讨论的数学哲学是相一致的。这种对数学的不可专利性的解释，以及由此推导出的分析工具，将在下一章用于软件的可专利性分析。

4.2 专利法中的自由

当代认为专利法作用在于激励创新。[660]专利法激励创新的机制是以垄断权的保证来换取技术进步的公开。[661]授予专利权人的垄断权，是一种建立在控制范式上的专有排他权，授予垄断权的后果之一是竞争者丧失了竞争的自由，这些竞争者被排除在专利所限定的权利边界之外。因此，专利法可以被描述为试图平衡"为投资者提供适当的回报和不对第三方的自由进行不合理的约束这两个相互冲突的公共利益"。[662]说这些是希望人们关注 Liardet 案提出的专利法社会契约理论，该理论认为，这些使自由丧失的垄断权是公众为换取鼓励进步而承担的代价。专利法的社会契约理论与更广泛的社会契约概念同时出

---

[660]"专利制度的实质是鼓励企业家开发新技术并使之商业化"：Commonwealth of Australia, "Patents Bill 1990: Second Reading" Senate, 29 May 1990。

[661] 见 *Liardet v Johnson*（1778）1 Carp Pat Cas 35（NP）("Liardet")；*R.C.A. Photophone Ltd. v Gaumont-British Picture Corporation*（1936）53 RPC 167（"RCA Photophone"），第1页，罗默法官（Romer LJ）意见。

[662] Thomas Terrell and Simon Thornley, *Terrell on Patents*（15th ed, Sweet & Maxwell, 2000）at 13。

现，[663] 以及对制造方法进行历史考察的重要性，都表明现在和当时对自由的理解是恰当的。然而，专利法存在一种结构性偏差，它倾向于将注意力集中于前者的利益，而牺牲后者的利益：

> 我们知道，围绕着现有的和潜在的垄断者的自身利益而建立的"法律"将保护各种私人物品，即谈判桌上的公司和利益。我们还知道，法律无法保护某些种类的利益——最主要的是大量无组织的个人的利益，在所讨论的事项中，集体利益很大，但个人利益很小。[664]

因此，利用人权法学中发展的自由范式来定义并提请关注这些没有代表的许多人的利益，是解决这种不平衡的一个重要途径。但是，应当指出，提及人权判例并不会被用来解释完全以人权为基础的知识产权概念，因为这是财产权与其他人权之间的矛盾竞争。[665] 相反，垄断对发明人/创造者之外的人的影响，必须理解为授予专利权的一个效果。所依赖的这些概念的解释能力，可以帮助解释为何一些主题被排除在可专利主题之外。

4.3 什么是自由

自由是一个吸引了无数诗人、哲学家、政治家关注的概念。但本书所关注的不是这种广义的自由概念，即"自由的品质或状态"，[666] 而是关注作为"一种政治或公民权利"的自由。[667] 特别是人权法学，又称为思想自由，以及需要进一步研究的与思想自由密切相关的言论自由权。

---

[663] 社会契约论是由托马斯－霍布斯（Thomas Hobbes）在《利维坦》（*Leviathan*）（1651年）中首次提出的。根据霍布斯的说法，这是通过对社会契约的同意行为，其中每个人"放下对所有事物的权利；满足于对其他人的自由，就像他允许其他人对自己的自由一样"，从而创造了一个公民社会。又见 Locke, *Second Treatise of Government*（1689），Ⅷ，§99，以了解更多信息。

[664] James Boyle, "Enclosing the Genome: What the Squabbles over Genetic Patents Could Teach Us" in F. Scott Kieff, *Perspectives on the Human Genome Project*（Academic Press, 2003）97, 见第117页。又见 Peter Drahos with John Braithwaite, *Information Feudalism: Who Owns the Knowledge Economy?*（Earthscan Publications, 2002）.

[665] 至于原因，见 Rochelle C Dreyfuss, "Patents and Human Rights: Where is the Paradox" in William Grosheide（ed）, *Intellectual Property and Human Rights: A Paradox*（Edward Elgar, 2010）72, 第73页。

[666] "Freedom" in *Merriam-Webster's Dictionary of Law*（Merriam-Webster, 1996）.

[667] "Freedom" in *Merriam-Webster's Dictionary of Law*（Merriam-Webster, 1996）.

4.3.1 思想自由

一个有用的出发点是《世界人权宣言》(UDHR)[668]第18条给出的定义：

> 人人有思想、良心和宗教自由的权利；此项权利包括改变他的宗教或信仰的自由，以及单独或集体、公开或秘密地以教义、实践、礼拜和戒律表示他的宗教或信仰的自由。[669]

对思想自由的哲学辩护起源于18世纪的启蒙运动，启蒙运动的特点是"摒弃从传统和权威（包括宗教权威）中获得的知识，知识的基本来源变成了理性——人类通过独立和批判性思维认识真理的能力"。[670]约翰·穆勒（J.S. Mill）是思想自由的坚定拥护者，他认为思想自由应当包括"在所有主题上的意见和情感的绝对自由，无论是实际的还是推测的，无论是科学的、道德的还是神学的"。[671]从许多方面来说，思想自由是所有其他自由的源泉：

> 思想自由，是几乎所有其他形式自由的基础，是不可或缺的条件。在我们的历史、政治和法律中，除了极少的反常情况，都可以看到对这一真理的普遍承认。[672]

因此，思想自由和言论自由之间存在紧密的关系就不足为奇了。[673]在《思想自由史》[674]的引言中，伯里（Bury）将这种关系描述如下：

> 俗话说，思想是自由的。一个人只要不把他所想的事说出来，他想什么是其他人无法阻止的。他的思想只受到他的经验和想象力的限制。但是这种私下的思想自由是没有什么价值的。如果不允许思想者将自己的思想传达给别人，思想者本人会感到不满，甚至是痛苦的，而对旁人来说显然

---

[668] *Universal Declaration of Human Rights*, GA Res 217A (Ⅲ), UN GAOR, 3rd sess, 183rd plen mtg, UN Doc A/810 (10 December 1948), 下称《世界人权宣言》。

[669] 该权利在《公民权利和政治权利国际公约》[*International Covenant on Civil and Political Rights*, opened for signature 16 December 1966, 999 UNTS 171 (entered into force 23 March 1976)]第19条中也有类似定义。

[670] Lawrence McNamara, "Chapter 1: Free Speech", in Des Butler and Sharon Rodrick, *Australian Media Law* (2nd ed, Lawbook Co, 2004), 见第5页。关于数学的理性主义, 请参阅本书第3章。

[671] John Stuart Mill, *On Liberty* (J.W. Parker and Son, 1859) at 11.

[672] *Palko v State of Connecticut* 302 US 319 (1937) at 327.

[673] 同样，也请注意，在《世界人权宣言》的上述定义中包括体现思想的自由。

[674] John B. Bury, *A History of Freedom of Thought* (Williams and Norgate, 1914).

也没有价值。况且，要想把对大脑有任何影响的思想隐藏起来是极其困难的。如果一个人的思想使他对那些规范他周围人行为的观念和习俗提出疑问，拒绝接受周围人所持有的信念，看到比周围人所遵循的生活方式更好的方式，如果他确信自己的推理是真实的，他几乎不可能不以沉默、偶然的言语或普遍的态度来表现他与周围人的不同和对周围人的观点不认可。有些人曾选择思想自由，就像苏格拉底（Socrates），有些人今天宁愿面对死亡，也不愿隐瞒自己的思想。因此，思想自由，从任何有价值的角度来说，都包括言论自由。[675]

思想和语言的相互联系，乃至语言决定思想的主张，[676]约翰·穆勒[677]也同样阐述过，并被乔治·奥威尔（George Orwell）在其小说《1984》[678]中向世人普及。心理学家维果茨基（Vygotsky）在对儿童成长进行研究时，也探讨了思想和语言之间的联系。他的结论如下：

> 如果把思想和语言看作是两个互不相关的过程，认为两者或是平行的，或是在某些点上交叉的，并且只是机械的相互影响，那就错了。最初没有联系并不意味着它们之间只能以机械的方式形成联系……词语的含义代表着思想和语言的紧密结合，很难说它是语言现象还是思想现象。没有意义的词语只是空洞的声音，因此，意义是构成"词语"的标准，是单词不可缺少的组成部分。这看起来似乎是一种语言现象。但从心理学的角度来看，每个词语的意义都是一种概括或概念。而且，由于概括和概念是不可否认的思想行为，我们就可以把意义视为思想现象。[679]

由于实际上直接限制他人的思想是很困难的，以及对思想到底是什么缺乏共识，[680]因此很难对这种自由的性质做出任何权威性的声明。

---

[675] Bury, 前述第674条注释，第7~8页。

[676] 这种概念被称为语言决定论。例如见 Benjamin Whorf, "Science and Linguistics"（1940）42 *Technology Review* 229。又见 Wittgenstein："我的语言的极限意味着我的世界的极限。" Ludwig Wittgenstein, *Tractatus Logico-Philosophicus*（Cosimo, 2010），第88页（命题5.6）。

[677] Mill, 前述第671条注释，见第11~12页："表达自由和发表意见的自由似乎受到不同原则的约束，因为表达自由属于行为的那一部分，与其他人有关，但是，由于表达自由几乎与思想自由本身一样重要，而且在很大程度上基于同样的理由，实际上与思想自由是不可分割的。"

[678] 见 George Orwell, "Appendix: The Principles of Newspeak", *Nineteen Eighty Four*, <http://www.netcharles.com/orwell/books/1984-Appendix.htm>（16 April 2008）。

[679] Lev S. Vygotsky and Alex Kozulin, *Thought and Language*（2nd ed, MIT Press, 1986）at 211-212.

[680] 关于思想的辩论"与人类一样古老，与生活本身一样迷人"。Anil K. Rajvanshi, Nature of Human Thought（NARI, 2004），见第4页。

鉴于刚才讨论的思想与表达之间的关系，人们往往把注意力集中在通过保护表达来间接保护思想上。[681] 然而，正如下文所要讨论的，这两个方面都会引起人们对数学实践的不同部分的关注，因此，我们将分别加以考虑。

4.3.2 表达自由

表达自由，有时被称为言论自由，《世界人权宣言》第 19 条也对其进行了定义：

> 人人有权享有主张和发表意见的自由；此项权利包括持有主张而不受干涉的自由；通过任何媒介或不论国界，寻求、接受和传递消息与思想的自由。[682]

言论自由的正当性可以通过其与"宪法保护言论自由本身所追求的基本宗旨、目的或目标"的关系来证明。[683] 虽然可以将言论自由所保障的各种价值以不同方式归类，但主要的理由是建立在自主、真理和民主基础之上的。[684] 以下将依次讨论这些方面。

A 真理

约翰·穆勒的《论自由》[685] 是关于表达自由概念的主要论述。在功利主义的框架内，[686] 他主张几乎不受限制的言论自由。这是基于"某种概念性的达尔文主义：坚信在'思想的自由市场'中，最好的东西会脱颖而出并得以生

---

〔681〕 这也是欧洲人权法院的做法，他们"如果可能的话，更倾向于只根据第 10 条'言论自由'审查申请人的申诉"。John Wadham et al., *Blackstone's Guide to the Human Rights Act 1998*（4th ed, 2007）。见 *Paturel v France*, App No 54968/00, 22 December 2005。

〔682〕 前面提到的表达自由和思想自由之间的联系，由于包含了意见自由而立即显现出来。《公民权利和政治权利国际公约》[*International Covenant on Civil and Political Rights*, opened for signature 16 December 1966, 999 UNTS 171（entered into force 23 March 1976）] 第 19 条中也有类似的规定。

〔683〕 R. George Wright, "Why Free Speech Cases Are As Hard（And As Easy）As They Are"（2001）68 *Tenn. L. Rev.* 335 at 337.

〔684〕 见 Lawrence McNamara, "Chapter 1: Free Speech", in Des Butler and Sharon Rodrick, *Australian Media Law*（2nd ed, Lawbook Co, 2004）; Wright, 前述第 683 条注释; Keith Werhan, *Freedom of Speech: A Reference Guide to the United States Constitution*（Greenwood Publishing Group, 2004）, 第 28 页。关于艾默生（Emerson）的四个理由，见 359 Edwin Baker, *Human Liberty and Freedom of Speech*（Oxford University Press, 1989）, 第 47 页; 参照（cf.）Susan Hoffman Williams *Truth, Autonomy, and Speech: Feminist Theory and the First Amendment*（NYU Press, 2004）, 见第 27~31 页。

〔685〕 John Stuart Mill, *On Liberty*（J.W. Parker and Son, 1859）.

〔686〕 穆勒（Mill）认为，最好的功利主义结果来自对个人自由的最低限度管制，见 Mill, 前述第 685 条注释, 第 9~10 页。

存"。[687]穆勒就言论自由的重要性提出了3个论点：

> 首先，被认为是错误而被压制的观点可能事实上是正确的。因为反对这种观点就是在假定坚持主流观点的人们看来是绝对正确的。其次，他认为被压制的观点可能至少是部分正确的，因为一种观点很少包含某一给定领域的全部真理。最后，穆勒提出，即使被压制的观点是完全错误的，对它的压制也往往会导致真正正确的观点成为一种毫无生气、不受质疑的教条，缺乏活生生的真理所必需的生命力。[688]

这种"真理"超越了科学的正确性，还包括了"政治或道德的真理"。[689]真理辩护的价值在于表达本身，任何"认识论上的进步"都有价值。[690]因此，言论自由将价值赋予了"真理、半真理、明显的错误，以及生动而空洞的各种真理；在政治、文化、娱乐及科学领域；以及在预备的、公开的或最终的表达中"。[691]

真理论的批评者指出，绝不能说真理会战胜谬误，[692]这一假设建立在"对人类理性的错误信任"[693]和客观真理存在的主张上。[694]尽管如此，真理论仍然是影响言论自由法学的一个重要因素。

B 自主

言论自由也被认为能增强个人的自主性，无论是作为一种影响，还是一种能力。[695]作为一种影响，它使人们能够获取有助于作出个人决策的信息，从而更好地行使他们的自主权。[696]同样，广泛丰富的信息会鼓励自我反思，因

---

[687] Richard Chappell, "On Liberty", *Philosophy, et cetera*, 29 June 2004, <http://www.philosophyetc.net/2004/06/on-liberty.html>（27 June 2008）. 又见McNamara，前述第684条注释，见第7页。

[688] Christopher Wonnell, "Truth and the Marketplace of Ideas" (1986) 19 *University of California at Davis Law Review* 669 at 671.

[689] McNamara，前述第684条注释，见第7页。

[690] McNamara，前述第684条注释，见第8页。

[691] Wright，前述第683条注释，见第339页。

[692] 例如见Wonnell，前述第688条注释，见第671~672页；Frederick Schauer, *Free Speech: A Philosophical Enquiry* (1982)，第23页；Stanley Ingber, "The Marketplace of Ideas: A Legitimizing Myth" [1984] *Duke Law Journal* 1。

[693] Wonnell，前述第688条注释，见第672~673页。

[694] 有关详细讨论，见Kent Greenawalt, "Free Speech Justifications" (1989) 89 (1) *Columbia Law Review* 119，第131~141页；Wonnell，前述第688条注释，见第673~674页。

[695] Filimon Peonidis, "Freedom of Expression, Autonomy, and Defamation" (1998) 17 (1) *Law and Philosophy* 1，见第3页。

[696] Williams，前述第684条注释，见第18页。

为它使个人"能够质疑或主张他们可能原本会不加批判就接受的假设,从而更好地行使他们的自主权"。[697]同样,言论自由可以被视为能够促进个人的智力、道德和社会能力。[698]作为一种能力,表达应被理解为"本身具有直接和内在价值的事物,而不是具有工具价值的事物"。[699]从这个角度看,表达是个人实现其自主性的手段。[700]

在康德看来,"自主性得到明确承认,不仅是因为其是受法律保护的言论自由价值之一,还因为其具有不亚于'国家的最终正当性'"。[701]美国最高法院大法官沃尔特·布兰代斯(Walter Brandeis)在有关言论自由的司法判例发展中也有体现这种言论自由的正当性。如在 *Whitney v California* 一案中,法官说:

> 那些为我们赢得独立的人相信,国家的最终目的是让人们自由地发挥他们的才能……他们相信,思考的自由和言论自由,是发现和传播政治真理不可或缺的手段……但他们知道,仅凭借害怕因违反秩序会受到惩罚,是不能保证秩序的;阻碍思想、希望和想象力是危险的,因为恐惧会滋生压抑;压抑会滋生仇恨;仇恨会威胁到政府稳定;安全的道路是能够自由地讨论可能存在的冤情和补救措施;以及,善意的建议是对抗邪恶建议的补救措施。[702]

C 民主

言论自由的最终理由是,它是民主的必要条件。有观点认为,言论就是信息,选民能够获得的信息越多,他们选择的民主代表的质量就越高。[703]然而,一个正常运作的民主制度并不会被言论范围狭窄所限制。民主治理依赖于"一个有活力的、多元的公民社会"[704]的存在,在这个社会中,公民要发展"独立精神、自我导向、社会责任、话语技巧、政治意识和相互认可",[705]民主文

---

[697] Williams, 前述第684条注释, 见第18页。

[698] Williams, 前述第684条注释, 见第19页。

[699] McNamara, 前述第684条注释, 见第6页。

[700] Williams, 前述第684条注释, 见第19页。

[701] Wright, 前述第683条注释, 见第341页。这是因为自由构成了康德绝对命令的必要条件,即"只按照你希望它成为普遍法律的那条格言行事": Immanuel Kant, *Grounding for the Metaphysics of Morals*, 见第421页。康德(Kant)将其描述为"在道德上评估我们任何行为的准则": Kant, 见第424页。

[702] *Whitney v California*(1927)274 U.S. 357 at 375.

[703] McNamara, 前述第684条注释, 见第9页。

[704] Neil Weinstock Netanel, "Copyright and a Democratic Civil Society"[1996]106 *Yale Law Journal* 283 at 342.

[705] Netanel, 前述第704条注释, 见第343页。

化才能扎根。这些先决条件本身可以转化为言论自由问题。例如,任何真正的民主制度都是围绕着一人一票的概念建立起来的。转化到表达领域,这就要求"人们在沟通时不存在严重的权力不平等"。[706]因此,"国家应该采取行动,消除交流过程中的不平等现象,确保沉默者的意见得到倾听,强势者在公共话语中不占优势"。[707]这与穆勒的告诫是一致的,即"自由作为一项原则,在人类通过自由和平等的讨论这一情况得到改善之前,无法适用于任何状态"。[708]

同样,言论自由有助于建立参与文化。这种参与不应局限于参与选举过程,而是应建立一种民主文化,或者说是一种"人们能够积极参与创造文化意义的文化"。[709]换句话说,通过允许人们参与文化的创造,言论自由使个体产生了一种期望,他们应该被允许参与政府选择,从而强调人民主权的概念。[710]

基于这种对民主的更广泛理解而产生的言论自由权,已远远超出了政府领域,延伸到了私有领域:

> (国家)必须促进社团和交流体制的民主化,为公民参与和自治提供更多机会。同时,国家必须努力改变或消除有损于公民身份的社会安排,同时仍然为"自下而上"的社区组织、教育和指导留下充足的空间。[711]

值得庆幸的是,我们没有必要在这些关于言论自由的特征中选出正确的那个。

目前,只要这些理论能有助于形成一种背景,能讲明专利授权对其他人的影响就足够了。真理的辩护与以下观点相吻合:某一领域内,个人的贡献即使有重叠部分,也应当受到重视,因为其中任何一个贡献都可能产生有价值的进步。

因此,任何对自由的限制都应该考虑到这样一种可能性,即给予限制存在

---

[706] McNamara,前述第684条注释,见第10页。

[707] McNamara,前述第684条注释,见第10页。还请注意,上述民主对平等的要求也可以表明,在某些情况下应限制发言权,即在"民主社会就应指导行动的道德原则达成一致"的情况下,应限制言论自由:同前引(*ibid*)。

[708] Mill,前述第671条注释,见第24页。

[709] Jack M. Balkin, "How Rights Change: Freedom of Speech in the Digital Era" (2004) 26 *Sydney Law Review* 5 at 12.

[710] Netanel,前述第704条注释,见第343页。又见 Marci A. Hamilton, "Power, Responsibility, and Republican Democracy" (1995) 93 *Michigan Law Review* 1539,第1539~1540页;Frank I. Michelman, "Law's Republic" (1988) 97 *Yale Law Journal* 1493,第1500~1503页;John Stuart Mill, "Chapter 2: The Criterion of a Good Form of Government" in *Considerations on Representative Government* (1861), <http://ebooks.adelaide.edu.au/m/mill/john_stuart/m645r/chapter2.html> (4 March 2011)。

[711] Netanel,前述第704条注释,见第345页。

阻碍更好的发明创造的风险，这会导致公共利益受损。自治理论明确指出，个人的贡献本身是有价值的，这表明，个人不受限制地行动的能力是值得保护的，无论他们进入某个特定领域可能带来什么发明创造。最后，专利法的民主理论强调了这样一个事实，即竞争是重要的，因为它建立了一种参与的文化，因此在民主社会中具有内在的价值。

4.4 数学需要自由吗

在界定了思想自由和言论自由的含义之后，接下来的任务是要论证数学的创新如何依赖于数学家的精进他们技艺的自由。在上一章中，我们介绍了一些数学哲学。在论述自由对数学的作用时，必须依赖上述对数学哲学的理解。因此，简要回顾一下这些理论可能是有用的。

柏拉图理论（Platonist therory）认为，数学领域是由抽象客体构成的，尽管它们是通过定义不清的思维能力发现的，但这些客体独立于人的思维而存在。因此，通过将理论与对这些客体的"观测"进行比较，可以确定理论的真实性。尽管这是最古老的数学理论之一，但数学家们仍然依赖它，他们把数学的客体当作现实存在的。理性主义学派（Rationalist school）认为，数学的客体是纯粹的思想产物，数学理论的正确性最终依赖于人类的理性。相反，经验主义学派（Empiricist school）则提出，数学的正确性最终取决于对现实世界的实证观察。康德的先验唯心主义（Transcendental idealism）是理性主义和经验主义的混合体，它提出通过观察和直觉的结合，才能检验真理。

在19世纪末数学的基础性危机之后，这些古老的哲学发展成为一场争夺霸权的三方斗争。逻辑主义学派（Logicist school）是理性主义的改良版，认为所有的数学都可以归入逻辑学，并试图证明如何使用逻辑推论规则，从一系列公认的公理和定义中推导所有的算术。

与此相关的是形式主义学派（Formalist school），它认为数学是一种使用公理和规则进行的游戏，就像逻辑学家提出的那样。然而，从严格的形式主义角度讲，逻辑的选择只是一种主观的选择。直觉主义学派（Intuitionist school）是康德的先验唯心主义的一种变体，认为尽管直觉起着主要作用，但所有数学都是基于经验得出的直觉。

在20世纪，准经验主义（Quasi-empiricism）修改了经验主义者的立场，接受了数学的抽象本质，但将其最终有效性与经验观察联系在一起。虚构主义（Fictionalism）坚持形式主义的观点，但又发展出一个新版本，认为整个数学是一种与现实需要相适应的虚构。社会建构主义者（Social constructivists）同

IP 软件的可专利性

意数学是一种虚构的观点，但认为它可以通过数学家之间的协议来验证。结构主义者（Structuralists）试图转变争论，用模式和结构代替数学客体，虽然对柏拉图主义、经验主义、理性主义和形式主义验证方法的依赖性依然存在。

有了这个数学简史，考虑思想和表达在数学中的作用成为可能。思想和表达的作用虽然被认为是相互关联的，但又被分开考虑。

4.4.1 思想在数学中的作用

数学一词来自希腊语 μα′θνμα（máthema），意为"学到的东西"，[712] 源于"印欧语系基础……这一语系还产生了英语中的记忆和思维两个词汇"。[713]

这一定义本身就暗示了思维在数学中的核心作用。从数学所用的描述性术语[714]就可以看出这一点，如"验算"[715]"演绎"[716]"逻辑"[717]"分析"[718]"猜想"[719]"假设"[720]"理论"[721]"引理"[722]，同样地，在"推理""求解""抽

---

[712] "Mathematics" in John Ayto, *Word Origins: the hindden histories of English words from A to Z* (A & C Black, 2006).

[713] "Mathematics" in Ayto, 前述第 712 条注释。

[714] *Halliburton Oil Well Cementing Co v Walker* (1944) 146 F.2d 817, 见第 821 页, 该案中采用了这种方法, 案例涉及思维步骤理论（在本书第 3 章中进行了讨论）。

[715] 在数学中占主导地位的现代证明概念是"用纯粹的句法验证的纯粹的逻辑构架"：Leo Corry, "II.6 The Development of the Idea of Proof" in Timothy Gowers et al. (eds), *The Princeton Companion to Mathematics* (2008), 见第 140 页。但是, 科里 (Corry) 指出, 这种证明概念有局限性, 见第 141 页。在不同的背景下, 阿蒂亚 (Atiyah) 指出, "证明是创造性想象力和批判性推理之间长期互动的最终产物"：Sir Michael Atiyah, "VIII.6 Advice to a Young Mathematician" in Gowers et al.

[716] "将现代学科本身作为抽象演绎科学进行研究时, 它通常被更完整地称为纯数学"："mathematics", *OED Online*, November 2010 <http://www.oed.com/view/Entry/114974> (11 September 2011)。

[717] "通过逻辑手段研究数字、形状和其他实体。"："mathematics" in R. David Nelson (ed), *The Penguin Dictionary of Mathematics* (2008); "处理数量、形状和排列逻辑的一门科学（或一组相关科学）"："mathematics", Princeton WordNet, <http://wordnetweb.princeton.edu/perl/webwn?s=mathe matics> (1 March 2011)。逻辑学构成了数学哲学的逻辑主义理论的核心；同时也是数学的一个分支。乔治·布尔 (George Boole) 在他的《思维法则的研究》(*Project Gutenberg*) (2005 年) 一书的导言中描述了逻辑学作为数学分支的发展, 逻辑学的作用以及布尔 (Boole) 的项目对计算机科学的影响将在本书第 5 章讨论。

[718] 既可作为数学学科的分类, 又可作为任何领域的数学研究方法的一部分。

[719] 猜想是"可能为真, 但尚未找到证明（或反证）的陈述"："conjecture (hypothesis)" in Nelson, 前述第 717 条注释。关于猜想在数学发展中的作用, 见 Corry, 前述第 715 条注释, 第 142 页。

[720] 该术语可与猜想互换使用, 一个例子是黎曼假设 (Riemann's hypothesis), 它不支持简单的解释。有更多信息, 见 "Riemann zeta function", in Nelson, 前述第 717 条注释; Andrew Granville, "IV.2 Analytic Number Theory" in Gowers et al. (eds), 前述第 715 条注释, 第 337 页。

[721] 有关具体示例, 见 "Cantor's theory of sets" in Nelson, 前述第 717 条注释。该术语通常用于描述"纯"数学的分支, 例如数论、纽结理论、博弈论、决策论和信息论。

[722] 引理是"为了证明另一个命题而被假定为真实的辅助命题"："lemma", *Princeton WordNet* <http://wordnetweb.princeton.edu/perl/webwn?s=lemma> (1 March 2011)。

第 4 章 为什么数学不具备可专利性

象"[723]"概括""证明"等数学活动中也可找到对这种说法的支持。那么，正如人们所期望的那样，数学会被明确地证明是与思维有关的。例如夏皮罗就毫不怀疑：

> 数学的实践主要是一种思维活动。可以肯定的是，数学家使用纸、铅笔和计算机，但至少在理论上这些都是可有可无的。数学家的主要工具是他的头脑。虽然不同的（数学）哲学之间存在很大的区别（它们之间甚至互相冲突），但它们都强调数学是一种智力活动，关注其基础或证明。[724]

此外，许多数学哲学都明确地把思维过程置于核心位置。这一点最鲜明的莫过于直觉主义，它把数学描述为"完全通过内省建构来推导定理"[725]的过程，从而"研究人类大脑的某些功能"。[726]思维在理性主义学派中的作用也很明显，因为信徒们"对一切数学所享有的似乎不可动摇的基础及其纯理性基础印象深刻。他们试图把所有的知识都放在同样的位置上"。[727]同样，弗雷格的逻辑主义理论[728]和康德的先验唯心主义[729]也明显强调思维过程在数学中的作用。

对头脑在数学中的主导作用这一观点，在其他关于数学的陈述中可能不太能体现，但至少不与这一观点相矛盾。回顾第 3 章，数学的形式主义特征是"无意义的游戏"。[730]在最严格的意义上接受这一主张，并不意味着脑力活动对形式主义的方案不重要。系统规则（公理和可允许的推论）的制定，游戏的"玩法"，以及用严格而连贯的形式基础来取代数学中直觉的模糊性这一根本目标，都表明智力活动在形式主义中占有首要地位。如果接受一种不那么激进

---

[723] 关于抽象在数学中扮演的核心角色，请参阅本书第 3 章。

[724] Stewart Shapiro，*Thinking About Mathematics*（Oxford University Press，2000），见第 172~173 页。同样，本书第 3 章提出的数学定义是"一种思维过程，涉及建立和应用抽象的、逻辑上相连的思想网络"，<http://www.project2061.org/publications/bsl/online/ch9/ch9.htm#MathematicalWorld>（accessed 15 May 2007）。又见 Dirk J. Struik，*A Concise History of Mathematics*（Dover Publications，1967），见第 1 页；Leonard Peikoff，*Objectivism：The Philosophy of Ayn Rand*（Penguin Group，New York，1991），见第 90 页；"Mathematics" in Kenneth McLeish（ed），*Bloomsbury Guide to Human Thought*（Bloomsbury Publishing，1993）。

[725] L. E. J. Brouwer，"Consciousness，Philosophy and Mathematics"（1948），转引自 Shapiro，前述第 724 条注释，见第 8 页。

[726] Arund Heyting in *Intuitionism：An Introduction*（1956），转引自 Shapiro，前述第 724 条注释，见第 8 页。

[727] Shapiro，前述第 724 条注释，见第 3 页。

[728] 见本书第 3 章。

[729] 见本书第 3 章。

[730] 见本书第 3 章。

的形式主义，即承认符号有意义，游戏的结果也是逻辑的结果，[731]那么头脑的意义就被进一步放大了。

柏拉图主义认为，数学建立在独立于人类而存在的、外在的、抽象的对象上，从表面上看，它并不依赖于思想。这些对象的独立性意味着，无论人类是否思考这些对象，它们都会存在。然而，思想仍然是柏拉图主义的中心，它是获取上述对象的途径，无论是通过某种形式的思维映射，还是通过直觉。[732]至少，这些感官对象的独立性与本节一开始所指出的数学活动的思维本质并不冲突。[733]

至少从表面上看，社会建构主义难以与思想要求相协调，因为它将注意力集中在通过数学家的"社会行为、决定或实践"[734]来实现数学的社会建构。例如，赫什（Hersh）似乎否认数学实践的对象是抽象的实体，认为数学实践的对象既不是思维，也不是物质的。[735]因此，在社会建构主义的观点中，似乎可以淡化思想的作用，而注重表达的重要性，这似乎符合对分享行为的重视。[736]除了上文提到的数学家们在数学的思维本质方面的实践，在社会建构主义的观点中，个人的数学能力实践主义集中在"对有关领域结构的（连贯的）表征"，[737]源于"用于表征和构成数学的逻辑工具的客观性"。[738]因此，逻辑和由此而来的思想，是结构主义观点的核心。

[731] 这就是伯特兰德（Bertrand）和罗素（Russell）提出他们的形式体系作为数学基础的意义所在。如果接受系统的公理为真，接受游戏规则为有效，那么作为逻辑结果，玩游戏的任何结果也都是真实的陈述。

[732] 虽然前一章指出了进入柏拉图对象领域的变数，但柏拉图认为，这些对象"只能用心灵的眼睛去看"。Plato, "The Republic" in *The Dialogues of Plato translated into English with Analyses and Introductions by B. Jowett, M.A. in Five Volumes*（3rd ed, Oxford University Press, 1892），见第511行（Stephanus 页码）。在其他地方，柏拉图断言，这种物体的境界是从过去的生活中记起的，见第52页。又见 Kurt Gödel, "Russell's Mathematical Logic" in 1944 in Paul Benacerraf and Hilary Putnam, *Philosophy of Mathematics*（2nd ed, Cambridge University Press, 1983），见第449页，斯图尔特·夏皮罗（Stewart Shapiro）讨论了相关问题，前述第724条注释，见第205页。

[733] 柏拉图尤其将数学置于其哲学的中心，指出数学"自然地唤醒了思想的力量……将我们引向现实"：Plato, *The Republic*, 见第521页，转引自 Shapiro, 前述第724条注释，见第62页。柏拉图在区分感官体验的作用时指出，"整个主体的真正对象是……知识……永恒存在的东西，而不是在某个时候成为这个或那个而不再存在的东西"，见第527a页，转引自 Shapiro, 见第52页（强调部分由作者标明）。

[734] Julian C. Cole, "Mathematical Domains: Social Constructs?" in Bonnie Gold and Roger Simons（eds）, *Proof and Other Dilemmas: Mathematics and Philosophy*（Mathematics Association of America, 2008）at 113.

[735] 见 Cole, 前述第734条注释，第119~120页。

[736] 见下文。

[737] 见 Cole, 前述第734条注释，第117页。

[738] 见 Cole, 前述第734条注释，第118页。

此外，引入新的数学理论是一种创造性的尝试，创造行为主要是一种思维活动。[739]同样，菲尔德的虚构主义认为，数学不过是传统采用的一种实用的捷径，与任何虚构作品一样，虚构主义私下也承认数学是人类思维上的创造。

也许最不倾向于刻画数学特征的哲学可以被认为是经验主义的。但夏皮罗指出：

> 由于数学知识似乎是基于证明而非观察，因此，数学显然是经验主义论题核心的一个反例。事实上，数学有时被当作先验知识的典范——先于经验而独立于经验的知识。事实上，每一个经验主义者对待数学的挑战都最为认真，他们中的一些人不遗余力地迁就数学，有时甚至把数学歪曲得不成样子［见帕森斯（Parsons）"哲学中的数学"1983：第1篇论文］。[740]

在奎因的准经验主义哲学中，思想对数学的重要性是非常明确的，在他的哲学中，数学构成了由经验观察验证的信念之网的一部分，而非直接构成任何经验观察的主体。这样的立场与传统的经验主义的观点是一致的，在这种观点中，数学可以被定性为一个信念系统，其真值总是在经验观察中得到验证。

本书认为，在哲学辩论中可以明显觉察到数学与哲学之间关系密切，这也可以作为证据，以进一步证明数学是一种思维活动。除了刚才讨论过的数学哲学，数学本身的内容有时也会引发哲学问题。例如，斯科伦悖论（Skolem paradox）提出了关于"人类描述和交流概念的能力"的问题；[741]康托尔的连续体理论可能对我们理解真理和证明的本质有影响；[742]哥德尔不完备性定理（Gödel's incompleteness theorem）对我们理解人类思维的运作方式有影响。[743]

4.4.2　数学中的表达

A　数学哲学的表现形式

一些数学哲学明确地把表达视为数学的关键组成部分。特别是虚构主义和社会建构主义等唯名论者强调了数学的本质是一种文化建制。从这些角度来

---

[739]　见 Cole，前述第734条注释，第121页，引用 Hersh 的话并表示赞同。数学作为一种创造性工作的性质将在第4.2节中探讨。

[740]　Shapiro，前述第724条注释，见第3页。

[741]　Shapiro，前述第724条注释，见第40页。

[742]　Shapiro，前述第724条注释，见第42~43页的讨论。

[743]　不完备性定理的内容总结如下。关于该定理对心理本质的影响，见 Shapiro，前述第724条注释，第43~44页。下一章将进一步讨论这一结论对我们理解软件的影响。

看，正是数学的共享以及由此产生的对共享的共同接受，才证明了数学命题的真实性。也就是说，为了使"新的"数学理论成为知识，必须参考数学家群体提出的审查和批评意见，来判断这些理论是否为真理。这显然要求这些数学命题以某种形式表达出来才能共享。因此，它完全符合言论自由的"思想市场"理论。[744]

同样，对于形式主义者来说，数学以符号形式在纸上表达是数学的最终表现。要了解形式主义如何与自由表达相适应，我们只需理解形式系统中各个演绎步骤所代表的含义即可。公理从表面上看，就是非常明显的基本假设。定理是由公理通过一系列的推理推导出来的。演绎是"从一组一般前提中必然得出特定结论的推理过程"。[745]换句话说，可以把演绎步骤看作是逻辑思维的一个基本离散单元。形式主义系统的目的是根据一套严格的规则来确定数学假设的真假。形式主义系统的重要性在于，它旨在与其他数学家沟通，以便所声称的"证明"能够被接受。因此，很明显，形式主义的数学概念取决于形式证明的自由传递，因此表达自由是必需的。

直觉主义所持的观点也许大相径庭，因为它主张"在最简单的形式中，数学仍然只限于是一种思想"。[746]在第3章的讨论中，海廷指出，数学"不能完全用语言来呈现"。[747]但是直觉主义者并不排斥表达，只是强调个人之间交流数学存在困难。虽然对直觉主义者来说，"数学思想与语言的装扮无关"，[748]但数学实践，即使对直觉主义者来说，也必然涉及这种表达。

这种对数学思维方面的关注，在柏拉图主义的论述中也很明显。鉴于上文维果茨基所指出的表达与思想之间存在着相互作用，[749]显然，无论是直觉主义还是柏拉图主义的观点，保护思想自由的必要性都会延伸到保护言论自由。尤其是在这种情况下，允许对这些思想进行垄断，将直接与自治的理念发生冲突。

---

[744] 见 *Abrams v United States*，250 U.S. 616（1919），霍姆斯法官意见（反对意见）。

[745] "Deduction" in *Collins English Dictionary and Thesaurus*（Harper Collins，1993）。

[746] Arund Heyting，"Intuitionistic views on the nature of mathematics"（1974）27（1）*Synthese* 79 at 80.

[747] Heyting，前述第746条注释，见第89页。又见 Morris Kline，*Mathematical Thought from Ancient to Modern Times*（Oxford University Press，1972），第1201页。

[748] Kline，前述第747条注释，见第1200~1201页。

[749] 见本书前文关于思想自由的论述。本质上，维果茨基（Vygotsky）和科祖林（Kozulin）指出："如果不允许思想家把自己的想法传达给别人，对思想家本人来说是难以满意的，甚至是痛苦的，而且对他的邻居来说显然没有价值。此外，要隐藏对心灵有任何影响力的思想是非常困难的。"Vygotsky and Kozulin，前述第679条注释。

其他哲学一般不讨论表达在数学中的作用。[750]那么，为了支持数学需要表达自由的论点，首先应该注意到本章前面提到的思想和表达的相互联系。此外，我们认为，通过阐述表达在数学实践中的作用，可以证明这些论述与数学的一致性。

回顾前文，理性主义者认为，真理可以直接通过人的理性获得。逻辑主义学派同意这一观点，但将人类的理性更狭隘地定义为逻辑。还应记得，真理是言论自由提出的理由之一。在这两种情况下，都是将人类的理性应用于所呈现的事实，从而可以评估其真值。因此，理性主义者对数学的理解显然与基于言论自由的数学例外是一致的。

经验主义者认为，数学与其他科学一样，它的验证最终取决于感官所能观察到的证据。从这个意义上来说，它与理性主义学派形成了直接的对比，因此不能在同一基础上与自由调和。然而，对理性主义论点的变通用在经验主义论点这里也是合适的，因为经验主义也把数学看作是对真理的追求。虽然不是使用理性来评价真理，但还是要根据客观标准来评价。那么，数学真理一旦被证明，就同自然规律一样，因为它们都是对一组证据的正确解释。

根据经验主义的方法，一个数学上的创新、进步或假设，在被证明是真的之前，是不被重视的。那么，在这之前，它只不过是一个想法。经验主义和理性主义，以及其他新的理论之间存在一种基本的民主理解，即任何新的理论都应自由地被提出，然后对其真值进行检验，在这一点上数学与科学是共通的。[751]这一点在数学中是可以被理解的，因为任何宏大的理论都是可以被击倒的，如希尔伯特的形式主义方法被哥德尔否定一样，这与当时哪位数学家的声誉更大无关。

B 数学作为一种语言

对非数学工作者来说，数学是一个符号的旋涡。此外，将数学理解为以严谨性为主导，以证明问题为目标，可能意味着数学没有表达的空间。因此，为了证明数学作为一种语言的表达本质，我们将说明数学与文学之间的相似性。请看下面由詹姆斯·法伦（James Falen）翻译，亚历山大·普希金（Aleksandr Pushkin）所著的俄国小说《叶甫盖尼·奥涅金》（*Eugene Onegin*）

---

[750] 剩下的是柏拉图主义、理性主义、经验主义、先验唯心主义、逻辑主义、准经验主义，以及那些依靠上述哲学方法来确定所涉及结构的性质的结构主义论述。

[751] 见 Robert K. Merton, "Science and Technology in a Democratic Order"（1942）1 *Journal of Legal and Political Sociology* 115。

的片段节选:[752]

> 然后带着悲伤的诗句
> 在泪水和痛苦中,他也怀揣敬意
> 他父母的尘埃……记忆的喜悦……
> 唉!在生命的沟壑平原上——
> 每一代人的收获简报,
> 根据命运的神秘安排,
> 升起,成熟,最终坠落;
> 然后其他人也必须听从召唤。
> 因为我们狂热的种族就这样获得了力量:
> 它不断地升腾,翻滚,变成汹涌的浪潮,
> 然后将它的先辈们挤向坟墓。
> 而我们也将面对那个时刻
> 当有一天,我们的儿孙们也将
> 将我们挤出生活的赛道!

现在对比由另一位翻译者道格拉斯·霍夫施塔特(Douglas Hofstadter)对同一段落进行的翻译:[753]

> 他就在那里,在黑暗的标记上
> 在父母的坟头上,流下了眼泪,
> 并称赞他们的骨灰——更黑,更鲜明。
> 唉,人生的岁月收割得太快,
> 每一代人的肉体都是草,
> 因为隐秘的天意,
> 升起,绽放,然后从容落下;
> 另一个很快就会取代了它。
> 我们的种族就这样鲁莽而冲动,
> 上升,有它的一天,然后狂欢
> 并匆匆走向先辈的坟墓。
> 很快,死神就会降临到我们身上;
> 是啊,我们的孩子的孩子们是多么匆忙,

---

〔752〕 见 Tal Cohen, "An Interview with Douglas Hofstadter", 11 June 2008, <http://tal.forum2.org/hofstadter_interview>(15 June 2008)。

〔753〕 引自 Cohen, 前述第 752 条注释。

并把我们从这个世界的甜蜜迷恋中驱逐出去。

通过上述例子的比较,既可以清楚地看出基本概念的相似性,也可以看出翻译中注入了译者的个人风格。从版权的角度来看,这个例子恰好说明了思想和表达之间的差异,只要两者有足够的不同,便值得单独保护。类似的模式也出现在数学中。例如,下面是一个著名的数学证明——哥德尔不完备性定理的节选,在第 1 章中已简单介绍过它,它出现在哥德尔 1944 年论文的英译本中。

命题六:每个公式的 w 一致性递归类 c,都有对应的递归类符号 r,使得 $v\,\text{Gen}\,r$ 和 $\text{Neg}\,(v\,\text{Gen}\,r)$ 都不属于 $\text{Flg}\,(c)$(其中 v 是 r 的自由变量)。[754]

命题十一:如果 c 是一个给定的递归、一致的公式类,那么说明 c 是一致的命题公式就不是 c 可证明的;特别是,P 的一致性在 P 中是不可证明的,假定 P 是一致的(当然,如果不一致,每个陈述都是可证明的)。[755]

虽然普通读者或许能够识别出这些陈述本质上是数学语言,但如果没有事先了解或进一步的解释,他们在很大程度上是无法理解这些陈述的,就像说英语的人无法理解普希金的《叶甫盖尼·奥涅金》的俄语原版一样。然而抛开这一点,这两个定理的意义可以概括如下:

任何足够强大的形式体系都不可能既完整又一致。[756]

这句话尽管保留了一些数学术语,但却更容易理解,它包含了与以下内容类似的想法:

> 我们所知道的真相
> 那是绝对的真理吗,
> 是我们无法企及的。[757]

鉴于此,数学显然是一种语言形式,就像日语或阿拉伯语对某些人来说难以理解一样,对另一些人来说,数学同样难以理解,但又有其独特的乐趣。

数学首先是一种语言,我们用它来讨论现实世界中那些可以用数字或类

---

[754] Kurt Gödel, *On Formally Undecidable Propositions of Principia Mathematica and Related Systems*[B. Melzer(trans), Dover Publications, 1992] at 57.

[755] Gödel, 前述第 754 条注释, 见第 70 页(脚注省略)。

[756] 以上定理的简化是用作者的话说的, 但是它基于许多不同的表述, 并受到以下来源的影响: Douglas Hofstadter, Godel, Escher Bach: *An Eternal Golden Braid*(Basic Books, 1980);"Formalism" on Bookrags.com <http://www.bookrags.com/research/formalism-wom/>(14 July 2007)。

[757] Nicholas of Cusa(1401-64)De Docta Ignorantia。转引自 Paola Zizzi, "Poetry of a Logical Truth" <http://www.thalesandfriends.org/en/papers/pdf/zizzi_paper.pdf>(16 June 2008)。

似的秩序关系来描述的部分。把事实翻译为数学语言，对于那些善于此道的人自然会因为这一工作本身而获得乐趣。他们发现这种语言比其展现的内容更丰富；对他们来说，逻辑和表达的风格比翻译的内容更重要；从这些内涵中，数学作为一种文学本身得到了发展。在这个意义上，数学是诗歌的一种形式，它与散文般的实用数学的关系，就像诗歌与任何其他语言的散文的关系一样。探索媒介本身的乐趣，是创作过程中必不可少的元素。[758]

当人们接受了数学能够表达思想的事实后，可能会有这样的疑问：为什么数学的语言与自然语言如此不同？下面这段话清楚地揭示了原因。

使用语法的主要原因是数学的表达应是完全精确的，而要达到完全精确是不可能的，除非一个人使用的语言摆脱了日常用语的模糊与歧义。数学句子也可能是高度复杂的；如果组成这些句子的部分不够清晰和简单，那么不清晰的部分累积起来，就会使整个句子难以理解。[759]

如果不是因为对数学问题进行重新定性很重要，这将会被认为是一个古怪的观察。在许多情况下，一个问题的表达方式可以引导出解决方案、真知灼见，或与其他数学领域的联系。[760]这种易变性正是数学进步所需要的，它直接表明了在数学的研究中，表达自由的必要性，以及表达与思想之间的相互关系。

C 数学作为一种审美活动

这种表达与思想之间的相互作用，暗示了对数学的目的论理解的不足，并引导人们关注推动数学事业向前发展的动力因素。尽管数学对科学的作用是毫无疑义的，但许多数学家都以美的概念来描述这一学科。

数学与美的相互关系是由毕达哥拉斯学派（Pythagoreans）提出来的，对他们来说，数是万物之本，[761]因为他们认为美与对称息息相关。[762]同样，亚里士多德（Aristotle）也指出："那些断言数学这门科学不讲美的人是错误的。

---

[758] Jacob Bronowski, *Science and Human Values* (Pelican, 1964) at 21.

[759] "I.2 The Language and Grammar of Mathematics" in Gowers et al. (eds)，前述第 715 条注释。

[760] 大体见 "I.4 General Goals of Mathematical Research" in Gowers et al. (eds)，前述第 715 条注释。

[761] Mark Steiner, "Mathematics Applied: The Case of Addition" in Gold and Simons (eds)，前述第 734 条注释，见第 321 页。有关该立场的现代版本，见 Steven Weinberg, "Towards the final laws of physics", in *Elementary particles and the laws of physics*: *the 1986 Dirac Memorial Lectures*（Cambridge University Press, 1989），转引自 Steiner，同前引（*ibid*）。

[762] Nathalie Sinclair, "The Roles of the Aesthetic in Mathematical Inquiry" (2004) 6 (3) *Mathematical Thinking and Learning* 261 at 263.

美的主要形式是秩序、匀称与明确。"[763]因此，对亚里士多德来说，美需要参照数学才能界定。[764]

本书在第3章讨论了伯特兰·罗素对数学和数学哲学的实际影响，他对数学之美做了如下描述：

> 正确地看待数学，它不仅拥有真理，而且拥有至高无上的美——一种冷静而严肃，犹如雕塑那样的美，这种美不是投合我们天性的软弱方面，没有绘画或音乐的华丽外衣，但却崇高纯洁，并能达到只有最伟大的艺术才能表现出的严格的完美。[765]

同样，哈代（Hardy）也指出："数学家的造型，同画家和诗人一样，也应该是美丽的；数学概念应该就像色彩和词语一样，以和谐优美的方式结合起来。美不美是检查的第一关，蓬头垢面的数学不能与世长存。"[766]法国著名数学家亨利·庞加莱（Henri Poincaré）同样将注意力从数学的有用方面转移到美上，指出美是数学家的动力因素：

> 数学家研究纯粹的数学并不是因为数学有用，而是因为他喜欢数学，他喜欢数学是因为它很美。[767]

虽然这些观点只是少数数学家的想法，可能会被认为是精英主义的或草率的，而且对广泛的数学实践而言适用性有限，但它们只是用来说明"数学界的悠久传统，即用审美术语来描述证明和定理"[768]的几个例子，以及数学家的其他主张，如"他们的学科更类似于艺术而不是科学，而且像艺术一样，（具有）美学目标"。[769]

在这一点上还应注意，重点关注的不是美作为"用来区分'好'与'不太

---

[763] Aristotle, *The Metaphysics of Aristotle*（H.G. Bohn, 1857）XIII 3.107b.

[764] 最近，施密德胡贝尔（Schmidhuber）提出了美的算法理论：Jürgen Schmidhuber, "Low Complexity Art"（1997）30（2）*Leonardo* 97。

[765] Bertrand Russell, "The Study of Mathematics" in Andrew Brink, Margaret Moran and Richard A. Rempel（eds）, *Collected Papers of Bertrand Russell*, Volume 12（Routledge, 1985）83, 见第86页。

[766] Godfrey H. Hardy, *A Mathematician's Apology*（Cambridge University Press, 1992），见第85页。

[767] Jules Henri Poincaré, "Chapter 1: The Selection of Facts" *Science et méthode*［Francis Maitland（trans），1908］at 22.

[768] Nathalie Sinclair, "Aesthetics as a liberating force in mathematics education?"（2009）41 *ZDM Mathematics Education* 45 at 45.

[769] Sinclair, 前述第768条注释，见第45页。

好'的数学实体的一种客观判断模式",[770] 而是着眼于"审美在数学知识发展中，在面向过程的、个人的、心理的、认知的乃至社会文化的角色中所发挥的作用"。[771]

鉴于此，我们可以举出一些具体的例子来说明什么是数学中的美。虽然人们承认"数学的美可能很难定义，但任何类型的美都是如此——我们可能不知道什么是美的诗，但这并不妨碍我们在阅读时识别出这是一首美丽的诗",[772] 为了解数学家认为什么是美的，请参考下面的例子，即欧拉恒等式（Euler's identity）：

$$e^{i\pi}+1=0$$

事实上，它被一本数学杂志的读者评为最美数学定理的第 1 名。[773] 之所以说它美，是因为它记录了 5 个基本数学常数之间难以预料的关系：

0 为相加恒等元素

1 为相乘恒等元素

π 为圆周率

e 为自然对数的底

i 为虚数单位

这 5 个超星数竟然以如此简单的方式联系在一起，实在令人吃惊。欧拉（Euler）能认识到这种关系是对他的数学能力的赞美。[774]

在对数学家眼中的美有了一些概念[775] 后，就可以讨论美学是如何影响数学实践的。

上一章的讨论强调了真理的本质有时被视为数学哲学的关键问题。然而，就对数学实践及其要求的理解而言，其作用是有限的。这是因为，尽管每年都有大量的定理被证明，但并不是所有的定理都被认为是重要的，即使它们是对数学知识总和的有益补充。[776] 在这种情况下，必须有其他的标准来筛选出这些定理中有价值的（或可能有价值的）定理，而这些标准都被概括在数学家对

---

[770] Sinclair，前述第 762 条注释，见第 262 页。

[771] Sinclair，前述第 762 条注释，见第 262 页。

[772] Hardy，前述第 766 条注释，见第 85 页。又见本章以下关于纯艺术和实用艺术的讨论。

[773] 见 David Wells, "Are these the most beautiful?"（1990）12（3）*The Mathematical Intelligencer* 37。著名物理学家理查德·费曼（Richard Feynman）也称其为"数学中最杰出的公式"："Chapter 22: Algebra" *The Feynman Lectures on Physics*: *Volume I*（1970），见第 10 页。

[774] William W. Dunham, *Euler*: *the master of us all*（The Mathematical Association of America，1999）at 98.

[775] 有关数学美学的众多概念的综述，见 Sinclair，前述第 768 条注释，见第 46~49 页。

[776] Sinclair，前述第 762 条注释，见第 265 页。

第 4 章 为什么数学不具备可专利性

美或优雅的主张中。

辛克莱（Sinclair）指出，审美在数学探究中的运作方式有三种：评价、生成和动机，它们影响着数学的创造方式。评价性审美是"三种作用中最被认可和最被大众接受的方式"，[777]它涉及"对证明和定理等实体的美感、优雅和意义的判断"。[778]数学审美的评价性作用在数学实践中起着两种作用：

> 首先，它在数学家之间形成了一套共同的价值观，即哪些结果是重要的，足以被保留和强化……其次，审美决定了数学家做出的关于哪些结果有意义的个人判断，即哪些结果符合数学家所重视和追求的数学思想的特定品质。[779]

审美在数学中的作用涉及对一个问题领域的"自由、有序的审美探索"，[780]寻求产生"仅靠逻辑步骤无法得出的新思想和新见解"。[781]辛克莱指出，描述审美在数学进步中的作用是很困难的，因为它常常是隐性的，甚至是在潜意识的层面上运作的，而且经常与直觉模式交织在一起。[782]然而在成功的数学家的描述中，这种审美的促进作用是显而易见的。[783]

数学家在特定领域的工作还受到审美的特别激励，如视觉吸引力、惊喜感和矛盾感以及社会美学。[784]审美考虑具有选择功能，既能帮助数学家决定涉足哪些领域，[785]又能启发数学家，因为它们会影响"对情境中特征的辨别，从而引导探究者的思维模式"。[786]

---

[777] Sinclair，前述第 762 条注释，见第 264 页。
[778] Sinclair，前述第 762 条注释，见第 264 页。
[779] Sinclair，前述第 762 条注释，见第 267 页。
[780] Sinclair，前述第 762 条注释，见第 272 页。
[781] Sinclair，前述第 762 条注释，见第 264 页。
[782] Sinclair，前述第 762 条注释，见第 270 页。
[783] 特别地，见 Henri Poincaré, "Mathematical creation" in James R. Newman (ed), *The world of mathematics* (Simon & Schuster, 1956)，第 2041 页，转引自 Sinclair，前述第 762 条注释，见第 270 页。这种间接方法对获得洞察力的重要性，也体现于 Sir Michael Atiyah、Béla Bollobás 和 Alain Connes 在 "VIII.6 Advice to a Young Mathematician" in Gowers et al. (eds)，前述第 715 条注释的叙述中。
[784] Sinclair，前述第 762 条注释，见第 275 页。
[785] "数学家有大量的领域可以选择，它们在特征、风格、目的和影响力方面彼此差别很大；而在每个领域内，又有大量的问题和现象。因此，数学家必须在他们所从事的研究、他们所教授的课程和他们所传授的教义方面进行选择。" Sinclair，前述第 762 条注释，见第 274 页。
[786] Sinclair，前述第 762 条注释，见第 277 页。

4.5 自由、实用艺术和非专利性

前文已经证明了数学是需要思想自由和言论自由的。那么，如何在专利法中落实这种要求（或者说，如何说明这种要求已经是专利法的一部分）？在第3章中已涉及数学在专利法中的法律地位与数学哲学支持的数学本质之间的协调困难。

数学是一种逻辑工具，通常用于特定的功能目的，例如，在科学中用于描述自然界的人工制品，或作为表达有用关系的手段。然而，数学也是一门无形的、具有审美的、富有表现力的学科。正是这些特点解释了为什么数学被排除在可专利性客体之外。

有人认为，将自由引入专利法予以考虑的最佳手段，是注重纯艺术和实用艺术的区分。换言之，数学主要是一门纯艺术，而不是一门实用艺术。

4.5.1 纯艺术和实用艺术的定义

要理解纯艺术和实用艺术之间的区别，首先必须探讨这些术语的含义。关于这一含义的线索主要是历史和功能方面的，而不是文字方面的，研究这些词的语义可以令线索更清晰。

A 什么是纯艺术？

历史上，传统的纯艺术包括绘画、雕塑、素描和建筑，尽管《大英百科全书》（*Encyclopedia Britannica*）提供了更全面的清单：

> 传统的（艺术）类别包括文学（诗歌、戏剧、故事等）、视觉艺术（绘画、素描、雕塑等）、平面艺术（绘画、素描、设计和其他在平面上表现的形式）、造型艺术（雕塑、模型）、装饰艺术（珐琅工艺、家具设计、马赛克等）、表演艺术（戏剧、舞蹈、音乐）、音乐（如作曲）和建筑（通常包括室内设计）。[787]

这些努力的共同之处是，它们"寻求通过美或有意义的方式来表达"。[788]

---

[787] Encyclopedia Britannica, "the arts" *Encyclopaedia Britannica Online* <http://www.britannica.com/EBchecked/topic/36405/the-arts> （10 August 2011）.

[788] "Fine arts", *The Macquarie Dictionary*（4th ed, 2005）. 其他定义也指出了美或审美的重要性。"为美观或精神意义而不是为实用性而产生的艺术。" "fine arts", Eric D. Hirsch, Joseph F. Kett and James S. Trefil（eds）, *The New Dictionary of Cultural Literacy*（Houghton Mifflin, 2002）。美的重要性还体现在纯艺术的替代名称上，即美丽的艺术（belle arts）或博美艺术（beaux arts）。

从这一定义可以看出两点，一是这些艺术的表现力，二是它们对美的依赖。[789] 重视表现的背后表明这样一个事实，即艺术的价值不在于对所创造对象功能的功利性评价。相反，艺术关注的是"为其本身的目的而创造和展示想象力，与实用无关"。[790]

毫无疑问，某些纯艺术，最明显的是建筑，可以包含功能元素，尽管其美感或审美品质是主要的关注点。[791] 有些人可能认为对美的依赖是有问题的，例如，苏格拉底就说过，"一切美都是困难的"。[792] 有人进一步指出：

> 诸如"美"和"丑"之类的术语在应用上似乎过于模糊，在含义上也过于主观，以至于无法成功地将世界划分为哪些事物是起作用的，哪些不起作用，以作为它们的例证。几乎任何东西都可能被某人或从某个角度看成是美的；而不同的人把这个词应用到迥然不同的对象上，往往似乎也没有什么相同的理由。[793]

甚至在视觉艺术领域，在立体主义运动（Cubist movements）和达达主义运动（Dadaist movements）之后，传统的以美为艺术目的的观念长期受到冲击，以至于"美不仅从20世纪60年代的前卫艺术中消失了，而且从那10年的前卫艺术哲学中也消失了"。[794] 不过，这个概念还是有用处的。首先，如上所述，[795] 数学家们正是经常使用美的概念来描述他们的作品。其次，把艺术作品理解为美的作品，会使人们注意到传统艺术关注的情感反应。由此，可以

---

[789] 我们有意避免使用"显著的"（significant）一词，因为它在艺术背景下的含义与法律中的常用方式不同，可能会引起误解。然而，注意到一些扩展的定义是很恰当的，"具有美感或其他特殊意义的作品的创作"（强调部分由作者标明）："art", in *Collins English Dictionary*（Collins, 2000）；"为美或精神意义而不是为物质效用而创作的艺术。"（强调部分由作者标明）："fine arts", in Hirsch et al. (eds), 前述第788条注释。

[790] Robert I. Coulter, "The Field of the Statutory Useful Arts: Part II"（1952）34 *Journal of the Patent Office Society* 487, 见第494页。以下将进一步探讨纯艺术与实用艺术之间的对比。

[791] "主要从审美而非功能方面来判断的艺术，例如绘画、雕塑和版画。建筑也被归类为美术纯艺术之一，尽管建筑的功能元素也很重要。" "fine arts" in *The Hutchinson Unabridged Encyclopedia including Atlas*（Helicon, 2005）。还有人指出，自18世纪中期以来，"'功利主义'（功能性或实用性）的概念被用来区分更高雅的'纯艺术'（为艺术而艺术），如绘画和雕塑，与较低级的'应用艺术'，如工艺品和商业设计作品，以及装饰性的'装饰艺术'，如纺织设计和室内设计。" "Definition of Art" <http://www.visual-arts-cork.com/art-definition>（25 March 2011）。

[792] Howard Caygill, *A Kant Dictionary*（Blackwell Reference, 1995），见第91页。

[793] "Aesthetics" in *Encyclopedia Britannica*（Encyclopedia Britannica, 2011）。

[794] Arthur Danto, *The Abuse of Beauty: Aesthetics and the Concept of Art*（Open Court, 2003），见第25页。关于非欧几里得几何学对立体派的影响，见Tony Robbin, *Shadows of reality: the fourth dimension in relativity, cubism, and modern thought*（Yale University Press, 2006），尤其是第三章。

[795] 见前文关于"数学作为一种审美活动"的论述。

将标签扩大到审美的概念，这一概念不单单包括美。

人文艺术：虽然在澳大利亚，纯艺术和实用艺术是有区别的，[796]但在美国却经常使用术语"人文艺术"来代替，这两个术语的定义表明了两者的侧重点有所不同。库尔特（Coulter）还在实用艺术之外增加了第三类——商业教学和政治，并将这三类统称为"文化艺术"。[797]即使允许三个类别之间存在很大的重叠，也仍可能被认为是造成模糊的根源。这可能也不那么重要，因为确定专利法界限的重点是某物是否为实用艺术。为此，对"纯艺术"的描述可能最好从广义上理解，即将其理解为所有不属于实用艺术的东西。但是，为了行文的完整性，下文将对人文艺术的内容进行阐述。

"人文艺术"一词的起源本身就是一个有趣的话题，与上一章详述的数学史有许多共同之处。这个词可以追溯到古代，特别是柏拉图，对他来说，"人文艺术"代表其拥护者为了准备研究哲学和发展统治社会所需的智慧而要走过的一条学习之路。[798]柏拉图的方案后来成为中世纪大学教学的基础。自由（liberal）这个词很重要，因为它使所涉及的学问具有更崇高的本质，人文艺术形成的主题是"贵族追求、技能和非'机械艺术'"。[799]换句话说，人文艺术"服务于培养自由人的目的，与为经济目的而追求的机械艺术或实用艺术形成对比"。[800]

七门人文艺术传统上被分为两组，即语法、逻辑、修辞三门基础性学科，以及算术、几何、音乐和天文学四门高级学科。前三门学科关注的是"以科学和富有逻辑的方式彻底地使用语言"，[801]而后四门学科主要关注的是数学主题，并且旨在训练人的思维。虽然算术和几何学的数学性质是显而易见的，但音乐

---

[796] *National Research Development Corporation v Commissioner of Patents*（1959）102 CLR 252，下称"*NRDC* 案"，见第 275 页。

[797] 见 Coulter，前述第 790 条注释。

[798] Plato，前述第 732 条注释，第Ⅶ卷。

[799] "Liberal Arts and Liberal Sciences" in McLeish（ed），前述第 724 条注释。

[800] Otto Willmann, "The Seven Liberal Arts" in *The Catholic Encyclopedia*, Volume 1（Robert Appleton Company, 1907）<http://www.newadvent.org/cathen/01760a.htm>（31 Mar 2011）. 又见 Caygill，前述第 792 条注释，见第 85 页。

[801] "A reading list in the 'classics', from ancient to modern" <http://triviumquadrivium.wordpress.com/2010/02/13/is-it-worth-reading-the-classics-if-so-what-should-i-read/>（30 March 2011）.

和天文学被认为是数学概念对现实世界现象的应用。[802]

人文艺术与"高等教育"有关的概念与对纯艺术本质的直观理解是一致的。参照康德对纯艺术的分类，可以证明这种实质性的重叠。

康德按照人类相互交流的三种方式：言语、姿态和音调，对纯艺术进行分类。言语的艺术是指修辞学和诗歌，姿态艺术（或称"造型艺术"）包括建筑、雕塑等造型艺术和绘画艺术，而音调艺术包括音乐和色彩艺术。他也承认有混合艺术的存在。理解这些划分的关键是要记住，它们指的是技能或实践，而不是对象。[803]

那么很显然，任何定义上的困难都是由于"纯艺术"一词的双重使用方式造成的。首先，纯艺术是狭义的，它符合康德所定义的造型艺术。其次，纯艺术是广义的，它还包括语言艺术和音调艺术。这种广义的解释才是最适合当前目的的。康德的分类在目前的语境中也是有意义的，因为它引起了人们对纯艺术在交流方面作用的关注。当纯艺术被视为艺术家与观众之间的交流或表达时，表达自由的重要性就得到了强调。

B 什么是实用艺术？

如同纯艺术一样，重要的是首先要界定什么是"实用艺术"。在美国，宪法允许国会通过法律来促进实用艺术的进步。[804]那么很明显，在这个司法管辖的范围内，任何试图超越"实用艺术"范围的行为都是无效的，因为它是违宪的——这确实是一个反对（超出适用艺术范畴的成果具有）可专利性的有力论据。[805]在 NRDC 案中，也对非专利纯艺术和可专利的实用艺术进行了对比。下文将展示该术语的定义如何对欧洲专利法的范围产生明显的影响。

1952 年，库尔特提供了"至今仍是最详尽、最深入考虑"[806]的尝试，试

---

[802] 这反映了毕达哥拉斯的影响力："数学为理解现实提供了一把钥匙，无论这种现实被认为具有潜在的几何结构……还是被简单地看作是有序且'成比例'的。"Serafina Cuomo, "VI.1 Pythagoras" in Gowers et al. (eds)，前述第 715 条注释。天文学关注的是建立一个"宇宙的几何模型"：Ian Mueller, "MATHEMATICS, Earlier Greek" in Donald J. Zeyl, Daniel Devereux and Phillip Mitsis (eds), *Encyclopedia of Classical Philosophy* (Greenwood Press, 1997), 音乐、和音是关于"基本音乐和声的数字表达"等问题的：Mueller, 同前引 (*ibid*)。

[803] Caygill, 前述第 792 条注释, 见第 86 页。

[804] "国会应有权……在有限的时间内确保……发明人享有……其发明的专有权利，从而……促进……实用艺术的进步"：*Constitution of the United States of America*, art. 1, §8, cl. 8。

[805] *Graham v John Deere Co* 383 US 1 (1966) at 5.

[806] Alan L. Durham, "'Useful Arts' in the Information Age" (1999) *Brigham Young University Law Review* 1419 at 1437.

图在专利法范围内定义实用技术。[807] 库尔特的分析不仅依赖于对实用技术的经典概念的探索，而且还考虑了美国宪法制定者的意图。

前面已经指出，实用艺术通常与纯艺术或人文艺术相对照。与人文艺术的对比值得特别注意，因为它可以追溯到古典时代，当时人文艺术是自由人的研究领域，而实用艺术或手工艺术则是奴隶从事的工作。这种区分一直延续到文艺复兴时期，在那时，人文艺术构成了中世纪大学的课程——那是属于贵族的领地。与此相反，手工艺术或实用艺术的从业人员并不需要，也很少拥有很高的知识素养和文化教育，他们从事的是体力劳动，这部分解释了他们在英国阶级结构中或多或少地处于较低的社会和经济地位。[808]

围绕这些手工和实用艺术建立行会，以收学徒的形式通过行会传授艺术。[809] 至少可以说，这种对实用艺术的理解反映在《垄断法》中，[810] 其中规定专利期相当于早期的两个学徒期。

库尔特的分析得出结论，实用艺术的"基本属性"[811] 是"它们涉及控制自然界的力量和材料，并以实用的方式工作，以功利目的为人类的物质福利服务"。[812] 然后，库尔特断言，实用艺术这个词在当代有一个对应的词——技术。[813] 库尔特的分析对当时专利法的司法适用产生了影响。[814]

如果将实用艺术理解为技术的同义词，就有可能统一迄今为止所考虑的三个司法管辖区的专利法范围。值得注意的是，《与贸易有关的知识产权协议》（TRIPs）第 27 条[815] 要求世界贸易组织成员方在所有技术领域提供专利保护，以支持这种统一的理解。在欧盟，科技艺术与技术贡献的要求之间的联系是显

---

[807] Coulter，前述第 790 条注释。库尔特（Coulter）的分析构成了一个由三部分组成的系列文章的一部分，在该系列文章中，他试图批评思维步骤理论的缺陷。又见 Robert I. Coulter, "The Field of the Statutory Useful Arts: Part Ⅰ"（1952）34 *Journal of the Patent Office Society* 426; Robert I. Coulter, "The Field of the Statutory Useful Arts: Part Ⅲ"（1952）34 *Journal of the Patent Office Society* 718。

[808] Coulter，前述第 790 条注释，见第 496 页。

[809] Coulter，前述第 790 条注释，见第 496 页。

[810] *Statute of Monopolies* 1623, 21 Jac 1, c 3（UK）.

[811] Coulter，前述第 790 条注释，见第 498 页。

[812] Coulter，前述第 790 条注释，见第 498 页。

[813] "现在常用的表达这种想法的最好的词可能是'技术'。" Coulter，前述第 790 条注释，见第 498 页。

[814] 例如见 *In re Musgrave* 431 F.2d 882（1970），第 893 页："在我们看来，要使一连串的操作步骤成为《美国法典》第 35 卷第 101 节范围内的法定'过程'，所需要的是它属于技术艺术，以便与宪法促进'实用艺术'进步的目的一致。" *In re Waldbaum* 457 F.2d 997（1972），见第 1003 页："我们所使用的'技术艺术'这一短语与宪法第一条第 8 款中出现的'实用艺术'这一短语是同义的。"

[815] *Agreement on Trade-Related Aspects of Intellectual Property Rights*, opened for signature 15 April 1994, 1869 UNTS 299, 33 ILM 1197（entered into force 1 January 1995）.

而易见的。即使抛开上述 NRDC 案中使用的"实用技术"一词不谈，至少可以说《垄断法》中"制造方法"的历史含义涵盖了当时存在的"技术"一词。后来，制造方法的含义扩大为反映此后一段时间内技术性质的变化。

定义技术：是否能对技术做出适当的定义，这个想法现实吗？达勒姆（Durham）提出，"越是关注学者们如何定义'技术'，就越不能确定它的含义"。[816] 在 CFPH LLC's Application 案[817]中，代理法官普雷斯科特（Prescott）将"技术"这一术语描述为"用不同且更不精确的语言重述问题……它是有用的仆人却也是危险的主人"。[818] 同样，美国的法院在玩弄科技艺术要求的同时，最终由于在 Lundgren 案中对专利法保护范围采用这种理解，而陷入窘境。[819] 在欧盟，技术贡献测试被批评为"具有（第52条）最初晦涩措辞的所有缺点，甚至没有提供实际的立法测试"。[820] 同样，在 Grant 案中，联邦法院全席法庭参考以下科学或技术要求，拒绝对专利法的范围重新定性：

> 什么能被描述为科学或技术，什么不能被描述为科学或技术，现在可能还存在疑问，更不用说在未来了，因为现在的情况和 1623 年或 1959 年一样，令人兴奋得难以预测，甚至可能更甚。我们认为，规定一项所谓的发明必须属于科学和技术领域，将有可能出现高等法院所警告的那种僵化风险。[821]

尽管如此，在这种情况下，人们认为技术哲学及其所提供的定义是有直接好处的。如下文所示，技术哲学所提出的许多定义与专利适格标的的界定方式非常相似。这些定义为可专利性的辩论提供了潜在的相关见解，同时也证明了不可避免地要在各种定义之间做出选择。法官在审理案件时，在形成或改进其确定专利适格标的的方法时，实际上是在参照他们对技术的看法（无论是广义的还是狭义的）做出隐性的决定。通过讨论这些问题，表明可能就专利适格标

---

[816] Durham, 前述第 806 条注释, 见第 1444 页。

[817] CFPH LLC's Application [2005] EWHC 1589 (Pat), 下称 "CFPH 案"。

[818] CFPH 案, 见第 [14] 段。见第 [11]~[14] 段的讨论。又见 Symbian Ltd v Comptroller General of Patents [2008] EWCA Civ 1066; [2009] RPC 1, 下称 "Symbian 案", 第 [30]~[32] 段中的讨论。上述内容在第 3 章中进行了讨论, 法官指出: 这个概念 "很容易对不同的人意味着不同的事情", 见第 [30] 段的讨论。

[819] Ex parte Lundgren. Appeal No 2003-2088 (2005).

[820] Symbian 案, 见第 [30] 段。

[821] Grant v Commissioner of Patents (2006) 154 FCR 62, 下称 "Grant 案", 见第 71 页。

的的范围形成一个连贯的概念。[822]

讨论技术哲学，并阐释或选择出其中哪一个是合适的，其好处是公开了政策决策。当政策不是公开透明时，它就很难被复审、检讨，在这种情况下，要么是专利适格标的问题在自身的重压下崩溃，沦为形式要求之外的东西；要么是在保护不足和保护过度之间反复出现。对技术概念未来发展的担忧，将会推动在没有明确概念指引下的可专利的概念范围变得越来越宽泛。

虽然对技术的多种解释进行全面分析是一项艰巨的任务，但还是有必要对可能的替代方案进行简要的调查。[823] 在科学和技术二者明显关联的基础上，有些人建议将技术视为应用科学。[824] 这种观点在判例法中得到了一定的支持，判例法将知识和知识的应用区分开来。然而，技术虽然以科学为基础，但并不以科学为前提，因此这种定义可能会受到批判。换句话说，"技术是目的性的，并倾向于……是实证主义。标准很简单，那就是它是否能有效运作"。[825]

该定义的一个变体强调了技术在生产有用或实用的东西方面的作用。[826] 这与 *Alappat* 案[827] 和 *State Street* 案[828] 的"有用的结果"检验标准最为一致，而且从字面上看，与"实用艺术"一词相吻合。然而，这可能是一个宽泛的定义，因为所有人类的努力都是为了某种最终的利益。[829] 尽管这种区分确实为区分实用艺术和纯艺术提供了一个潜在的基础，因为实用艺术是为了一个目的而创作，而纯艺术本身就是目的。[830] 但风险是这种区分会被忽视，在 *State*

---

[822] "作为对技术变革的主要法律反应，专利制度也因其无法对其自身的主题形成一致的认识而受到影响。"John R. Thomas, "The Post-Industrial Patent System,"（1999）10（3）*Fordham Intellectual Property Media and Entertainment Law Journal* 3，见第 41 页。

[823] 有关技术哲学的全面论述，见 Carl Mitcham, *Thinking through Technology: The Path Between Engineering and Philosophy*（University of Chicago Press, 1994）。关于从与专利法相关的角度对替代方案的调查，见 Alan L. Durham, "'Useful Arts' in the Information Age"（1999）*Brigham Young University Law Review* 1419; Thomas, 前述第 822 条注释。

[824] Durham, 前述第 806 条注释，见第 1445 页。

[825] Donald Cardwell, *The Norton History of Technology*,（1995），见第 492~493 页，转引自 Durham, 前述第 806 条注释，见第 1445 页。

[826] 见 Frederick Ferré, *Philosophy of Technology*（Prentice Hall, 1988），第 26 页，他将技术描述为"智能的实践实现"。转引自 Thomas, 前述第 822 条注释，见第 39 页。Mitcham 讨论过上述问题，前述第 823 条注释，见第 156~157 页。

[827] *In re Alappat* 33 F.3d 1526（1994）.

[828] *State Street Bank & Trust Co v Signature Financial Group Inc* 149 F.3d 1368（1998）.

[829] Aristotle, *Nichomachean Ethics*,［Sir David Ross（trans）, Oxford University Press, 1966］at 1. 转引自 Durham, 前述第 806 条注释，见第 1446 页。

[830] Mitcham, 前述第 823 条注释，见第 156 页。

第 4 章　为什么数学不具备可专利性

Street 案[831]之后，这一定义在专利法中的广泛应用证明了这一点。

对技术本质提出的一种广义理解是，将技术描述为与"人类工作"[832]有关，或是"对任何事物或主题的系统处理"。[833]这样的定义源于设计过程在技术开发中发挥的核心作用，[834]设计"受到理性的审查，但创造性被认为在其中发挥重要作用"。[835]与审美思维的"自由发挥"相反，理性思维中的技术基础似乎为实用艺术和纯艺术提供了一些区分。不过，并非所有学者都同意这种区分，例如，阿加西（Agassi）就声称"我们所谓的'纯艺术……'都是技术"。[836]

因此，需要对可专利性的范围做出某种形式的限制。对技术进行更狭义的解释，将使专利法局限于"制造人工制品和对环境进行物质上的改变"。[837]米切姆（Mitcham）认为，尽管对技术的定义各不相同，但所有的概念都承认"首要的是指对物理人工制品的制造"。[838]哈内（Hannay）和麦金（McGinn）还强调，实体性是区分技术与其他人类活动形式的一种方式：

> 技术不同于其他活动形式，因为自然环境——在气候与生物方面对人类生存构成威胁，同时也对通信和运输造成时空障碍——是一个比宗教和艺术等其他文化形式更有力、更直接地制约技术的因素。[839]

---

[831] Kappos et al. 注意到在 *State Street* 案之后，在"建筑、体育、保险、绘画、心理学和法律本身"等领域都颁发了专利：David J. Kappos, John R. Thomas and Randall J. Bluestone, "A Technological Contribution Requirement for Patentable Subject Matter: Supreme Court Precedent and Policy"（2008）6（2）*Northwestern Journal of Technology and Intellectual Property* 152，见第 164 页。

[832] Peter F. Drucker, *Technology*, *Management and Society*（1970），见第 45~46 页，转引自 Durham, 前述第 806 条注释，见第 1448 页。

[833] Charles Singer et al., "Preface" in Charles Singer et al.（eds）*A History of Technology*（1954），见第 vii 卷，转引自 Durham, 前述第 806 条注释，见第 1449 页。

[834] Maarten Franssen, Gert-Jan Lokhorst and Ibo van den Poel, "Philosophy of Technology", *Stanford Encyclopedia of Philosophy*, <http://plato.stanford.edu/entries/technology/>（1 May 2011），见第 2.3 节。

[835] Franssen et al., 前述第 834 条注释，见第 2.3 节。

[836] Joseph Agassi, *Technology*: *Philosophical and Social Aspects*（1985），见第 90 页。转引自 Durham, 前述第 806 条注释，见第 1449~1450 页。又见 Durham, 下文第 866 条注释，第 1448 页及附文。

[837] Durham, 前述第 806 条注释，见第 1447 页。

[838] Mitcham, 前述第 823 条注释，见第 152 页。Mitcham 的定义为区分人类的创造和"人类的行为——例如，政治、道德、宗教和相关活动"提供了基础，见第 153 页。又见 Franssen et al., 前述第 834 条注释，第 2.3 节："技术是一种专注于创造人工制品的实践，以及越来越重要的，创造基于人工制品的服务。"

[839] 又见 Robert E. McGinn "What is Technology?" in Paul T. Durbin（ed.）*Research in Philosophy and Technology*, Vol. I（JAI Press, 1978），第 190 页，将技术描述为"一种活动形式，它具有制造性、物质产品制造或物体改造、目的性（具有扩大人类可能领域的一般目的）、以知识为基础、利用资源、嵌入社会文化环境影响领域，并以其从业者的心态为依据"（强调部分由作者标明）。

为什么实体性很重要： 一个过程必须"体现并与有形物质联系起来"[840]才能获得可专利性的想法，至少可以追溯到 *Boulton v Bull* 案。[841]

工艺的定义与物质世界之间存在固有的复杂关系，而法院在同一案件中对这一点意见不一致，这就给此类发明创造带来了问题。尽管自那时以来，专利适格标的的概念不断扩大，但实体性仍然是可专利性审查中的一个重要的限制手段。

当然有一些人支持专利法范围的广义观点，这一点从以下内容可以看出：

无论两步测试法（Freeman-Walter-Abele test）还留下什么，如果有的话，在 *Diehr* 案和 *Alappat* 案之后这类实体限制分析法也似乎没有什么价值了。因为在 *Diehr* 案和 *Alappat* 案中，"一项要求保护的发明，涉及输入数字、计算数字、输出数字和存储数字这一事实本身，并不会使其成为非法定的专利主题，当然，除非其实施产生'实用、具体和有形的结果'"。[842]

这种"有用结果"的检验标准一度在澳大利亚和美国都很流行，[843]但它并没有将有用性与实体性等同起来。然而，正如布雷耶法官（Breyer J）在 *Bilski* 案中所指出的那样，专利适格标的的范围"是广泛的，但并非没有限制"。[844]这一说法虽然并不是完全采用基于实体性的理解来解释专利法的适用范围，但通过认可机器或转换测试（machine-or-transformation test）作为可专利性的唯一测试，被大多数人认为是一个"有用且重要的线索"。[845] *Mayo* 案[846]和 *Alice* 案[847]中对抽象概念和可专利发明的区分也支持这种做法。

在澳大利亚，广义的可专利性观点盛行。正是通过将标的的测试标准从只需有可见效果修改为需要有"具体的、有形的、实体的或可观察的效果"，[848]重新适用实体性概念，对可专利性的标的物进行了一定限制。澳大利亚已经认识到欧盟和美国的方法对澳大利亚确定可专利性的影响，因此认可了

---

[840] *Boulton v Bull*（1795）126 ER 651 at 667.

[841] 已在本书第 2 章讨论。

[842] *AT&T v Excel Communications* 172 F.3d 1352（1999）at 1359.

[843] 这是美国采用的方法，见 *In re Alappat* 33 F.3d 1526（Fed Cir, 1994）；*State Street Bank & Trust Co v Signature Financial Group Inc* 149 F.3d 1368（Fed Cir, 1998）；以及 *Ex parte Lundgren Appeal* No 2003—2088（BPAI, 2005）。该方法在澳大利亚以下案件中得以应用：*IBM v Commissioner of Patents*（1991）33 FCR 218；*CCOM Pty Ltd v Jiejing Pty Ltd*（1994）51 FCR 260 以及 *Welcome Real-Time SA v Catuity Inc and Ors*（2001）113 FCR 110。

[844] *Bilski* 案，见第 3258 页。

[845] *Bilski* 案，见第 3258 页，布雷耶法官意见。

[846] *Mayo Collaborative Services v Prometheus Labs，Inc* 132 S. Ct. 1289（2012）.

[847] *Alice Corp v CLS Bank International* 134 S. Ct. 2347（2014）.

[848] *Grant* 案，见第 70 页。

这种实体性的判断方法。

在欧盟，实体性要求是技术特征或效果概念中所固有的。这反映了德国专利法的影响，自 1969 年 *Red Dove* 案[849]以来，德国专利法一直围绕着技术性的概念进行整合。对这一要求影响最深远的表述可以在德国联邦专利法院的声明中找到："技术概念（Technik）构成了划分发明与其他种类的智力成果的唯一可用标准，因此技术性是可专利性的前提条件。"[850]那么，这里的实体性具体是指"利用自然力解决问题"。[851]所涉及的自然力有重力、电磁力、强核力和弱核力。[852]

然而，人们承认，在实体性要求的框架内，欧洲专利局的主流方法倾向于将实体性作为一种单纯的形式要求。在慕尼黑，任何涉及硬件的内容，甚至是一支笔和一张纸[853]都足以获得专利。然而，正如第 2 章所指出的，巧妙的措辞可能会使申请人越过主题的障碍，但不太可能逃脱创造性的要求。英国法院一直反对这种做法，仍然要求技术上的（实体上的）贡献。从对 *Aerotel* 案中考虑的两项发明的分析中可以明显看出英国法院对实体性的要求。Aerotel 的发明由于权利要求中具有"硬件的新实体组合"[854]的特点，因此是可以申请专利的。Macrossan 的专利申请虽然是要求保护一种在计算机上实施的方法，但并没有表现出必要的技术特征，"除了运行计算机程序这一单纯事实"，[855]要求保护的并没有任何技术性（实体性）要求。至于 Macrossan 的专利申请为什么在实体上不够充分，将在第 5 章中详细介绍。[856]

作为一个政策问题，实体性的要求虽然被认为是最保守的选择，但仍具有

---

[849] BGH GRUR 1696, 672 "Rote Taube".

[850] BPatG Fehlersuche 2000-07-28: Patentansprüche auf "Computerprogrammprodukt" etc unzulässig, BPatG /17W（pat）69/98, <http://swpat.ffii.org/analysis/trips/index.en.html>（11 October 2006）.

[851] 见 Foundation for a Free Information Infrastructure, "Regulation about the invention concept of the European patent system and its interpretation with special regard to programs for computers", <http://swpat.ffii.org/stidi/javni/index.en.html>（12 October 2006）。该测试的简化版本是"使用可控制的自然力量来实现因果关系上可监督的成功的符合计划的活动，而这种成功不需要人类理性的调解，是可控制的自然力量的直接结果"，其起源于德国联邦法院 1977 年的"Dispositionsprogramm"案件。见 BGHZiv 1977 Bd 67 p22ff; BGHZ 67, 22; Beschluss des X. Zivilsenats des BGH in der Rechtsbeschwerdesache X ZB 23/74. 英文译文见 <http://swpat.ffii.org/vreji/papri/bgh-dispo76/>（13 April 2007）.

[852] 简要摘要见 Jeff Silvis and Mark Kowitt, "The Four Forces of Nature", *Ask An Astrophysicist*, <http://imagine.gsfc.nasa.gov/docs/ask_astro/answers/980127c.html>（9 May 2011）.

[853] T258/03 Hitachi/Auction Method［2004］EPOR 55, 见第［4.6］分点。

[854] *Aerotel Ltd. v Telco Holdings Ltd and in the matter of Macrossan's Application*［2006］EWCA Civ 1371;［2007］RPC 7, 下称 *Aerotel* 案, 见第［53］段。

[855] *Aerotel* 案, 见第［72］段。

[856] 参见本书第 5 章。

重要的功能。从理论上讲，实体性要求符合专利法中授予财产权的理论基础，即"创造某物就是控制其存在。没有控制，就没有占有和所有权"。[857]

在实践层面，物理定律和物质特性通常为发明人提供了一系列难以克服的技术障碍，这意味着发明人在尝试实现一项发明时冒着完全失败的风险。相较于带着一个糟糕的产品进入市场，发明人可能根本就没有产品可以推向市场。例如，德拉特莱（Dratler）指出，在开发新机器时要考虑以下实体限制：

> 虽然一台机器的设计在概念上看起来是可操作的，但为了在现实世界中工作，它必须成功解决以下实际问题：金属疲劳、应变、弯曲、应力断裂、振动、腐蚀、污染、剥落、热胀冷缩差、意外电解、灰尘、污垢、摩擦、烧蚀、蒸发、润滑剂的劣化、电弧、不必要的静电或其他电力的产生，以及老化。[858]

与计算机硬件组件设计有关的其他示例包括散热和晶体管密度问题。[859]这些障碍意味着新机器的开发者面临着这样一个问题："无限可能的机械配置与无限的环境阻力相遇，二者相互作用的最终结果是不确定的，也不是可预测的。"[860]因此，当持有人致力于解决这些问题从而将产品推向市场时，专利为他们提供了一种保险。这是授予专利垄断权的一个足以令人称道的理由。

相比之下，无形产品（如"纯"软件）的开发者，或一种新的商业方法的发现者，只依靠一个现实世界的模型。在建立这个现实世界的模型时，"没有必要对整个世界进行全面的描述和建模"。[861]只有与编写软件的目的相关联的现实世界的特征才会被包括在内。这样，软件开发者只面对有限的变量（尽管变量的数量实际上可能相当大）。"消除不相关的建模特征，并包含某些相关的特征，构成了抽象化的过程。"[862]因为只涉及有限数量的变量，且每个变量都可以被累加起来，其影响也被分类，那么就意味着只有有限数量的候选变量相互作用存在。一个信息处理机或软件程序可能进入的所有状态，尽管数量

---

[857] Gregory Stobbs, *Software Patents*（2nd ed, 2000），见第205页，基于 *Chakrabarty* 案的表述，即"阳光下任何的人为事物"都是可以获得专利的，讨论了美国专利适格标的案例的"共同线索"。

[858] Jay Dratler, Jr., "Does Lord Darcy Yet Live? The Case Against Software and Business Method Patents"（2003）43 *Santa Clara Law Review* 823, 见第854页。

[859] 目前的趋势被称为摩尔定律，自1958年以来，集成电路上的晶体管密度大约每两年翻一番。见 Wikipedia, "Moore's law" <http://en.wikipedia.org/wiki/Moore's_law>（6 November 2008）。

[860] Gary Dukarich, "Patentability of Dedicated information Processors and Infringement Protection of Inventions that Use Them"（1989）29 *Jurimetrics Journal* 135, 见第147页。因此，杜卡里奇（Dukarich）称这种技术为"非决定性的"。

[861] Dukarich, 前述第860条注释，见第141页。

[862] Dukarich, 前述第860条注释，见第142页。

众多，但所有可能的结果仍然是可以事先预测和确定的。[863]

正如史蒂文斯法官在 *Bilski v Kappos* 案中所承认的那样，这种可预测性的结果降低了发明人的风险：

> 商业创新……通常不会面临传统技术创新那样的风险。商业创新一般不要求与技术创新同样的"在时间、研究和开发方面的巨大成本"，因此，不需要对"创新者"的劳动、辛劳和费用给予同样的"补偿"。[864]

这些不同的风险水平的实际影响，还体现在相关市场的竞争性质中，体现在对交付周期的影响上：

> 硬件产品存在生产周期，因为对硬件进行反向工程需要花费大量时间。潜在的模仿者必须首先确定新产品的工作原理和制造工艺，然后改造或建造必要的生产设施，再建造和测试自己的产品。软件则不同。软件的开发通常不需要分析制造工艺，也不需要建立特定的工厂。软件是经过编写和测试的，然后像书籍、唱片或录像带一样被出版。复制一个计算机程序只需要几秒，甚至复制成百上千的副本也是很容易的。改编、翻译或"移植"一个程序需要盗用原作者创作的大部分内在价值，因此比较困难，但这也比开发硬件产品容易，因为就软件而言，对其进行复制甚至翻译，完全可以快速得出人意料。[865]

这凸显了非实体创新的快节奏性质，很难与专利权所提供的保护期限相协调。这也使人们怀疑专利制度的适用性，因为专利有时需要经过漫长的审查期才能授予垄断权，这时创新的"保质期"已经过了很久。

实用艺术的实体性与纯艺术的无形性：达勒姆对区分实用艺术和纯艺术的实体性要求是否有用提出了反对意见。达勒姆指出，大多数抽象的"艺术"都有其物质表现，并对物质世界产生影响。例如，法律领域产生了写在纸上的合同和法规，它改变了"现实世界"的条件和行为。[866]

---

[863] Dukarich, 前述第860条注释，见第142页。

[864] *Bilski* 案，见第3254页（2010），辑引：Dan Burk and Mark A. Lemley, "Policy Levers in Patent Law"（2003）89 *Vanderbilt Law Review* 1575, 见第1618页；Michael A. Carrier, "Unraveling the Patent-Antitrust Paradox"（2002）150 *University of Pennsylvania Law Review* 761, 见第826页；David S. Olson, "Taking the Utilitarian Basis for Patent Law Seriously: The Case For Restricting Patentable Subject Matter"（2009）82 *Temple Law Review* 181, 见第231页。

[865] Anthony L. Clapes, Patrick Lynch and Mark R. Steinberg, "Silicon Epics and Binary Bards: Determining the Proper Scope of Copyright Protection for Computer Programs"（1987）*UCLA Law Review* 1493 at 1509.

[866] Durham, 前述第806条注释，见第1448页。

这是正确的。但有人认为,这并不是像达勒姆所认为的可以作为放弃对专利的实体性要求的充分理由。通过直觉和分析,区分文化"艺术"和技术性"制作使用"是可能的。达勒姆诉状的关键词是"表现"——一项以书面合同形式体现的法律协议并不具备可专利性,因为双方协商中有超越既存事实的预见性,这是一种非实体的思想的碰撞。达勒姆的目光聚焦于对发明进行适当定性的问题上,他认为只有着眼于权利要求的实质而不是形式,才能正确解决权利要求撰写问题。[867]

另一个回应达勒姆批判的答案,可以在上文讨论的康德对纯艺术的分类中找到。[868]有人指出,纯艺术可以按照人类交流的方式进行分类。当纯艺术被视为艺术家和观众之间的交流时,为什么物体的实体性并非纯艺术的本质就很清楚了。艺术作品所传达的信息才是其本质,才是重要的。在评判一件特定物品的价值时,正是艺术作品所传达的信息将被评估,而与任何实体功能无关——这种实体功能在纯艺术中是次要的。对于实用艺术,重要的在于"在现实中达成了什么目标",[869]即发明所提供的特定实体的优势将用于评估发明的价值。

米切姆虽然承认纯艺术和实用艺术都涉及某种设计过程,以获得最终产品(实物或者非实物),但他详细阐述了这两者之间的过程差别:

> 人们可以……根据想法或目的来区分工程设计和艺术设计。工程设计追求的效率与艺术设计追求的美感形成鲜明对比。美与其说是材料和能量的问题,不如说是形式的问题。关于这一点,审美哲学有更多的说法,而只有伦理学或政治学才会包含对效率的哲学评价。

然而工程设计与艺术设计之间的差异,并不仅仅停留在理念层面上,它渗透到设计活动本身。效率指的是一个过程——是在作为功能单位的工艺流程或产品之间进行选择的标准——而美主要是客观对象的固有属性。……艺术设计的最终结果必须是形式化的,而工程设计最终是要满足人的需要、愿望或欲望的。

进一步观察发现:工程设计局限于物质实体(从形而上学讲,物质和能量都是物质,而不是形式)。然而,通过与经典物理学(伽利略和牛顿)密切相关的力的数学微积分及其特定的数学抽象,我们可以理解或接近这种局限性。在工程设计中进行的描绘或想象,可以说是通过从物理学中衍生的网格来完成的——首先,网格本身就被表述为工程力学。通过经典物理学的网格来看待物

---

[867] 为此,上诉法院在 *Aerotel* 案中采取了四步法,提供了有用的指导。
[868] 见上文关于"人文艺术"的讨论。
[869] *RCA Photophone* 案,见第191页。

质和能量，使工程设计具有艺术中所没有的理性特征。工程图像与其他图像不同，要经过数学分析和判断；这是其独有的特性，有时也会导致人们将其与更深层次的思维相混淆。

艺术也与想象有关，但它的形象不能被定性分析——它们不受任何成熟的微积分理论的影响。因此，艺术与工程相比，更加直观也更加依赖于感官。[870]

这种说法显然符合上述分析框架。它清楚地表明，工程（或实用艺术）既面向物理结果，又在设计过程中受到"经典物理学网格"的限制，米切姆断言，工程设计的合理性即源于此，与纯艺术（本章迄今在审美的旗帜下考虑）中直观并依赖感官的设计形成对比。从所引用的这段话中也可以清楚地看出，技术的目的源于物质的"人的需要、愿望或欲望"，[871]与艺术设计的"形式"（或表达）目的截然不同。

4.5.2 纯艺术与实用艺术区别的三个维度

通过上述讨论，我们可以根据三个不同的分析维度对纯艺术和实用艺术（或工艺技术）进行区分，列在表 4.1 中。

表 4.1 纯艺术与实用艺术对比

美感	理性
表现性	目的性
无形性	实体性

首先，有人坚称，纯艺术关注的是美感，而实用艺术关注的是理性。也就是说，纯艺术创作是为了引起美的反应，在当前情况下更重要的是，有关美的思考也激励着纯艺术从业者进行创作。相反，技术是理性的，是以设计过程为中心的。技术从业者被提升效率的渴望所驱使。其次，有人认为，纯艺术是表现性的，而实用艺术是目的性的。纯艺术有时被说成是"目的本身"，也就是说，纯艺术最终的形式相较于其所代表的表达方式而言是次要的。而技术则是目的性的，是为了解决特定的问题，达到特定的结果。最后，有人提出，对实用艺术的可取解释是，它们处理的是实体问题，而纯艺术被认为在本质上是无形的。即便纯艺术可能（而且确实经常）是以实物的形式表现出来，但其本质或重要性却在实物的表现之外。

下面将依次讨论上述每个方面。

---

[870] Mitcham，前述第 823 条注释，见第 229~230 页。
[871] Mitcham，前述第 823 条注释，见第 229 页。

A 美感对比理性

数学主要是一种思维活动已经被证明,[872]那么,如何确定数学是一种审美性的思维活动呢? 是因为它是基于直觉、依赖于感官的考虑; 还是说数学是一种理性的、类似工程的活动, 因为其目的是满足人类的物质需求、需要和欲望。

逻辑的作用和判断数学证明的客观标准的明显存在, 有利于将数学视为理性活动。然而, 这种客观性在某种程度上是肤浅的和具有误导性的。在第5章中讨论的数学待解决的基本危机清楚地表明, 尽管数学家们试图消除对直觉的依赖, 但这是无法做到的。无理数、虚数和非欧几里得几何学在历史的不同阶段都被认为是不可能和不相关的, 然而它们在现实世界中的应用(往往是意想不到的)却证明了它们的有效性。猜想和假设, 虽然没有得到证实, 但仍然是数学家的一个非常真实的动力, 通过寻找证明, 有趣的数学才得以产生。

也许最能说服人们相信数学中的客观和逻辑存在局限性的, 是哥德尔的不完备性定理, 他通过该定理证明了任何强大的数学系统都不可能排除不确定性, 而只能以不完备或前后矛盾的形式存在。

此外, 本章前面还探讨了审美在激励数学家和促进数学进步方面的作用。因此, 似乎可以得出这样的结论: 证据的平衡支持了审美在数学领域中的地位高于理性的地位。

B 表现性对比目的性

任何关于数学的论述, 都必须承认数学的实用性, 因为科学家和工程师在工作中常常将数学当作工具。但在数学中表达的作用也是有据可查的。数学是用符号语言来表达的, 虽然不同于"自然"语言, 但它仍然具有表达性。

数学作为人文艺术课程之一的传统地位, 也证实了这种分类。从所列举的人文艺术内容中可以看出, 数学不仅是重要的组成部分, 更是高等教育的一种, 因为它是以四年制而不是三年制为基础的。因此, 从对人文艺术一词的任何理解来看, 数学显然在其范围之内。

C 无形性对比实体性

数学在物理学中解释现实世界现象方面的作用, 可能被认为有助于将数学归类为自然科学。数学又与人类的需要、愿望和欲望有一定的关系, 因为数学的进步使人们更好地理解实体世界, 从而更好地利用它。尽管这充其量是一种间接的物理关联。

---

[872] 见上文第4.1节思想在数学中的作用。

上文已经论述，数学主要是一种智力思维活动。虽然它经常以符号语言表达，但这种实体的表现并非数学的本质，也无法用来观察数学发展的脉络。就数学以实体形式表现出来的程度而言，它的意义并不仅仅是产出印刷文件。即使按照形式主义的说法，数学不过是用符号在纸上玩的游戏，但很明显，数学是游戏，但不是符号。

D 总结

从上述对数学的理解，以及自由对该领域创新的重要性中，人们应该吸取的教训是，只关注数学的"有用性"，而忽视对数学创造力的本质——其无形的、表现性的和美学特征——的批判性分析是一种陷阱。如果要找到前进的方向，就必须在鼓励发明或创造活动给社会带来的利益，与授予垄断权对该领域其他从业者利益的影响之间取得平衡。这种功利主义的分析应该是专利适格标的审查核心。正如第1章、第5章以及本章对形式主义学派的讨论中所提到的，数学和计算机软件是同构的，因此，软件也应该是不具备可专利性的。

4.6 结论

本章探讨了思想和表达自由在数学中的作用。通过这种探讨，数学作为一种重要的智力思维活动，用符号语言表达，并由美学推动的性质已变得显而易见。然后证明了，数学对自由的需要，是如何与数学是一种纯艺术而非实用艺术的理解相协调的，因此数学不在专利适格标的的范围之内。在确定纯艺术和实用艺术之间的区别时，本章采用了三维分析法，并证明了在每个维度上，数学都属于纯艺术的范畴。

这样就在数学作为专利法的例外中确立了自由的作用，并在专利法范围之外对自由进行了适当的分类，这两个方面直接影响了软件的可专利性。首先，数学和软件开发之间的同构性意味着，至少在一开始应该预期软件不是专利适格标的，因为它是一种与数学相类似的创造性活动。其次，可以利用对数学不可专利性的理解，以及为此开发的分析工具，来考虑软件是否或者何时应被视为是可申请专利的，从而使计算机软件的相关领域更加清晰。本书的下一章将专门讨论这一内容。

第 5 章
为什么编程不属于实用艺术

毫无疑问,计算机是整个技术领域中最为人熟知的一种技术,正如所有其他类型的商业机器一般,不论用户将其使用于何种目的,它都被认为是一种实用艺术而非人文艺术。那么编程,一种除了能增强这些机器内部运行并没有其他实际价值的过程,又怎能说它不属于一种技术或实用艺术呢?[873]

5.1 引言

上一章我们论证了数学活动的要求,并将其恰当地定位于实用艺术以外。回顾第 1 章可知数学和编程所涉及的活动之间存在同构或结构相似性。[874]在第 3 章对形式主义的讨论中,简要指出形式主义与形式计算理论的发展之间存在着联系。[875]本章将思考同构和形式上的联系可以在多大程度上将数学的不可专利性的主张基础扩展到软件上。

正如上一章对数学的讨论,本章将继续探讨软件开发的表达性、审美和无形的本质。有人认为,这些属性的存在进一步支持了将数学归类为一门纯艺术(fine art)的观点同样也适用于软件。尤其是,在第 1 章中提到的软件和硬件的相互关系,将被认为是一个重要的考虑因素,当其越在抽象链的前端时,这一点就越为重要。在软件和硬件紧密相关的情况下,物理限制可能会束缚软件,从而也会使表达和审美考虑受到类似的限制。然而,当软件仅仅是物理设备的附属品时,并不会改变编程的本质,但却实际改变了其中可以寻求专利授权的内容。权利要求保护范围的有限意味着,编程作为一种创造性活动不会被中断,并且权利要求所主张的内容与传统的实用艺术概念有足够的联系,而不

---

[873] *In re Benson* 441 F.2d 682(CCPA,1971),见第 688 页。
[874] 见本书第 1 章。
[875] 见本书第 3 章。

第 5 章 为什么编程不属于实用艺术

会引起争议。在任何特定情形下，要确定权利要求保护的实际上是软件还是物理设备，在进行事实认定时都会遇到困难，但选择的困难并不意味着没有做出这种区分的必要。

5.2 编程是一门纯艺术还是一门实用艺术

第 1 章介绍了软件开发与数学在结构上的相似性。[876]回顾柯里－霍华德的同构（The Curry-Howard Isomorphism），数学证明所涉及的活动可以与开发软件所涉及的活动完美对应。在这种情况下，数学是一门纯艺术，因为它是审美的而不是理性的，是表达性的而不是功能性的，是抽象的而不是实体的，这一事实表明软件也应该得到类似的分类。但计算机硬件和软件之间的关系显然是更复杂的。问题是这种关系能否改变软件开发或编程的本质，从而使它可以被恰当地视为一种实用艺术。

为了探索软件的可专利性，我们将遵循上一章中应用于数学的三维分析框架。该分析需要考虑以下因素：
- 软件是无形的还是有形的实体；
- 软件是表达性的还是目的性的人工制品；
- 软件的创造是否受审美或理性方法的支配。

从表面上看，计算机硬件作为运行软件的物理载体，对有形或无形维度都有直接的影响，[877]因此，我们要先考虑这个方面。当然，可以想到，它也可能会直接或间接地对其他两个方面的分析产生影响。在考虑完每个单独的维度之后，将从整体上考虑软件开发的性质，然后再得出有关软件性质的结论。

在开始分析之前，应该注意，在本章中，分析的是编程，而不是软件。这有两个原因，第一个原因出现在第 3 章的数学分析中，我们不妨回顾一下，在对数学本质进行类似的研究时，有一个不可调和的分歧。各种哲学流派都提出了自己的理论，但没有一个能成为主流，而且许多流派之间还存在着直接冲突。这导致了一个决定，即把研究的焦点从"什么是数学"转向"数学家需要什么"。正是通过这种焦点的转移，在第 4 章对可专利和不可专利主题做出了有用区分。同样地，本章的重点将不再是什么是软件，而是程序员需要怎样来

---

〔876〕 见本书第 1 章软件与数学的结构相似性的论述。

〔877〕 在通用计算机上执行软件可以创造出一台为特定目的量身定做的"新机器"，"这对计算机科学研究具有一定价值"：Pamela Samuelson, "Benson Revisited: The Case Against Patent Protection for Algorithms and Other Computer Program-Related Inventions",（1990）39 Emory Law Journal 1025，见第 1045 页，第 63 条脚注。关于该方法存在的问题，请参见本书第 2 章。下文第 2.1 节还将讨论纯物理分析计算机软件所存在的问题。

推动这门艺术的发展。

从另一个角度来看,正是因为编程活动可以被授予专利权,所以它才重要。由概念开始,以可执行代码结束,程序员精准地确定流程或算法,并详细描述流程的可计算步骤。

5.2.1 无形的还是有形的

在现代计算机诞生之初,"程序员"的任务包括硬件的物理重置、插入电线和拨动开关。这样的"程序"显然是"物理的,并与其他部分一样是计算机系统中的一部分"。[878]尽管与硬件进行物理接触的时代已经过去,但即使是以现代形式,计算机程序也可以从物理角度理解为,通过计算机电路中的电子脉冲形式将一台通用计算机转化为运行特定程序的"新机器"。[879]或者可以将其理解为将一系列数字以磁性或其他形式存储在载体上。[880]事实上,这些特性正是第2章中所讨论的各法院据以作出判决的依据。

然而,一般来说,可以从物理层面和符号层面两个方面来理解计算机,特别是计算机软件。[881]事实上,"正是在符号层面上的理解使计算机成为计算设备,因为正是在这种解释下,计算机的各种结构或过程可以被理解为符号"。[882]试图通过参照计算机硬件电路周围电子的运动来描述现代软件包,如微软文字处理(Microsoft Word)的操作是徒劳无益的,而且在物理上几乎是不可能的。即使再上移到机器代码的层面,试图通过详细描述中央处理器(central processing unit,CPU)对存储在内存中的比特进行的逻辑运算来描述微软文字处理也是徒劳的。即使是描述一个特定的功能,例如,计算当前打开的文档中的字数,在这个层面上也是难以理解的,且只见树木不见森林。再进一步,就会偏离纯物理的范畴,进入符号的领域。

因此,对软件进行严格的物理分析则忽略了软件的本质。布鲁克斯(Brooks)在一篇开创性的文章中论述了软件不能代表硬件生产力的进步,[883]他将软件的本质概括为"一个由数据集、数据项之间的关系、算法和函数的调

---

[878] 见 James H. Moor,"Three Myths of Computer Science"(1978)29(3)*British J Phil Sci* 213 at 213.

[879] 关于这一定性的讨论见本书第2章。

[880] 见本书第2章。

[881] Moor,前述第878条注释,见第213页和第215页。

[882] Moor,前述第878条注释,见第213页。

[883] 布鲁克斯(Brooks)指出:"尽管我们迫切需要一颗银弹能使软件成本像计算机硬件成本一般迅速下降……但无论是在技术上还是在管理上,都没有任何一项发展能够保证在生产力、可靠度或简洁性上有一个重大的改善。"Frederick P. Brooks Jr,"No Silver Bullet:Essence and Accidents of Software Engineering"(1987)20(4)*Computer* 10,见第10页。

第 5 章 为什么编程不属于实用艺术

用等相互交错的概念组成的结构"。[884] 一般而言,这些"计算机科学的对象是受逻辑约束的,而非物理限制的抽象概念"。[885]

在美国和澳大利亚的判例中,对软件的这种双重性质的误解也显而易见。它们使用"算法"一词的方式就好像它与"软件"一词是可以互相替换的一样。[886] 算法可以更好地理解为程序纯粹在符号意义上的标记。[887] 文本对象在数学上的对应物就是程序。[888] 或者站在程序之上的抽象层面来看,在一定程度上,程序是某一特定算法中一类可能的实现形式。[889] 在其中任何一种解释中,与物理层面的联系要么不存在,要么被明显减弱。

那么,接下来的问题在于,在本书中,软件的符号性和物理性本质哪一个更有分量。第 1 章中讨论的软件简史表明,软件发展的趋势正变得愈加抽象化,这是由于工具、技术和计算机硬件的创造使程序员越来越忽略机器的物质现实,而把注意力集中于他们所创造和操纵的抽象概念上。[890]

一个进程,一个软件,在一个物理设备或是一个计算机上执行,并且其执行可以通过物理设备或计算机被观察到,然而它却要被定性为非物理性的,这似乎是一种诡辩。然而这并不是我们所主张的,在纯粹的物理层面上理解软件确有其可行性,但也必须承认,软件的创建和执行之间存在着某种关联。[891] 不能仅从物理层面上理解软件。就当前目的而言,更重要的是从符号层面对其进行理解。为了探寻其中缘由,回顾前述确定数学对象的性质所伴随的难点将大有裨益。

但是,就像数学一样,人们在分析什么是软件时很容易迷失方向。考虑到软件和数学之间的同构性,有人认为,就像数学一样,促进这门艺术发展需要

---

[884] Brooks,前述第 883 条注释,见第 11 页。

[885] Timothy Colburn and Gary Shute, "Abstraction, Law and Freedom in Computer Science" (2010) 41 (3) *Metaphilosophy* 345 at 346.

[886] 这种方法起源于 *Gottschalk v Benson et al.* (1973) 409 U.S. 63 案。

[887] Yiannis N. Moshovakis, "On founding the theory of algorithms", in Harold G. Dales and Gianluigi (eds), *Truth in Mathematatics* (Oxford University Press, 1998) 71 at 79.

[888] Raymond Turner and Ammon Eden, "The Philosophy of Computer Science" *Stanford Encyclopedia of Philosophy* (Summer 2009 Edition) <http://plato.stanford.edu/archives/sum2009/entries/computer-science/> (25 July 2011).

[889] 见 *Moshovakis*,前述第 887 条注释,见第 75 页。

[890] Scott Dexter et al., "On the Embodied Aesthetics of Code" (2011) 12 *Culture Machine* 1,见第 11 页。

[891] 这种关系的确切性质尚未确定。见 Raymond Turner and Ammon Eden, "The Philosophy of Computer Science" *Stanford Encyclopedia of Philosophy* (Summer 2009 Edition) <http://plato.stanford.edu/archives/sum2009/entries/computer-science/> (25 July 2011),第 2.1 节中的讨论。

一条更有用的探索途径。[892]

在这种情况下,要正确理解对无形性的关注是如何从软件的物理执行层面中产生,并最终超越它的,有必要重新回到数学的历史中去思考。这是因为正是在数学领域,思维过程可能被外化的过程才得以发展。因此,无须人工干预就可以执行这些过程的机械装置的出现,在概念上和历史上都取决于这些努力。

A 思维外化

将思维过程外化或机械化的能力起源于数学家的工作,如戈特弗里德·威廉·莱布尼茨(Gottfried Leibniz)和乔治·布尔(George Boole)的"通过代数捕捉思维模式"。[893]后来,伯特兰·罗素和阿尔弗雷德·诺斯·怀特海在他们的《数学原理》中尝试将所有数学简化为符号逻辑,这可以说是一个更适合的目标。库尔特·哥德尔证明了这一尝试是失败的,但在他的证明中,出现了一个值得被进一步关注的巧妙的策略。[894]哥德尔认识到,任何形式的语言都可以被描述为一串独特的符号。例如,以下语句 $0 < S0$,包含符号"0""<""S"。[895]哥德尔的诀窍在于用一个独特的数字代替每一个完整的语句。[896]然后数学系统中的有效演绎可以"映射"到对这些数字的运算上,从而将符号逻辑简化为一种数学计算。正是这种可以从符号层面和数字层面理解某事物的能力,才是计算的核心。计算硬件,作为一种数学计算设备,可以执行数值计算,这也使人类能从符号层面去理解该过程。

但是,计算机和数学的不同之处在于,在数字下方还存在一层附加的理解层,其中数字表示为一种物理开关,通过将"1"分配为开的位置,而"0"则

---

[892] 在这里,数学原理和软件原理之间存在有一定关联。将软件与其物理实体等同起来是一种对软件的经验主义认识。尽管准经验主义者可能会认为,软件与其物理实体并不相同,但却是由它来验证的,并且软件的象征层面构成了一个围绕它的信念之网。很多内部主义者认为,软件是一种抽象的算法和数据结构,它们既可以作为人类思想的产物而存在,也可以存在于柏拉图主义领域之外。在这些观点中,源代码仅仅是对这些对象的描述,如果描述得足够精确,作为一种附带好处,它也可以在计算机上以可执行形式表现出来。

[893] Keith Devlin, "The mathematics of human thought" in *Devlin's Angle*, Mathematical Association of America, January 2004 <http://www.maa.org/devlin/devlin_01_04.html>(22 July 2011).

[894] 哥德尔(Gödel)的证明必然是复杂的。以下内容并不是对证明的完整解释,而是对与软件开发相关的技术提取的摘要。

[895] 该示例摘自 Wikipedia, "Proof sketch for Gödel's first incompleteness theorem" <http://en.wikipedia.org/wiki/Proof_sketch_for_G%C3%B6del's_first_incompleteness_theorem>(22 July 2011),衍生自 Hofstadter 在其著作中使用的版本:Douglas R Hofstadter, *GÖdel, Escher, Bach:An Eternal Golden Braid*(Basic Books, 1980)。

[896] 例如,如果我们将数字"666""212""123"赋值给上述符号,上述语句可以表示为 666 212 123 666。

第 5 章 为什么编程不属于实用艺术

作为关的位置。

当以这种方式表征时，就可以看出现代计算机实际是逻辑主义程序的扩展。希尔伯特关于"判定问题"的论文既启发了哥德尔将不完备性定理中的"一般递归"进行最初定义，也启发了图灵对"有效可计算性"的定义。[897] 尽管图灵和哥德尔之间的联系只是偶然的，[898] 但图灵的计算模型依然表明了它起源于数学。这一点在图灵对"可以把一个人在计算一个实数的过程中比作一台机器"的类比中最明显不过。[899] 也就是说，最初的图灵机是用来模拟人类计算过程的。

换言之：

> 在根据选定的计划进行计算时，数学家的行为方式类似于图灵机：在考虑到自己在写作中的某些定位和处于某种"心境"时，他对自己的写作进行了必要的修改，这是一个新的"心境"的启发，并继续进行下一步的创作。他所完成的步骤比图灵机复杂得多，这一事实似乎并不重要。[900]

应该记得，这正是思维步骤学说被试图排除其可专利性的基础所在，即一个计算机化的过程也可以由人操作。但思维步骤学说所存在的问题在于，它倾向于将思考和计算等同起来：

早期认知中，科学研究者提出的"认知就是计算"的准则，是用数字计算机所能例示的术语定义思维，进而淡化了人类思维的其他重要方面，如动机、情感和跨文化差异。[901]

实际上，哥德尔的不完备性定理证明了将认知和计算等同起来是错误的。他的著作论证了我们对概念的直观理解与试图表达之间的区别。这种模糊性在图灵关于可计算内容的概念中也很明显。因此，程序员的工作在很大程度上是

---

[897] Martin Davis, *Computability and unsolvability* (Courier Dover Publications, 1982) at 11–12.

[898] 有证据表明，图灵的可计算性工作受到了哥德尔（Gödel）和希尔伯特（Hilbert）的共同启发 [见 Edward R Griffor, *Handbook of Computability Theory* (Elsevier, 1999)，第 11 页]。也有证据表明，哥德尔对丘奇的工作有直接影响，但后来遭到了反对（见 Griffor 在第 8~11 页中的举例）；最后，证据表明，哥德尔热情地接受了图灵的论点和他的分析，并一直把机械可计算性和可计算函数的定义归功于图灵，而不是丘奇或他自己：Griffor，见第 11 页。

[899] Alan M. Turing, "On Computable Numbers, with an Application to the Entscheidungsproblem" (1936—1937) 42 (2) *Proceedings of the London Mathematical Society* 230 at 231.

[900] SpringerLink, "Turing machines", in *Encyclopaedia of Mathematics* (2001) <http://eom.springer.de/t/t094460.htm> (22 July 2011).

[901] Dexter et al., 前述第 890 条注释，见第 10 页。又见 Peter Naur, "Computing versus human thinking" (2007) 50 (1) *Communications of the ACM* 85; Philip J. Davis and Reuben Hersh *Descartes' Dream*; *The World According to Mathematics* (Dover Publications, 1986).

为了弥合人类对过程的概念和以语法正确、可执行的机器形式对可计算过程的精确描述之间的鸿沟，即语义鸿沟。[902]因此，尽管可以在物理层面上理解可计算的过程，并且等效地，可以将软件理解为在计算机硬件上执行，但是在大多数情况下，程序员的工作是在远离这些物理层面的情况下进行的，只有在有限的情况下，软件才会受到实体的限制。

电子计算的速度使人类实际上无法进行的、更复杂的计算成为可能。[903]但这并不意味着应该忽略软件与思维过程之间的关系。这些人只关注了计算本身的速度，却忽视了程序员将他们的思维过程转换成一系列机械步骤，然后由计算机来执行的持续努力。艾伦·佩利（Alan J. Perlis）将这一从思维到机器的过程描述如下：

每一个计算机程序都是一个模型，这个模型是在头脑中孵化出来的一个真实的或思维的过程。这些源于人类经验和思维的过程，数量庞大，细节错综复杂，并且在任何时候都只能被部分理解。所以这些由计算机程序模拟出来的模型很难让我们完全满意。[904]

抽象艺术是尽可能缩小这一差距的工具。究竟抽象到什么程度是合适的，这涉及一个权衡问题：

你可以"忽略"人类所关注的问题，最终得到一串机器代码……你可以忽略机器本身，想出一个美的抽象概念，以非凡的代价和（或）缺乏知识的严谨性完成任何事。[905]

有意义的限制：因此，可专利性方面的关键问题是确定硬件设备在多大程度上有意义地限制了软件的开发。因此，确定对软件的权利主张是有形的还是无形的，将涉及不同程度的问题。然而，对通用计算机或"任何硬件"的权

---

[902] 有关概述，见 Wikipedia, "Semantic gap" <http://en.wikipedia.org/Semantic_gap>（25 July 2011）。语义鸿沟在自然语言处理和图像检索中尤为明显。关于后者，见 Arnold W.M. Smeulders et al., "Content-Based Image Retrieval at the end of the Early Years"（2000）22（12）*IEEE Transactions on Patern Analysis and Machine Intelligence* 1, 第 1 页，"使用任何言语都无法表达蒙克的《呐喊》或是约翰·康斯太勃尔的《威文侯公园》，它必须通过眼睛去感受，正如卡拉哈里沙漠的照片、分裂的细胞或扮演李尔王的演员的面部表情一般。它们是无法言喻的……图像需要按对象、按风格、按目的以图片的形式被查看与搜索"。

[903] "电子计算机旨在执行任何确定的经验法则过程，这些过程本来可以由人类操作员以规律性但非智能化的方式完成。而电子计算机能非常迅速地获得其结果。"Alan Turing, "Programmers' Handbook for Manchester Electronic Computer" *University of Manchester Computing Laboratory*, <http://www.AlanTuring.net/programmers_handbook>（21 July 2008）。

[904] Alan J. Perlis, "Foreword," in Harold Abelson and Gerald Jay Sussman, *Structure and Interpretation of Computer Programs*（2nd ed, MIT Press, 1996）at xi.

[905] Bjarne Stroustrop in Federico Biancuzzi and Shane Warden, *Masterminds of Programming*（O'Reilly Media, 2009）at 5.

第 5 章 为什么编程不属于实用艺术

利要求本身不太可能只涉及某种形式的有意义限制的结论。只有在有限的情况下，计算机的物理层面才可能对运行于其上的软件的设计和实现起核心作用。人们认为，当尺寸、性能或需要与特定硬件直接通信时，物理限制开始产生作用。然而，摩尔定律和实践经验表明，资源限制很少会产生任何真正的限制性影响。皮特·古德利夫（Pete Goodliffe）认为，在以下情况[906]下，计算机所需要的物理资源可能成为中心问题：

- 游戏编程
- 数字信号处理
- 资源受限环境（如深度嵌入式系统）
- 实时系统[907]
- 数值编程[908]

这里有必要将优化与实体性区分开来。可在计算机上有效执行的代码的优点与对传统发明施加的物理限制并不相同。这是因为物理限制可能是任意的，从某种意义上说，优化只是一种选择，[909]而这种选择在97%的情况下最好避免。[910]此外，采用更好的设计或更好的算法——也就是说，采用非物理的解决方案可能会获得更高的效率。[911]

只有在软件必须与特定硬件交互且优化编译器不了解指令集的情况下，硬件设备的指令才会对设计构成物理限制。发生这种情况的环境通常是在较低级别的操作系统开发中，如内核开发、编写设备驱动程序和引导装载程序，或者在为编译器或解释器编写特定平台的代码时。[912]

B 总结

在大多数情况下，软件在本质上更多的是无形的，而不是有形的，尽管在某些情形下它可能是足够有形的。

---

[906] Pete Goodliffe, *Code craft: the practice of writing excellent code* (No Starch Press, 2007) at 205.

[907] 例如，飞行导航系统或医疗设备。

[908] 例如，金融部门和科学研究中的一些应用需要处理极大的数据集。

[909] 优化的替代方案可能包括：使用更快的硬件；优化硬件上运行的各种程序；异步执行慢代码；慢速执行于响应用户界面后，使该进程在无人看管的情况下运行；或使用新的编译器：Goodliffe，前述第906条注释，见第204页。

[910] Donald E. Knuth, "Structured Programming with go to Statements" (1974) 6 (4) *Computing Surveys* 261, 见第 268 页。"这是因为优化会影响到代码的其他理想特性，例如，代码的可读性、简单性和可维护性或可扩展性。"又见 Goodliffe，前述第906条注释，见第204页。

[911] 上面列出的数值编程例子通常都属于这一类。

[912] 但是，情况并非总是如此，因为在许多情况下，部分或全部编译器可能是使用高级语言进行编写的。请参阅下文有关 Python 语言的讨论。

5.2.2 表达性的还是目的性的

软件通常是为达到特定目的而编写的。根据某一功能来定义计算机程序是十分常见的。[913] 如上所述，软件是一门大生意，不管是控制工业流程还是协助学者编写大型文档，其所实现的功能对任何类型的企业都有价值。软件产品可以在大众市场上出售的现成组件中选择购买，也可以由朋友帮忙编写。软件的设计、建构和购买似乎由对功能的渴望来主导，因此，人们很容易把其重点放在功能上。但实际上，对于非程序员来说，软件表达的概念似乎与他们对软件的理解不完全一致。

在评估任何与计算机有关的发明时，人们应该记住这项编程是用计算机语言完成的。计算机语言不是某种魔法的幻象，它只是一种高度结构化的语言。例如，对于译者来说，将思想转化为可感知的英语形式是没有任何诀窍的。这样表达出的思想，可能不似莎士比亚笔下的文字那般华丽，但对于使用英语语言的人来说，是完全可以理解的。同样，将一个完整的思想（如用英语和数学表达的，即已知的输入、期望的输出、所需的数学表达式和使用这些表达式的方法）转换成为一台机器所能理解的语言，对于一个熟练的程序员来说，这只是一个文书功能。[914]

不过，通过几个例子，我们将看到软件如何表达或交流思想。编程语言 Perl 语言是探索该概念的沃土，它的构造方式使它有可能写出直接参与视觉感知的功能代码。代表此类代码的最高水准应该是表 5.1 中的程序。严格来说，这是一个功能齐全的程序，尽管它的功能可能没有什么经济价值，因为它只是使用自己的视觉布局作为模板，绘制了 4 张较小的骆驼图片。[915] 表 5.2 中列出了另一个类似的示例，[916] 它表明可以将视觉表现力与有用的功能结合起来。

---

[913] "计算机程序是一组指令，旨在使计算机执行功能或产生特定结果"：*Computer Edge v Apple*（1986）161 CLR 177，见第 178 页。

[914] *In re Sherwood* 612 F.2d 809，见第 6 条脚注。

[915] 这段代码也是一个有趣的例子，它说明了在代码和数据之间划分界限的困难。如果它没有任何价值，人们可能会想，为什么作者要花大力气来编写它。编写这种"玩具程序"的价值将在下文中讨论。

[916] 摘自 Alex Bowley <http://www.cs.cmu.edu/~dst/DeCSS/Gallery/bowley-efdttdvdlogo.html>（15 June 2008）。

第 5 章　为什么编程不属于实用艺术

表 5.1　骆驼代码

```
#!/usr/bin/perl -w                      # camel code
use strict;
                                 $_='ev
                          al("seek\040D
ATA,0,                    0;");foreach(1..3)
{<DATA>;}my                @camel1hump;$camel;
my$Camel  ;while(           <DATA>){$_=sprintf("%-6
9s",$_);my$dromedary       1=split(//);if(defined($
_=<DATA>)){$camel1hum        p=split(//);}while(@dromeda
ry1){my$camel1hump=0            ;my$CAMEL=3;if(defined($_shif
        t(@dromedary1            ))&&/\S/){$camel1hump+=1<<$CAMEL;}
        $CAMEL-;if(d             efined($_shift(@dromedary1))&&/\S/){
        $camel1hump+=1          <<$CAMEL;}$CAMEL-;if(defined($_shift(
        @camel1hump))           &&/\S/){$camel1hump+=1<<$CAMEL;}$CAMEL-;if(
        defined($_shift         (@camel1hump))&&/\S/){$camel1hump+=1<<$CAMEL;
        L;}$camel.=(split        (//,"\040..m'./\047\134]L^7FX")[$camel1h
        ump];}$camel.="\n"        ;}@camel1hump=split(/\n/,$camel);foreach(
        @camel1hump){chomp;$Camel.=$_.y/LJ7F\173\175\047/061\062\063\
        064\065\066\067\070/r;$/"/12345678/J17F\175\175\047/\061\062\063/
        print $ _."\040$Camel\n";}foreach(@camel){chomp;$Camel.=$_.y
        /LJ7F\173\175'\047/12345678/s;/y/12345678/J17F\175\173\047/ 47'/;
        $_=reverse;print '\040$_Camel\n';};s/\s/\n/g;eval;  eval
        ("seek\040DATA,0,0;");undef$/;$_=<DATA>:s/\s/\n/g;    );s
        ;.*.';;;map{eval"print\"$_\"";}/.{4}./g; .DATA    /124
        \1   50\145\040\105\163\145\040\157\1 46\040/\1    41\0
        40\145\141  \155\145\14 53\040\1    51\155\   141
        \147\145\0   40  \151\156\156\0\040\141       \163\16 3\
        157\143\14   \151 \141\144 \4\151\1        57\156
        \040\167\    \151\164\1    \040\1       120\151
        45\162\    \154\040\    \1\163\1        040\14
        1\040\1    \64\162\1    41\144\1        \145\
        155\14    040\11    \153\04    157
        \146    040\11    7\047\1     122\1
        \040\1   54\171    \040
        \046    \012\101\16    3\040
        3\15    7\145\15    171\
        \146    \171\163    \054
        1\16    4\145\163    \056
        \040\    \111\156\    3\056
        \040\    125\163\145\14    4\040\
        167\145   51\164\150 50        \145\
        155\162    155\151     \1
        145\160              \151\
        57\156\056              151\
```

表 5.2　DeCSS 代码

```
#define m(i)(x[i]^s[i+84])<<
unsigned char x[5]       ,y,s[2048];main(
n){for( read(0,x,5       );read(0,s ,n=2048
             ); write(1     ,s,n)      )if(s
       [y=s      [13]%8+20]   /16%4   ==1    ){int
     i=m(      1)17     ^256    +m(0)    8,k     =m(2)
     0,j=        m(4)     17^ m(3)    9^k*      2-k%8
     ^8,a      =0,c     =26;for    (s[y]     -=16;
     --c;j     *=2)a=    a*2^i&    1,i=i /2^j&1
     <<24;for(j=      127;      ++j;n;c=c>
                          y)
                           c
     +=y=i^i/8^i>>4^i>>12,
     i=i>>8^y<<17,a^=a>>14,y=a^a*8^a<<6,a=a
     >>8^y<<9,k=s[j],k         ="7Wo~'G_\216"[k
     &7]+2^"cr3sfw6v;*k+>/n."[k>>4]*2^k*257/
     8,s[j]=k^(k&k*2&34)*6^c+~y
     ;}}
```

这个被称为 DeCSS 的解密程序，可以解密嵌入 DVD 格式中的一种防复制措施，即区域编码。上面的代码是对原来的 DeCSS 包的改写，因此，它有可能成为刑事或民事诉讼的对象。[917] 该算法采用了很多种不同的表达方式，从数学描述，[918] 到简明英语，[919] 再到俳句，[920] 甚至是素数形式。[921] 所有这些改写，包括表 5.2 中的改写，都是针对软件作为一种表达形式是否有权根据第一修正案获得宪法保护这一不确定性而编写的。[922]

---

[917] 有关简要概述，见 Ann Harrison, "DeCSS Creator Indicted in Norway" *Security Focus* 10 January 2002, <http://www.securityfocus.com/news/306>（27 June 2011）。美国的电影公司也成功地起诉了该代码的分销商，认为他们违反了 DMCA 条款：例如见 *Universal City Studios, Inc. v Corley* 273 F.3d 429（2nd Cir. 2001）。

[918] 例如见 Charles M. Hannum, "A Mathematical Description of the CSS Cipher" <http://www.cs.cmu.edu/~dst/DeCSS/Gallery/hannum-pal.html>（15 July 2008）。

[919] 见 <http://www.cs.cmu.edu/~dst/DeCSS/Gallery/plain-english.html>（15 July 2008）。

[920] 见 <http://www.cs.cmu.edu/~dst/DeCSS/Gallery/decss-haiku.txt>（15 July 2008）。

[921] 当以二进制形式表示时，这个 1401 位的数字是解码器原始 C 源代码的压缩副本。见 <http://www.utm.edu/research/primes/curios/48565…29443.html>（15 July 2008）。

[922] DeCSS 运动是由地区法院法官卡普兰（Kaplan）在 *MPAA v Reimerdes, Corley and Kazan*（NY, 2 February 2000）一案中的初步裁决引发的，该裁决首先提出了源代码是否具有表达性是"远不清楚"的，即使假设源代码中有一些表达性，但与功能组件相比，其表达方面似乎微不足道。参照（Cf.）John D. Touretzky, "Gallery of DeCSS Descramblers"（2000）<http://www.cs.cmu.edu/~dst/DeCSS/Gallery/>（11 July 2011）。

软件的可专利性

抱着怀疑态度的读者可能认为这些例子只不过是规则的例外而已。毕竟，美国最高法院恰当地指出，"在一个人从事的几乎任何活动中，都有可能找到某种表达的核心内容"。[923]但事实上，有一些实证证据表明程序员是把功能作为主要考虑因素的。[924]在此基础上，很容易让人认为，软件是"一种基本的功利性构造，即使假设它体现了某种表现性的元素"。[925]

加密软件一直是司法界考虑软件表现性的一个重要焦点。在这种情况下，人们普遍认为，至少软件中的源代码是具有表达性的。在 *Bernstein v United States Department of Justice* 案[926]中，在初审和上诉时，源代码都被认定为是具有表达性的，因此可以得到第一修正案中所载的言论自由权的保护。源代码是"受保护的言论"，因为源代码的显著特点在于其目的是让人类能阅读和理解，即它可以用来表达一种想法或方法。[927]事实上，一些程序员正是将沟通方面视为编程中最重要的考虑因素。[928]

在 *Junger v Daley* 案中，将源代码作为交流和表达思想的一种方式，也得到了认可：

> 因为源代码兼具有表达性及功能性，所以第一修正案是否能用来保护加密源代码是一个难题。在美国并不否认可以使用加密源代码来表达和传递有关密码学的信息和思想，并且加密源代码也可以被编程人员和学者用于此类目的。就像数学或科学公式一样，人们可以通过简单的解释来描述加密软件的功能和设计。但是，对于精通计算机编程语言的个人而言，源代码是传达有关密码学思想最有效、最精确的方法……
>
> 由于计算机源代码是交换计算机编程信息和思想的表达方式，我们认为它受第一修正案的保护。[929]

最终，源代码被翻译成一种可在特定的计算机硬件上执行的形式。但它仍

---

[923] *City of Dallas v Stanglin* 490 US 19（1989）at 25.

[924] Dexter et al.，前述第 890 条注释，见第 6 页。引用了 A. Kozbelt et al. "Beautiful Software: Characterizing Aesthetic Judgment Criteria of Code Amongst Expert and Novice Computer Programmers"，论文发表于 2010 年度德国德累斯顿国际经验美学协会会议。

[925] *Universal City Studios Inc v Reimerdes* 82 F. Supp.2d 211（SDNY，2000），见第 226 页，卡普兰法官意见。

[926] 176 F.3d 1132（9th Circuit，1999），下称"*Bernstein* 案"。

[927] *Bernstein* 案，见第 1140 页。

[928] "程序必须是为供人阅读而编写的，而用机器执行则只是顺便的。" Harold Abelson and Gerald Jay Sussman, *Structure and Interpretation of Computer Programs*（2nd ed，MIT Press，1996），见第 xvii 页。

[929] 209 F.3d 481（2000）at 485.

然保持着对那个可计算过程的描述性。这随之产生了一个问题,当它以可执行的形式出现时,软件是否已经失去了它的表达性?

这个问题已经在版权法上得到了回应。一个合适的例子是澳大利亚司法管辖区内的 *Computer Edge v Apple* 案。[930]在审判中,法院裁定目标代码不适合作为版权的保护对象,因为它不符合文学作品的定义,其并非"旨在以文学欣赏形式提供信息、指导或乐趣"。[931]

在向澳大利亚联邦法院全席法庭提出的上诉中,根据全席法庭裁定,源代码对"储存和复制知识的指令的安排和排序有明确的意义,把它们简单地描述为机器的组成部分是不合理的"。[932]

文学作品不一定需要具有文学品质。人们普遍认为,文学作品通常包括数学表格、代码,以及文字、数字混合作品。毫无疑问,它的局限性在于它必须是一项"工作",并且具有一定的技巧,即使用于作品准备的技巧很小。而那些毫无意义的"垃圾"将被明确地排除在外。[933]

全席法庭认为,目标代码是不是文学作品并不重要,因为它可以恰当地描述为一种"翻译"。[934]在再次上诉中,澳大利亚高等法院重申了这一立场,即源代码类似于文学作品,但目标代码却不是:

> 目标代码以一系列电脉冲的形式存在,或者是以电路的模式存在,当其被激活时可以产生这些电脉冲。无论怎么看,它们都未曾以书面或印刷品的形式来表达。虽然电脉冲可以用文字或数字来表示,但脉冲本身并不能表示或再现任何文字或数字。它们是看不见的,也无法被察觉,它们本身不能够,也不打算通过自身传达一种人类可以理解的意义……诚然,目标代码可以以二进制或十六进制的形式表述出来,但这些代码的任何书面表达是否会是一部文学作品,不是现在需要决定的问题。我们关注的是 ROM 中包含的目标代码,它似乎很清楚地遵循已经引用的案例,根据所引案例的裁决,文学作品是一种以印刷或写作方式表达的作品,那目标代

---

[930] Apple Computer Inc v Computer Edge Pty Ltd(1983)1 IPR 353,50 ALR 581,下称"*Computer Edge*(FCA)案"(一审);Apple Computer Inc v Computer Edge Pty Ltd(1984)1 FCR 549(联邦法院全席法庭),下称"*Computer Edge*(FCAFC)案";Computer Edge Pty Ltd v Apple Computer Inc(1986)161 CLR 171(澳大利亚高等法院),下称"*Computer Edge*(HC)案"。

[931] *Computer Edge*(HC)案,辅引 Hollinrake v Truswell[1894]3 Ch. 420;Exxon Corporation v Exxon Insurance Consultants International Ltd[1982]R.P.C. 69,见第 88 页。

[932] *Computer Edge*(FCAFC)案,见第 558~559 页,福克斯法官(Fox J)意见。

[933] *Computer Edge*(FCAFC)案,见第 558 页,福克斯法官(Fox J)意见。

[934] *Computer Edge*(FCAFC)案,见第 559 页,福克斯法官(Fox J)意见。

IP 软件的可专利性

码就不是文学作品。[935]

至此，可能会有人争辩说，这种倾向是强调位于源代码中的表达性，而表达性并不存在于具有功能性的目标代码中。最终澳大利亚通过修订 1968 年《版权法》解决了该问题，在该法中，目标代码被明确地纳入了文学作品的范围。

美国的立场虽也从类似的理论观点出发，[936] 却出现了一个有趣的对比。例如，在 Williams Electronics v Artic International 案[937]中，被起诉侵权的被告主张在表达性源代码和功能性目标代码之间进行这种区分。然而，法院却拒绝作出这种区分，法院认为目标代码符合美国《版权法》的规定。[938] 这在很大程度上应归功于"复制"的立法解释：

> （复制）包括"通过任何现在已知或今后开发的方法将作品固定在一种物质对象上，并且可以直接或借助机器或装置感知、复制或以其他方式传播该作品"。通过这种宽泛的描述，国会选择了对"固定"和"复制"这两个词进行扩大解释，其中就包括本案中以电子设备为代表的技术进步。[939]

在 Apple v Franklin 案[940]中，法院从一个稍有不同的角度处理了该问题，其援引了 Baker v Selden 案[941]作为区分版权保护的权威解读，一方面是将"单纯的"指令作为文学作品进行保护，另一方面是将指令背后的方法作为功利性或功能性作品加以保护。在专利法中，这个问题或许恰好相反，因为人们往往主张表达性是具有不可专利性的纯艺术的标志。为此，值得进一步探讨所有代码，甚至与功能最一致的可执行代码，具有多大程度的表达性。

评估代码的可表达性的起点是编程语言——更详细地描述构建软件的媒介。非程序员可能会被这样一种观点所误导，即这种"语言"不过是一种实用标准，通过它可以连接或指导计算机的机器代码操作。[942] 换句话说，一种语

---

[935] Computer Edge（HC）案，见第 183 页，吉布斯大法官（Gibbs CJ）意见。

[936] 英国也持有相同立场。见 SAS Institute Inc v World Programming Ltd［2010］EWHC 1829（Ch），该案中法院裁定《成立世界知识产权组织公约》《伯尔尼公约》《与贸易有关的知识产权协议》都支持对可受著作权保护的表达和不可受保护的思想加以区分。

[937] Williams Electronics v Artic International 685 F.2d 870（3rd Circuit, 1986），下称"Williams 案"。

[938] Copyright Act 17 USC（1976）.

[939] Williams 案，见第 876~877 页。

[940] 714 F.2d 1240（3rd Circuit, 1983）.

[941] 101 U.S. 99（1879）.

[942] Paul Graham "Great Hackers" <http://www.paulgraham.com/gh.html>（16 June 2011）.

第 5 章　为什么编程不属于实用艺术

言可以被看作是"五花八门的规则集合",[943]并通过机械的方式来实现所需的功能。如果这些语言仅仅是"标准"的话,可能会只有少数几种,就像操作系统已经统一形成了两个主要的分支——Windows 和 Unix。[944]

但是计算机语言远远不止是一种客观标准,它更是一个"描述计算的符号系统"。[945]它的底层结构重现了语言设计者的决策。[946]这些决策体现着相互冲突的目标之间的协调:

> 一种有用的编程语言必须……既适合于描述(例如适合程序的作者和读者理解),也适合于计算(即可以在计算机上高效实现)。但是人类和计算机又是如此的不同,以至于很难找到能完美适配上述两种需求的符号设备。[947]

特定语言形式规范之间的变化范围(下面将结合 Python 和 C# 进行讨论),也体现出与其他表达性作品,如文学作品和其他版权作品,进行类比的适当性。就像可以用多种不同的方式来描述同一个特定的故事情节,[948]同样也可以用多种方法实现算法的功能,程序员至少能够看到并探索不同表达的价值。如果一种语言仅仅是一个标准,那么肯定不需要对它进行一次以上的实现。这也揭示了以各种方式表达可计算过程的价值。[949]

影响语言设计的另一个因素是,程序员各有各的风格,这些风格往往反映在他们的思维方式上,[950]而语言能力又会影响程序员的思维方式,这也使语言

---

〔943〕 Hal Abelson, "Foreword" in Daniel P. Friedman, Mitchell Wand and Christopher T. Haynes, *Essentials of Programming Languages*(MIT Press, 2001)at vii.

〔944〕 这种简化主义的观点本身可能会受到挑战。首先,Unix 包含大量的变体,包括许多 GNU/Linux 和 BSD 发行版,以及 MacOSX。其次,尽管 Unix 变体共享一个设计,但 Windows 变体共享一个商标,并且与早期品牌成员具有一定程度的向后兼容性。

〔945〕 Robert D. Tennent, *Principles of Programming Languages*(Prentice Hall, 1990),见第 1 页。又见 *Funger v Daley* 一案。

〔946〕 Abelson, 前述第 943 条注释, 第 vii 页。

〔947〕 Tennent, 前述第 945 条注释, 见第 1 页。

〔948〕 事实上, 在不同的时期, 人们认为只有极少数的故事情节可供选择。见 IPL2, "The 'Basic' Plots in Literature" <http://www.ipl.org/div/farq/plotFARQ.html>(8 July 2011)。

〔949〕 下文第 2.3 节探讨了编程中的价值概念。

〔950〕 "(语言)语法深深地影响着你对问题的看法,即使从语义上讲,它与正在发生的事情毫无关系。"安德斯·海尔斯伯格(Anders Hejlsberg), C 语言的设计者, 在 John Osborn, "C#: Yesterday, Today, and Tomorrow: An Interview with Anders Hejlsberg, Part 2" *OnDotNet*, 31 October 2005 <http://ondotnet.com/pub/a/dotnet/2005/10/31/interview-with-anders-hejlsberg-part-2.html>(8 July 2011)中的发言。

选择成为一个重要因素。[951]

例如，Perl语言的设计理念是"做一件事不止一种方法",[952]相比之下，Python语言的设计理念则是"应该有一种——并且最好只有一种——显而易见的方法来实现"。[953]

这些对语言设计的影响还表明，一种编程语言可以只被认为是另一种程序。事实上，阿贝尔森（Abelson）将这个概念描述为"计算机编程中最基础的理念"：[954]

仔细思考……基本思想：解释器本身只是一个程序。不过这个程序是用某种语言编写的，这个解释程序本身就是用解释其自身的某种语言编写的。[955]

这种递归性可以通过观察Python语言来证明。在纯粹抽象的层面上，Python可以被认为是一个单纯的语法和语义的集合规则。[956]实现这种抽象规范的方法有很多。Python主要通过C语言来实现编写，所以有时也被称为CPython。此外还可以用Java（Jython）[957]和C#语言（IronPython）[958]来实现编写。Python甚至可以用Python本身（PyPy）来实现编写。[959]从更深层次看，IronPython解释器是由C#语言编写的，这是微软开发的一款由C++编写的语

---

[951] 迪科斯彻（Dijkstra）是计算机语言影响思维论的热心支持者："我们使用的工具对我们的思维习惯有深刻的影响（而且是狡猾的影响！），因此，对我们的思维能力也有影响。……实际上，很难向之前已经接触过BASIC语言的学生传授良好的编程知识，作为潜在的程序员，他们的思想已经被固化难以冲破牢笼。COBOL语言的使用削弱了思维；因此，这种教导应被视为一种'刑事罪行'。" Edsger W. Dijkstra, "How do we tell truths that might hurt？", （EWD498，1975）<http://www.cs.utexas.edu/~EWD/transcriptions/EWD04xx/EWD498.html>（29 July 2011），reproduced in *Selected Writings on Computing：A Personal Perspective*（Springer-Verlag），第129~131页。又见Robin Milner，ML语言的设计者，转引自Dexter et al., 前述第890条注释，见第12页。

[952] Wikipedia,"There's more than one way to do it" <http://en.wikipedia.org/wiki/There's_more_than_one_way_to_do_it>（11 July 2011）.

[953] Tim Peters,"PEP 20-The Zen of Python" <http://www.python.org/dev/peps/pep0020/>（7 July 2011）. 该语言的发明者和首席程序员吉多·范罗苏姆（Guido van Rossum）在被问及这一设计目标的起源时指出，它"直接来自数学和计算机科学中对优雅的普遍追求"。Frederico Biancuzzi and Shane Warden, *Masterminds of Programming*（O'Reilly Media, 2009），见第25页。

[954] Abelson, 前述第943条注释，见第vi页。

[955] Abelson, 前述第943条注释，见第viii页。

[956] 尽管对该语言的各个方面都没有严格的正式规范，但《Python语言参考手册》（the Python Language Reference）被视为"独一无二的"指南。见"The Python Language Reference" <http://docs.python.org/reference/index.html>（11 June 2011）.

[957] <http://www.jython.org/>（11 June 2011）.

[958] <http://ironpython.net>（8 July 2011）.

[959] <http://pypy.org/>（11 June 2011）. 实现一种语言本身被称为引导，或自托管：Wikipedia, "Bootstrapping（compilers）" <http://en.wikipedia.org/wiki/Bootstrapping_(compilers)>（27 May 2011）.

第 5 章 为什么编程不属于实用艺术

言，[960]并且被编译成一种叫作 MSIL 的中间语言。[961] MSIL 可以事先被编译成机器代码，或者在运行时由机器代码互译器执行，这些编译器/解释器"很可能是用 Microsoft Visual C 编写的"。[962]要实际运行，可执行对象代码依赖于"通用语言框架"，该框架是用 C++ 编写的，尽管似乎至少有一个组件是 Lisp 的原型化。[963]微软对 C#、MSIL 和机器代码解释器的规范已经可以由一个名为 Mono 的开源项目独立实现，该项目完全由 C# 语言实现。[964] Mono 还可用于 Mac OSX、Windows 和各种 Linux 发行版系统。[965]

抛开所有的技术细节不谈，这篇简短的概述可以证明语言是由一系列组件组装而成的程序，就像任何现代应用程序都可以由语言构建模块、各种库以及框架等构成一样。[966]

这个例子还表明，源代码和目标代码之间的划分并不明确。归根结底，源代码是被翻译成一种能够实际使计算机执行所述过程的形式。但这条通往最终形式的道路包含"一连串复杂而又不寻常的事件"，[967]并且可能要等到代码执行之时才能完成。因此，必须审慎对待任何将表达性源代码和功能性目标代码进行明确区分的主张。

它还演示了如何将代码视为可执行数据，即软件的源代码可以被理解为是对可计算过程的精确描述，而不是仅将其视为执行过程中的一个附属部分。这种描述构成了程序的数据输入，并且程序又将其转化为另一种形式。该程序的输出可能是机器代码，也可能是需要在执行前进一步翻译的另一种中间语言。软件也可能要到实际执行时才达到最终的可执行状态。

---

〔960〕 至少，C# 的共享源代码的实现是如此。见 "Shared Source Common Language Infrastructure 2.0 Release" <http://www.microsoft.com/download/en/details.aspx?displaylang=en&id=4917>（8 July 2011）。

〔961〕 它支持微软中间语言。见 Microsoft，"Managed Execution Framework" <http://msdn.microsoft.com/en-us/library/k5532s8a.aspx>（8 July 2011）。

〔962〕 因为这是一个专有程序，所以源代码不可用。但是，在 FaultWire 的分析中认为，用 C 语言编写本机映像生成器（ngen.exe）的编译器是可能的。见 FaultWire，"Ngen.exe CLR Native Compiler" <https://www.faultwire.com/file_detail/ngen.exe*41826.html>（8 July 2011）。

〔963〕 "我设计了运行时的架构，并编写了垃圾回收器（是的，垃圾回收器的原型是用 Common Lisp 语言编写的，我写了一个翻译器将其转换成 C++ 语言）"：Patrick Dussud，"How It All Started... AKA the Birth of the CLR" on CLR，Architectures and Stuff <http://blogs.msdn.com/b/patrick_dussud/archive/2006/11/21/how-it-all-started-aka-the-birth-of-the-clr.aspx>（8 July 2011）。

〔964〕 Mono Project，"CSharp Compiler" <http://www.mono-project.com/CSharp_Compiler>（8 July 2011）。

〔965〕 见 <http://www.mono-project.com/download/>（21 August 2017）。

〔966〕 见第 1 章中的相关讨论。

〔967〕 Colburn and Shute，前述第 885 条注释，见第 355 页。

IP 软件的可专利性

还应考虑解释器作为一个程序这一重要推论。任何程序都可以被视为一种语言、语言的集合，或者至少包含"类似语言的重要部分"。[968]

Perl 编程语言的设计者拉里·沃尔（Larry Wall）提到了这一点，他说："如果你把 Unix 看作是一种编程语言，它甚至比 Perl 语言还要丰富得多。Perl 语言大体上是 Unix 的一个简化或摘要版本。它可以被视为 Unix 的纲要和重点。"[969] 阿贝尔森也认同该观点，并认为：

构建一个复杂程序最有力的方法之一就是将各种语言组合在一起，其中每一种语言都提供了不同的视角和处理程序单元的不同方式。[970]

在源代码和目标代码两者没有明确区分的情况下，柯尔本（Colburn）和舒特（Shute）提出了一种方法，可以将软件的表达性表征为所涉及功能的抽象程度：

随着编程语言抽象程度的提高，语言的表现力也越来越强，因为程序员可以直接操作他们正在建模的世界中的对象，如购物车、聊天室和篮球队。这种表达只有通过发生在较低层次的隐藏交互模式的复杂性才能实现。[971]

这表明，表现力是由物理性决定的，它与物理限制对编程过程的影响程度成正比。这种观点无疑进一步加强了上述与物理性有关的分析，尤其需要对发明进行仔细的定性。

在这种情况下，确定基准线变得尤为重要：在所有代码中，功能性最强的代码，即以最终机器可执行形式编写的代码，其表达性如何？在第 2 章中，有人认为，软件的"新机器"特性虽然在计算机科学上是正确的，但仍然存有问题。[972] 造成这种情况的一个原因是，这种定性从好的角度上想仅仅只是忽视了某一特性，而从坏的角度上看，它剥夺了软件的一项基本特征：

因为这些机器的操作在人类活动之外没有明显的意义，所以很容易得出结论，一个程序的意义与人类对其功能的解释结果是相同的：一旦"内在"思维象征脱离于本体之外，其与"外在"的关键联系就被切断了，"内在"的思维象征因其存在意义被剥夺会逐渐消失，只留下具有引人入胜的近乎自治的幻想的机器，遍历各种充满意义的状态。[973]

换句话说，软件并不能单纯由其功能来充分描述，"它存在并独立于人类

---

[968] Abelson，前述第 943 条注释，见第 viii 页。

[969] Larry Wall, "Perl, the first postmodern computer language" <http://www.perl.com/pub/1999/03/pm.html>（7 July 2011）.

[970] Abelson，前述第 943 条注释，见第 viii 页。

[971] Colburn and Shute，前述第 885 条注释，见第 348 页。

[972] 见本书第 2 章。

[973] Dexter et al.，前述第 890 条注释，第 10 页。

第 5 章 为什么编程不属于实用艺术

经验之外",[974] 却又与人类对其赋予的意义密不可分。人们通常会以任何技术或工程过程都具有这样的表达内核为由,来否定这样的论证。表达意义可以起到增强功能感的积极作用。Mac 狂热粉[975]之所以购买 MacBook 产品,不仅是因为其技术规格属性,如处理器速度和内存容量,还因为成为 Mac 所有者有很多意义:可能是对苹果"就是这么管用"理念的重视,[976]也可能出于对其工业设计的信奉,甚至可能是对 Windows 在操作系统市场上的主导地位的抗议。

这种将意义建立在最初可能被认为是主要功能的东西上的做法,为我们理解软件的"技术表达"方式打开了大门。拉托(Ratto)用三步论证了软件是如何囊括"嵌入式技术表达"的。[977]第一,如上所述,程序的源代码表达或解释了完成特定任务的过程。[978]第二,软件在计算机上运行时,向用户表达了两者应该如何进行交互。[979]第三,作为设计过程的一部分,使程序模块化可以充当组织分工的一种方法。也就是说,它定义了"程序员之间的关系"。[980]

迪科斯彻(Dijkstra)认为,表达是编程活动的核心,尽管在某种意义上,表达不仅限于使用编程语言对特定概念的单纯表达,而且还涉及上述技术表达的概念。迪科斯彻认为在编程中掌握自然语言的必要性有两个方面:首先,它是准确地交流和描述要解决的问题所必需的,同时它也是一种"不可或缺的思维工具"。[981]

---

[974] Dexter et al., 前述第 890 条注释, 第 9 页。

[975] 狂热粉(fanboi)是一个贬义词,其指"对某一特定商品或品牌有非理性依恋的人,并且对竞品品牌或商品有非理性的厌恶。""fanboi or fanbois", *Whirlpool Knowledge Base* <http://whirlpool.net.au/wiki/fanboi>(4 August 2011);"fanboi" *Urban Dictionary* <http://www.urbandictionary.com/define.php?term=fanboi>(4 August 2011)。

[976] 例如见 Chad Dickerson, "Mac OSX: it just works" Infoworld, 12 September 2003 <http://www.infoworld.com/t/platforms/mac-os-x-it-just-works-441>(4 August 2011)。这句话最初是苹果公司为其基于 Unix 的 OSX 操作系统提出的口号。见 Wikipedia,"List of Apple Inc. slogans" <http://en.wikipedia.org/wiki/List_of_Apple_Inc._slogans>(4 August 2011)。

[977] Dan L. Burk, "Patenting speech",(2000)79 *Texas Law Review* 99,见第 115 页;Matt Ratto,"Leveraging Software, Advocating Ideology: Free Software and Open Source" paper presented to the 29th Research Conference on Information, Communication and Internet Policy(2001)<http://arxiv.org/abs/cs.CY/0109103>(27 June 2011)at 12.

[978] Matt Ratto, "Leveraging Software, Advocating Ideology: Free Software and Open Source" paper presented to the 29th Research Conference on Information, Communication and Internet Policy(2001)<http://arxiv.org/abs/cs.CY/0109103>(27 June 2011)at 12.

[979] Ratto, 前述第 978 条注释,见第 14 页。

[980] Ratto, 前述第 978 条注释。组织结构和代码结构之间的关系也反映在康威定律(Conway's Law)中,即"任何设计系统的组织都会产生一种设计,其结构是该组织的通信结构的副本":<http://beautifulcode.oreillynet.com/2007/11/hidden_influences_on_software.php>(15 July 2008)。

[981] E. W. Dijkstra "Programming as a Discipline of Mathematical Nature"(1974)81(6)*The American Mathematical Monthly* 608–612.

总结

本节沿以下维度讨论确定了适当的软件保护的经典方法：版权用来保护表达性作品，而专利法保护功能性作品。然而，程序是"以文本为构造媒介的机器",[982]并且表现出功能性和表达性的二元性或深层的相互依存关系，这使得它们难以被分类。

因此，尝试硬将软件归为一类或另一类是困难的。从版权方面考虑，强调了源代码的表现性，使其类似于文学作品。同时，由于认识到源代码和目标代码之间存在紧密的因果关系这一事实，版权制度已经扩展到涵盖目标代码，但它与其他受版权保护的作品又几乎没有相似之处。

同样，从专利法角度考虑，对软件功能的关注也具有相应的破坏作用。毫无疑问，软件是功能性的，否则就是愚蠢的断言。但是，软件也存在上述至少三种方式的表达性。因此，文中关于软件是功能性表达还是表达性功能的选择，鉴于已经证明软件功能的广泛性，表达性功能似乎是最合适的。

允许对偏离表达领域的标的申请专利的结果，意味着专利法的传统限制已经淡化，以至于政府允许对电影剧本、体育运动和税务建议申请专利。这一事实本身可能表明，找到一种软件专利问题的解决方案是恰当的，它反映了软件专利问题的独特特征——一种自成体系的制度。

5.2.3　审美的还是理性的

通过观察软件的设计过程，并回顾米切姆的纯艺术设计和工程设计的不同之处，[983]我们可以确定软件主要是针对效率还是美观，也就是说，无论是理性创造还是审美创造。这在某种程度上可能是一个问题，因为很明显，即使在传统的工程学科，如桥梁和塔楼的建设，"结构工程师也受到美学和（理性）分析的指导"。[984]虽然在软件开发中可能同时有美学和理性的考虑，但有人提出，美学方面是软件开发中不可分割的一部分，因此不能像在其他技术活动中那样，将其视为纯粹的辅助因素。

理性的工程方法包括一系列逻辑步骤。这个模型的一个很好的例子是软件发展中的理想化瀑布模型，如图5.1所示。这种软件开发方法在软件开发的

---

[982] Pamela Samuelson et al., "A Manifesto Concerning the Legal Protection of Computer Programs", (1994) 94 *Columbia Law Review* 2308 at 2320.

[983] 见本书第4章。

[984] Bruce J. MacLennan, "Aesthetics in Software Engineering"（Technical Report No UT-CS06-579, Department of Electrical Engineering and Computer Science, University of Tennessee, 31 October 2006）<http://web.eecs.utk.edu/~library/TechReports/2006/ut-cs-06-579.pdf>（26 May 2011）.

早期占据主导地位,是硬件工程主导地位的产物,因此是硬件工程的一种方法。〔985〕在瀑布模型下,设计和开发过程的每个阶段都应在下一阶段开始之前完成,且各级之间的相互作用存在一定的容忍度。

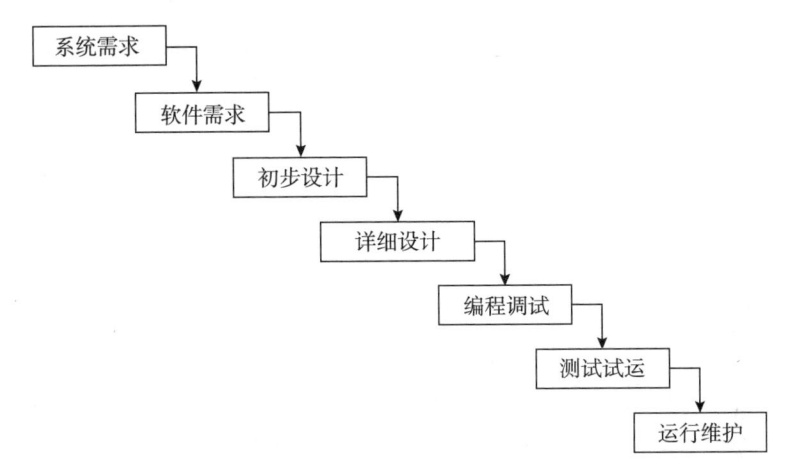

```
系统需求
   ↓
  软件需求
     ↓
    初步设计
       ↓
      详细设计
         ↓
        编程调试
           ↓
          测试试运
             ↓
            运行维护
```

图 5.1　理想化瀑布开发模型

但是这种理性设计过程的理想从来没有与软件开发的现实相匹配,也永远不会。充其量,我们会发现这个模型是值得"伪造"的东西,〔986〕正如在一个已出版的数学证明中,从公理到证明的严格逻辑推理掩盖了它之前的曲折的发现之路一样。〔987〕这条"曲折的道路"是非理性的、感性的、直觉的、人性的或审美的创造方式。书是怎样写的,一块石头是怎样变成雕塑的,艺术家是怎样在画廊里将一个想法变成一件作品的。

A　只是另一种类型的工程

软件开发乍一看似乎基本上是理性的。在许多情况下,"软件开发完全是

---

〔985〕 Barry Boehm, "A View of 20th and 21st Century Software Engineering"(Paper presented at the 28th International Conference on Software Engineering, Shanghai, China, 20 May 2006) 12 <http://portal.acm.org/citation.cfm?id =1134288> at 13.

〔986〕 David L. Parnas and Paul C. Clements, "A Rational Design Process: How and Why To Fake It" (1986) 12 (2) *IEEE Transactions on Software Engineering* 251.

〔987〕 Parnas and Clements, 前述第 986 条注释, 见第 251 页; Daniel M Berry, "The Inevitable Pain of Software Development: Why There Is No Silver Bullet" in Martin Wirsing, Alexander Knapp and Simonetta Balsamo (eds), *Radical Innovations of Software and Systems Engineering in the Future*, *Proceedings of the 2002 Monterey Conference*, LNCS 2941 (Springer, 2004) 50, 见第 53 页。

一个工程问题：为解决实际问题创造出有效的解决方案，为全人类服务"。[988] 它是一系列逻辑步骤的集合，需在句法和语法上正确，并符合编程语言的严格要求。事实上，它不但必须是正确的，以便编译和运行，并能将普通的计算机转换成一台可运行的"新机器"，[989]而且最终的"软件产品"能有效地利用计算机的可用资源来执行它所被期望实现的功能。正如米切姆所指出的，效率的概念是工程设计的核心。[990]

此外，许多程序员可能把自己当作工程师，通过一系列合理的工作步骤来实现一个明确的最终目标。这种软件程序与工程的联系是有历史依据的。可以理解，当软件在20世纪50年代首次出现时，它就与计算机硬件工程密切相关。[991]然而，在20世纪60年代，对软件的需求加上新兴的"黑客"文化，使软件开发摆脱了与硬件工程的这种密切联系，成为一门独立学科。[992]同时，软件项目的日益复杂，程序员不断增强的雄心壮志，以及软件开发项目的一系列巨大失败，促使美国航空航天局召开了两次关于正面临的"软件危机"的会议，[993]以应对这一危机。"软件工程"一词产生于1968年。[994]软件工程与任何其他工程学科一样，为实现取得与计算机硬件工程师获得的生产率收益相媲美的目的，需要在严格、科学的基础上进行。[995]

软件开发作为一个理性过程的这一观点也可能是被软件开发是一个具有巨大经济价值的行业这一事实所强化了。软件产品变得越来越大，越来越复杂，并且需要更好的组织和管理来进行开发。因此，开发软件的组织将从加强软件开发的稳定性以及"工程"性质中获益，以确保客户和投资者的投入有效。[996]

---

[988] Mary Shaw, "Prospects for an Engineering Discipline of Software" (1990) 7 (6) *IEEE Software* 15 at 19.

[989] 关于软件的新机器特征的讨论，详见第4章。

[990] 参照（Cf.）H. Coqui, "Corporate survival: The software dimension" Focus '89, Cannes, 1989, cited in Frederick P. Brooks Jr, *The Mythical Man Month: Essays on Software Engineering* (Anniversary ed, Addison-Wesley, 2002), 第218页："对由无法控制的纯艺术家去负责开发日益复杂的系统可能会造成重大事故的担心是在软件生产中使用软件工程原则的驱动力。"

[991] Boehm, 前述第985条注释，见第13页。

[992] Boehm, 前述第985条注释，见第13~14页。

[993] Boehm, 前述第985条注释，见第14页。迪科斯彻（Dijkstra）称这场危机直接涉及编程活动的性质：Edsger W. Dijkstra, "The Humble Programmer", (1972) 15 (10) *Communications of the ACM* 859, 见第862页。

[994] Edsger W. Dijkstra, "The Humble Programmer", (1972) 15 (10) *Communications of the ACM* 859 at 14.

[995] Brooks, 前述第883条注释，见第10页。

[996] Andrei P. Ershov, "Aesthetics and the Human Factor in Programming" (1972) 15 (7) *Communications of the ACM* 501.

第 5 章　为什么编程不属于实用艺术

然而，也有人提出，上述项目管理和业务过程问题所做的定义超出了软件工程恰当的定义范围。[997]

B 没有灵丹妙药

有人指出，软件编程和硬件工程之间的历史分裂出现在 20 世纪 60 年代。尽管不断有人试图将软件开发重新定性为一个工程学科，但在 2009 年，肖（Shaw）认为软件工程尚不能被完全定义。[998]虽然新方法经常被认为预示着软件工程时代[999]的到来，但是这些所谓的"灵丹妙药"[1000]却达不到应有的功效。

此外，我们有充分的理由认为，软件开发中真正的工程实践可能永远不会生根发芽。采用这种消极观点的主要原因源于软件开发任务的固有特性。工程实践能消除个体之间差异的影响，例如"普通的实践者能够创建起工作的复杂系统——也许不引人注目，但可靠"。[1001]如果一个活动是客观的，或者是理性的，这是很容易做到的。但是软件实体的本质是一系列相关概念的构造，是数据集、数据项之间的关系以及算法和函数的调用。[1002]因此，编写软件最困难的是这个概念构造的规范、设计和测试，而不是表示它的劳动和测试陈述的精准性。[1003]这将软件实践与工程实践区分开来：

虽然好的概念设计和好的概念设计之间的区别可能在于设计方法的可靠性，但是好的设计和伟大的设计之间的区别肯定不会如此。[1004]

相应地，也有一些经验证据表明，具有类似经验的程序员在生产效率上可

---

[997]"每当有人说'我们不需要技术进步，我们需要更好的流程'，这就说明生产技术还没有把我们带到一个完全成熟的商业实践中"：Mary Shaw，"Continuing Prospects for an Engineering Discipline of Software"（2009）26（6）*IEEE Software* 64，见第 66 页。根据 Shaw 的说法，成熟的商业实践是工程实践出现的前兆。

[998] Shaw，前述第 997 条注释。

[999] 见 Michael A. Dryja，"Looking to the Changing Nature of Software Development for Clues to Its Protection"（1995）3 *University of Baltimore Intellectual Property Law Journal* 109。肖（Shaw）采取了积极但更谨慎的立场，认为"有充分的理由期待最终会有一门关于软件的工程学科"：Shaw，前述第 998 条注释，见第 22 页。

[1000] 在所有充斥着民间传说的噩梦的怪物中，没有什么比狼更让人害怕的了，因为它们从人们熟悉的事物意外地变成了令人恐怖的怪物。对于这些怪物，人们要寻找能够神奇地让它们安息的银弹；至少在非技术经理人看来，我们熟悉的软件项目具有这样的特点：它通常是纯粹的和直接的，但也有可能成为一个为进度计划错乱，预算不足和产品破旧的怪兽。因此，我们听到了急切的呼声，希望有一颗银弹能使软件成本像计算机硬件成本一样迅速下降的东西：Brooks，前述第 883 条注释，见第 10 页。

[1001] Shaw，前述第 988 条注释，见第 16 页。

[1002] Brooks，前述第 883 条注释，见第 11 页。

[1003] Brooks，前述第 883 条注释，见第 11 页。

[1004] Brooks，前述第 883 条注释，见第 18 页。

能存在巨大的差异。[1005] 软件编程作为一项依赖于个人属性的工作，部分观点认为审美考虑在发挥着核心作用。

贝农（Beynon）等人指出，"采用正式的程序开发方法的主要目的之一是将重点从'考虑你对程序的直观意图'转移到'精确而抽象地思考你指示它做什么'。"[1006] 如此看来，强调这样一种结构化的软件开发方法可以解决潜在的危险，这种危险存在于"我们能立即看到的，也许是表面的，以及我们在其他环境中仔细观察后看到的，可能是不可预见的"之间。[1007]

然而，虽然形式化方法可能是一种重要的学习工具，但其并不能消除直觉，直觉仍可能在解释正式规范时发挥作用。[1008] 此外，形式化方法并不保证软件开发的成功，只是处理软件开发任务的一种可能方法。[1009]

此外，虽然微软、奥多比和甲骨文等大型软件开发公司占据了大部分的市场份额，但并非所有软件都是由这些大型软件公司开发的。通常，小型开发团队也会参与进来。此外，正如布鲁克斯所指出的，"天才"通常出自独立开发人员。[1010] 同样，形成专利申请基础的不是大规模的软件架构，而是更细粒度的软件组件。把注意力放在软件产品本身和生产它的组织上，却忽略了这基本上是一种人类活动。

当生产力是由人为因素决定的时候，人们认为审美知觉压倒了理性分

[1005] H. Sackman, W. J. Erickson and E. E. Grant, "Exploratory Experimental Studies Comparing Online and Offline Programming Performance"（1968）11（1）*Communications of the ACM* 3; Bill Curtis, "Fifteen Years of Psychology in Software Engineering: Individual Differences and Cognitive Science" ICSE '84 Proceedings of the 7th international conference on Software engineering（IEEE Press, 1984）<http://portal.acm.org/citation.cfm?id=801956>（27 July 2011）97 at 98-99; Sarah H. Nash and Samuel T. Redwine Jr, "People and Organizations in Software Production: A Review of the Literature"（1988）11（3）*ACM SIGCPR Computer Personnel* 10; Steve McConnell, "10x Software Development" <http://blogs.construx.com/blogs/stevemcc/archive/2008/03/27/productivityvariations-among-software-developers-and-teams-the-origin-of-quot-10x-quot.aspx>（8 June 2011）.

[1006] Meurig Beynon, Russell Boyatt, and Zhan En Chan, "Intuition in Software Development Revisited" in Jim Buckley, John Rooksby, and Roman Bednarik（eds）Proceedings of 20th Annual Psychology of Programming Interest Group Conference（2008）<http://www.cs.standrews.ac.uk/~jr/papers/ppig08Proceedings.pdf>（16 June 2011）95 at 96.

[1007] Beynon et al., 前述第 1006 条注释，见第 96 页。

[1008] Beynon et al., 前述第 1006 条注释，见第 96 页。

[1009] 见 Berry, 前述第 987 条注释，其中阐述了一些不同的方法及其问题。

[1010] "稍微回顾一下就会发现，尽管许多完美的、有用的软件系统是由大公司设计的，并且是作为多方项目的一部分设计出来的，但那些让热情的粉丝感到兴奋的软件系统却大多出自一个或几个伟大设计师"：Brooks, 前述第 883 条注释，见第 18 页。

析。[1011] 可以列出审美知觉影响软件开发的三种方式，即辛克莱在数学方面提出的并在第 4 章中进行了讨论的三种方式——评价、动机、生成。

C 美学评价

上面提到，在实现特定算法时，可以通过代码在执行时使用计算机物理资源的程度来评估代码的效率。需要较少 CPU 周期执行的代码比其他的代码效率更高。但这并不是评估代码的唯一标准。以下是讨论后总结的各种可能性：

不同程序员对优秀代码的定义不同。因此，不可能提供一个能让所有人认可的定义。然而，优秀代码的某些特性却是大多数人认可的，我们将使用其中一些共同的特性来形成我们的定义，以下就是我们认为的优秀代码的某些属性：

- 优秀的代码有效地使用 CPU（也就是说，代码执行速度很快）；
- 优秀的代码有效地使用内存（也就是说，代码很小）；
- 优秀的代码高效地使用系统资源；
- 优秀的代码易于阅读和维护；
- 优秀的代码遵循全套一致的风格准则；
- 优秀的代码使用明确的设计，遵循已建立的软件工程惯例；
- 优秀的代码易于增强和修改；
- 优秀的代码有良好的测试表现和稳定性（也就是说，它工作时故障率低）；
- 优秀的代码有很好的文档属性。

我们可以很容易地在这个列表中添加许多条目。例如，有些程序员可能认为优秀的代码必须是可移植的，必须遵循一套给定的编程风格，必须用某种语言编写，或者不能用某种语言编写。有些人可能会觉得好代码必须写得尽可能简单，而另一些人可能会觉得好代码写得很快。还有一些人可能会觉得优秀的代码是在时间和预算内创建的。当然你还可以想想其他的特征。[1012]

上述一些属性明确地考虑了以机器提供的物理资源的使用效率作为目标。这些都是合理的工程标准。然而，其他的一些属性则暗示了更多的美学考虑，比如这些代码是否易于阅读和维护，它是否与编程团队所采用的社会规范相一致。然而，也许最能说明问题的特性是引用的段落开头就承认，不同的程序员可能有不同的定义。在某些情况下，高效的代码可能会被认为是"坏的"，因为它很难扩展、维护，或者不可能阅读。

[1011] "在编程中，就像在许多领域一样，困难的部分不是解决问题本身，而是确定要解决什么问题。想象力是很难衡量的，但在实践中，它主导了那种用代码行来衡量的生产力。" Graham, 前述第 942 条注释。

[1012] Randall Hyde, *Write Great Code*: *Understand the Machine*（No Starch Press, 2004）at 8-9.

事实使然，"你可以达到相同的目标……通过许多不同的风格编码，使用不同的模块，并以不同的方式部署相同的模块"。[1013]优秀代码的主观性质表明了这些标准的审美性质，因为美是由旁观者来判断的。辛克莱指出，对于数学，美学起到了评价的作用，因为：

数学实际不能提供自己的标准，也就是说，一个数学结果不能因为它与某些数学假设相匹配而被判定为重要——数学不能自我判定。[1014]

软件开发也是如此。即使是看似合理的标准，如资源的有效利用，也是武断的。如上所述，在优化方面，对效率的关注可能会对软件开发产生负面影响，因为它会对可读性、复杂性等其他标准产生负面影响，并可能因此降低可维护性。[1015]

有种观点认为，审美学考虑也类似"积极地参与到数学家们表达和交流他们自己的工作的过程中"。[1016]这在软件案例中也很明显，如可读性，或者相关的可维护性标准被认为是好代码的一个重要品质。[1017]

D 美学的激励性

动机美学包括引导程序员在编写软件时的行为动机。就像数学一样，当涉及编程时，"很难证明有一个客观的角度——一个可以衡量软件产品价值的现实。举例来说，物理学是另一门提出强烈审美主张的学科，它可以用物理现实来衡量问题和结果：它们在多大程度上解释了宇宙的形状或光的行为"。[1018]讨论了缺乏客观标准来对软件作出价值判断的问题，这些标准与上面的审美评价有关。

除此之外，动机美学关注的是这样的概念，如审美激励[1019]可以作为一种

[1013] Stas Bekman and Erik Cholet, *Practical mod_perl*（2003），见第453页。正如作者所指出的，这一事实被 Perl 编程语言的"主要座右铭"所颂扬，即 TMTOWDI（there's more than one way to do it，做一件事不止一种方法）。

[1014] Nathalie Sinclair, "The Roles of the Aesthetic in Mathematical Inquiry"（2004）6（3）*Mathematical Thinking and Learning* 261 at 265.

[1015] 见上文讨论。

[1016] Sinclair, 前述第1014条注释，见第266页。

[1017] "程序必须是为供人阅读而编写的，而用机器执行则只是顺便的。"Abelson and Sussman, 前述第928条注释，见第xvii页。被称为"识字编程"的方法倾向于将可读性置于所有其他考虑之上。见 Donald E. Knuth, *Literate Programming*（Center for the Study of Language and Information, Stanford University, 1992），第99页。

[1018] Sinclair, 前述第1014条注释，见第274页。

[1019] 辛克莱（Sinclair）列出了与数学有关的以下内容：视觉上的吸引力，简单性，秩序，"相适应"，惊奇，悖论和社会影响，用以激发人们的积极性。见 Sinclair, 前述第1014条注释，第275~277页。

第 5 章 为什么编程不属于实用艺术

内在动机来激励程序员确定其感兴趣的领域和明确自身价值,甚至激励可以成为一种持续多年的不懈追求。[1020]

一般来说,动机美学可以在编程"有趣"的说法中找到。坊间证据支持这样一种说法,即软件开发者,或者至少是最好的软件开发者,是由美学因素驱动的,而不是严格的逻辑因素:[1021]

他们的特点可能是他们真的喜欢编程。普通黑客编写代码来支付账单。但杰出黑客却把写代码看作为了兴趣而做的事情,他们很高兴地发现人们会为他们的工作买单。[1022]

根据经验证据,不同的程序员的生产效率可能有一个数量级的差异,[1023]动机美学的重要性要比它看起来的更大。那么是什么让编程变得有趣呢?弗雷德·布鲁克斯在《人月神话》一书中详细地讲述了编程的乐趣所在,详情如下:

为什么编程是有趣的?编程的人又会期待什么样的喜悦作为他的回报呢?

首先是制造东西的纯粹乐趣。就像孩子喜欢玩泥巴一样,成年人也喜欢建造东西,尤其是自己设计的东西。我想这种喜悦一定是上帝创造万物的喜悦的写照,这种喜悦表现在每一片叶子和每一片雪花的新鲜和崭新上。

其次是制造对他人有用的东西的乐趣。在内心深处,我们希望别人使用我们的工作成果,并发现其作用。在这方面,编程的乐趣与孩子的第一个"爸爸办公室专用"泥笔筒并无本质区别。

再次是它的魅力在于,创造出复杂如谜题一样的且内部相互关联的,并能看到它们以创造之时就设定的运行原则来微妙地循环运行的物体。如编程使得计算机具有弹球机或自动点唱机的全部魅力,并将其发挥到极致。

又次是不断学习的乐趣,这源于任务的不重复性。在某种程度上,问题总是新的,而解决问题的人会学到一些东西:有时是实践的,有时是理论的,有

[1020] 见 Sinclair,前述第 1014 条注释,第 274~275 页。

[1021] 关于 Linux 内核,创建者兼项目负责人莱纳斯·托瓦尔兹(Linus Torvalds)声称"最重要的设计问题……是 Linux 应该是有趣的":in Ann Brashares, *Linus Torvalds*, *Software Rebel*(Twenty-First Century Books, 2001),第 45 页。开源软件先驱埃里克·雷蒙德(Eric S. Raymond)在谈到开源软件时同样指出:"我们做的事情很有趣……我们的创造力一直在提高技术、市场份额和思维能力,以惊人的速度获得成功。我们不仅证明我们可以开发出更好的软件,而且证明了快乐是一种财富。"Eric S. Raymond, *The Cathedral and the Bazaar:musings on Linux and Open Source by an accidental revolutionary*(O'Reilly Media, 2001),见第 60 页。Python 语言的创建者吉多·范·罗苏姆(Guido van Rossum)同样指出,"如果其中没有纯艺术,就不会有任何乐趣,那么我就不会在 30 年后还在继续做这件事": in John Littler, "Art and Computer Programming" *O'Reilly OnLamp.com*, 30 June 2005 <http://onlamp.com/pub/a/onlamp/2005/06/30/artof prog.html>(25 May 2011)。

[1022] Graham,前述第 942 条注释。

[1023] 见前述第 1005 条注释,第 20 页及附文。

时两者兼而有之。

最后是在这样一个易于驾驭的媒介中工作还有一种乐趣。程序员和诗人一样，只是稍微脱离了纯粹的思想。他通过发挥想象力，在空中建造他的空中楼阁。很少有媒介能够如此灵活，如此容易润色和修改，如此容易实现宏大的概念结构……然而，与诗人的语言不同，程序结构是真实的，因为它运行并工作，产生与构造本身截然不同的可见的结果。它打印、绘图、发出声音、移动机械手臂。神话和传说的魔力在我们这个时代变成了现实。一个人在键盘上输入正确的咒语，显示屏就会活起来，显示那些从来没有也不可能出现的东西。

编程之所以有趣，是因为它能激发我们内心深处的创造性渴望，并能使我们和所有人一样感到愉悦。[1024]

将软件开发与传统的美学追求结合在一起变成了一种热爱。[1025]此外，以情感为动力进一步说明了美学在软件开发中的重要性。[1026]

审美观在影响程序员选择工作领域和项目方面也起着重要作用。[1027]在特定项目范围内，有许多可选择的工作系统，[1028]例如对于计算机就是整个工作环境的程序员来说，他们的灵感可以来自他们所使用的工具的美感——文本编

[1024] Brooks，前述第990条注释，见第7~8页（强调部分由作者标明）。

[1025] "黑客和画家的共同点是他们都是创造者。与商业人士、建筑师和作家一样，黑客和画家所要做的是制造好东西。他们本身并没有进行研究，尽管如果他们在尝试制造美好事物的过程中发现了一些新技术，那就更好了。"Paul Graham"Hackers and Painters"<http://www.paulgraham.com/hp.html>(1 August 2011）。

[1026] 亨特（Hunt）和托马斯（Thomas）用与布鲁克斯（Brooks）相似的方式描述了这种情感反应的根源："我们只需发挥想象力就可以创造出令人敬畏的作品。我们为什么要这样做？我们这样做是为了拥有向别人炫耀的乐趣，看其他人使用他们从未想象过的新颖应用。看着数以百万计的交易在你的应用程序中流动，并对结果充满信心，感到兴奋。同时为建立团队并成为团队的一员而感到喜悦，获得从一块空白的画布开始创作出纯艺术品的满足感。"Andrew Hunt and David Thomas, "The Art in Computer Programming" September 2001 <http://media.pragprog.com/articles/other-published-articles/ArtInProgramming.pdf>（1 August 2011），见第8页。又见 Donald E. Knuth，"Computer Programming as an Art"（1974）17（12）*Communications of the ACM* 667，第670页："编程可以给我们带来思维和情感上的满足，因为掌握复杂的事物并建立一一致的规则系统是真正的成就。"

[1027] "除了拥有好的工具，黑客还希望获得有趣的项目。……如果有新的技术挑战，任何应用都可能很有趣。"Graham，前述第942条注释。

[1028] 有许多不同的方法论，每种方法都有"管理复杂问题和变更改善的方法，以便延迟和缓和（软件的结构已经衰败到很难在不增加更多错误的情况下有所改善的时间）。然而，每种方法都有陷阱，致命的缺陷，其中至少有一个步骤是非常痛苦的，此时人们就会放弃"。Berry，前述第987条注释，见第56页。

第 5 章 为什么编程不属于实用艺术

辑器、语言、版本控制系统、库和框架。[1029]甚至像排版这样的视觉组件也可能扮演一定的角色。[1030]工具的选择也可能更多的是一种社会的选择，而不是一种技术的选择。[1031]

审美激励的证据也可以在其他因素（如工作场所）[1032]和社会因素（如团队激励）的影响中找到。[1033]

即使有了这些初步的和外部的因素，仍然需要对要使用的算法[1034]和数据

[1029] "伟大的黑客想要什么？像所有工匠一样，黑客喜欢好的工具。事实上，这是一种轻描淡写的说法。优秀的黑客认为使用劣质的工具实在难以忍受。他们会直接拒绝在有基础构架错误的项目上开展工作。" Graham, 前述第 942 条注释。又见 Knuth, 前述第 1026 条注释，第 672 页："如果我们有美好的东西可以使用，做常规工作还是很愉快的。……请给我们提供工具，以鼓励我们写出更好的程序，从而增加编写程序的乐趣。" Bruce J. MacLennan, "Aesthetics in Software Engineering" (Technical Report No UT-CS-06-579, Department of Electrical Engineering and Computer Science, University of Tennessee, 31 October 2006) <http://web.eecs.utk.edu/~library/TechReports/2006/ut-cs-06-579.pdf> (26 May 2011), 见第 5 页，其中作者对所有使用计算机的人进行了更普遍的观察，从而在体系结构和软件开发之间做了一个有用的类比：对于许多人来说，计算机不仅仅是一个非计算机化职业中的一种工具。相反，计算机及其软件在很大程度上构成了整个职业。在这种情况下，软件系统就像物理工作空间一样从根本上决定了工作环境。因此，软件系统的美学至少应该和建筑、装饰等一样受到关注。（从这个角度来看，许多当代程序在软件体系上来看相当于"血汗工厂"：混乱，危险，丑陋，疏远和非人化。）就像建筑学处理物理空间的功能和美学一样，为了实用和美观而对其进行设计，软件工程师也为了同样的目的组织（或虚拟）空间。因此，软件美学可以对工作质量和生活质量产生重大影响。

[1030] Philip L. Frana, "An Interview with Donald E Knuth", *University of Minnesota Digital Conservancy*, 8 November 2001, <http://conservancy.umn.edu/bitstream/107413/1/oh332dk.pdf> (1 August 2011), 见第 17~18 页中："精简编程和文本编程的整体思想中的要点之一就是，你必须能够理解程序的整体复杂性。……使用良好的字体，你可以感知结构，而不必将文本想象成只是一堆混乱的字符。"

[1031] "当你决定要在项目中使用哪种基础架构时，你不仅在做技术决策，你也在做社会决策，而这可能是两者中更重要的……当你选择一种语言时，你也在选择一个圈子。" Graham, 前述第 942 条注释。"美学欣赏可以通过一套共享高雅的价值观，将一个软件开发组织团结起来。" MacLennan, 前述第 1029 条注释，见第 4 页。

[1032] "继软件之后，对一个黑客来说最重要的工具可能是他的办公室。大公司认为办公室空间的功能是为了表达等级。但是，黑客们使用他们的办公室的目的不止于此：他们把他们的办公室作为一个思考的地方。对于一家技术公司，他们的思想就是你的产品。"：Graham, 前述第 942 条注释。又见 Tony DeMarco and Tim Lister, "Programmer Performance and the Effects of the Workplace" in *Proceedings of the Eighth International Conference on Software Engineering*, Longon, August 1985, 268; Nash and Redwine, 前述第 1005 条注释，见第 14 页。

[1033] Nash and Redwine, 前述第 1005 条注释，见第 14~15 页；Brooks, 前述第 883 条注释，见第 18 页。

[1034] "给定一个可解决的问题，有许多算法（程序）可以来解决它，但并非所有的算法质量都一样。判断算法质量的主要实际标准是时间和内存要求、解决方案的准确性和通用性。" *Encyclopedia of Computer Science*, (Wiley & Sons, 2003) <http://www.credoreference.com/entry/5880599> (27 July 2011)。然而，应该指出的是，尽管刚才描述的似乎是技术上的选择，但算法的选择往往不像现成的组件那样选择，而是由程序员反复尝试以计算描述的形式描述性方式描述该方法而慢慢出现的。这就是布鲁克斯（Brooks）所说的软件是"成长的，而不是建立的"的意思：Brooks, 前述第 883 条注释，见第 18 页。

结构以及如何表达它们做出设计决策。就像在数学中一样，美学可以指导这些选择。考虑到软件创作的高度复杂性，对变更对系统的影响进行理性分析是不可能的。[1035]因此，软件开发者依赖于审美判断，简单地说就是"看起来好的设计就是好的"。[1036]

E 审美的产生

考虑到编程活动的个体性以及自发性，几乎没有直接证据表明美学如何影响探究过程。毫无疑问，这是因为我们不了解创造力的火花是如何点燃的，因为它通常是在"隐性甚至潜意识水平上运作，并且经常与直觉交织在一起"。[1037]但有人认为，美学在"软件开发者制定解决方案或思想的发现和发明，以及尝试理解对象和关系时所做的行动和选择，能提供帮助和指导"。[1038]

在数学背景下，辛克莱指出了数学家用来唤起生成美感的三种策略："游戏、建立亲密关系和利用直觉。"[1039]

游戏：辛克莱发现了"自由玩耍"在数学家发展他们的技能方面的作用。"数学家不必使用自己的分析工具来解决特定的问题，可以专注于寻找有趣的结构、模式和思想组合。"[1040]一些程序员提出了一个类似的策略来提高效率，如通过编写"玩具代码"，[1041]上文表5.1中的骆驼代码就是一个很好的例子。同样，程序员为了提高自己的工作效率，除了从事有偿工作，还参与开源软件开发项目以及其他形式的实验，包括参加模糊代码竞赛、开发"怪异"语言等。[1042]

就特定项目而言，项目的早期阶段可能涉及不同形式的自由发挥，只需在纸上简单涂鸦，探索结构和概念，以了解项目领域的性质。一些软件开发方法，如快速原型法和增量发布方法，像Agile和XP等公司，在软件开发的早期阶段就以这种美学实验为核心，因为它们鼓励将构建代码作为探索领域的一种方式，并通过使用或体验产生美学反馈。更为正式的软件开发方法，如需求

[1035] MacLennan，前述第984条注释，见第5页。
[1036] MacLennan，前述第984条注释，见第3~4页。
[1037] Sinclair，前述第1014条注释，见第270页。
[1038] Sinclair，前述第1014条注释，见第270页。
[1039] Sinclair，前述第1014条注释，见第271页。
[1040] Sinclair，前述第1014条注释，见第272页。
[1041] Knuth，前述第1026条注释，见第672页。戴夫·托马斯（Dave Thomas），主张采用类似的方法，他称之为"代码卡塔"：<http://codekata.pragprog.com/codekata/2007/01/code_katahow_it.html>（11 June 2011）。
[1042] 见Thomas Taylor,"Obfuscation, Weird Languages and Code Aesthetics" on *obfuscators.org*, 26 April 2008 <http://www.obfuscators.org/2008/04/obfuscation-weird-languages-and-code.html>（1 August 2011）。

工程和结构化编程，则以成文的正式规范作为探索机制。

建立亲密关系：辛克莱指出数学家期待通过命名他们正在处理的对象来熟悉某个领域的方式，"在仍然模糊待探索的领域获得一些灵感"。[1043]有一些证据表明程序员进行了这种拟人化。[1044]然而程序员和代码之间的关系是以最初模型的开发为中心的。这种开发程序员与代码关系的期望解释了许多新手，甚至一些有经验的程序员为什么采用"先编码，然后调试"的方法。[1045]开发与领域的关系也是更现代、迭代方法的核心，如螺旋式开发和灵活、极限编程。[1046]尽管其他更正式、结构化的方法论在严格意义上不涉及与代码的早期关系，但需求文档、正式分析、需求工程都旨在建立对代码背后概念的熟悉度，因此可被视为类似过程。[1047]

与代码建立关系的需求也是软件项目变革的一个重要驱动因素，即"IKIWISI"现象的背后，[1048]初期脚本不仅传达了程序员对所创建软件的设想，而且也包含了客户或最终用户的需求。[1049]这解释了软件变革的驱动力为什么贯穿其全过程。

布鲁克斯认为软件应该不断完善，而不是瞬间构建，这一观点与"在开发者头脑中，处于萌芽阶段的软件产品和它的环境之间的有机互动过程"[1050]相互印证。

利用直觉：计算机科学领域的一位重要人物彼得·诺尔（Peter Naur），在1984年提出，直觉是"软件开发的所有活动必须建立的基础"。[1051]尽管诺尔是"软件实践研究中最杰出的贡献者，还是2005年图灵奖的获得者"，[1052]该

〔1043〕 Sinclair，前述第1014条注释，见第272页。

〔1044〕 例如见 Eric S. Raymond, "Anthropomorphization" in *The Online Hacker Jargon File* <http://www.catb.org/~esr/jargon/html/anthropomorphization.html>。

〔1045〕 见 Berry，前述第987条注释，第51~53页；勃姆（Boehm）讨论了黑客文化的演变，这种文化颂扬这样的"牛仔程序员"：Boehm，前述第985条注释，见第13页；保罗·格雷厄姆（Paul Graham）断言，这是开发软件的唯一方法：Paul Graham，前述第1025条注释。

〔1046〕 Berry，前述第987条注释，第58~65页，作者在其中探讨过这些方法以及它们的缺点。

〔1047〕 见 Berry，前述第987条注释，第58~61页。

〔1048〕 这代表"I'll know it when I see it"，即"我一看到就会知道"。

〔1049〕 根据笔者的经验和拙见，在通常情况下，客户对自己想要的东西并没有什么概念，但却很善于解释样品是如何不符合他们的要求的。

〔1050〕 Beynon et al.，前述第1006条注释，见第99页。

〔1051〕 Peter Naur, "Intuition in Software Development" in Harmut Ehrig et al.（eds）*Theory and Practice of Software Development*, Volume 2, LNCS 186（Springer, 1985）60。最近的更新见 Beynon et al.，前述第1006条注释。

〔1052〕 Beynon et al.，前述第1006条注释，见第95页。

论文在随后的学术文献中只被少量的引用。[1053] 坚持严格、形式主义或理性主义的软件开发方法的人很可能将直觉等同于猜测，或者缺乏风险规避的一种行为。[1054] 那么，直觉在数学中扮演中心角色的说法是否也是这样呢？

庞加莱（Poincaré）认为数学运算中的数学模型的生成过程关注的不是逻辑，而是"构建可能的思想组合，并选择富有成效的思想"。[1055] 作为一个关于直觉和经验的问题，[1056] 并基于柯里－霍华德同构（the Curry-Howard isomorphism），有人断言，软件开发同样涉及这些想法的组合和选择。美学有助于评估各种思想的组合，这些思想"和谐地相处，使头脑可以毫不费力地拥抱它们的整体而不去意识到它们的细节"。[1057] 软件的无形本质[1058] 意味着大脑处理时空事务的传统工具不可用。[1059] 软件创作的复杂性意味着很难理性地评估软件设计决策或变更其对整个软件的影响。[1060] 埃尔索夫（Ershov）恰当地抓住了编程任务的复杂性，他将其描述为"人类最困难的职业"，[1061] 因为：

程序员在工作中面临的挑战是，将一流数学家处理逻辑抽象的能力与更实际、更"爱迪生"的天赋结合起来，使他能够独自用 0 和 1 构建有用的引擎。他必须把银行职员的精确性和侦察员的敏锐性结合起来，再加上侦探小说作者的幻想能力和商人的冷静务实。最重要的是，他必须对集体工作有兴趣，对雇主的公司利益有感觉。[1062]

〔1053〕 Beynon et al.，前述第 1006 条注释，见第 95 页。

〔1054〕 "采用正式方法进行程序开发的主要目的之一是将重点从'考虑编程意图的直观想法'转变为'准确抽象地思考您的想法'，然后指示它去执行。" Beynon et al.，前述第 1006 条注释，见第 96 页（引文省略）。

〔1055〕 Sinclair，前述第 1014 条注释，见第 270 页。

〔1056〕 又见查尔斯·施特劳斯（Charles Strauss）的评论，Philip J Davis and Reuben Hersh, *Descartes' Dream: The World According to Mathematics* (Dover Publications, 1986)，见第 180 页。

〔1057〕 Sinclair，前述第 1014 条注释，见第 270 页。

〔1058〕 "软件实体的本质是以下互锁概念的构建：数据集、数据项之间的关系，算法和功能互相调用。" Brooks，前述第 883 条注释，见第 11 页。

〔1059〕 Brooks，前述第 883 条注释，见第 12 页。

〔1060〕 "在大多数情况下，各元素以某种非线性的方式相互影响，并且整体的复杂性远远超过线性地增加。" Brooks，前述第 883 条注释，见第 11 页。

〔1061〕 Ershov，前述第 996 条注释。又见 Brad Cox, "No Silver Bullet Revisited" *American Programmer Journal*, November 1995 <http://virtualschool.edu/cox/pub/NoSilverBulletRevisited>（22 July 2011）："软件是所有人类活动中最复杂的，其中文字处理程序甚至可与波音飞机的复杂性相比。"

〔1062〕 Ershov，前述第 996 条注释，见第 502 页。埃尔索夫（Ershov）还列举了另外两个原因，说明为什么软件开发是一项复杂的任务，即他们的工作"使他们进入了人类知识的极限，这些极限以算法无法解决为标志，并涉及人脑的深层秘密"：同前引（*ibid*），而且程序员的个人下堆栈"必须与处理问题所需的深度相当，并且至少要深 2~3 个位置"：同前引（*ibid*）。个人下堆栈是指以后进先出的方式处理任务的能力。他断言，普通人的堆栈深度为 5~6 个任务。又见 Letter from Andrei P. Ershov to Frederic L. Coombes, 18 November 1972 <http://ershov.iis.nsk.su/archive/eaindex.asp?lang=2&did=382>（21 June 2011）。

第 5 章 为什么编程不属于实用艺术

换言之,"软件开发的规模如此之大,以至于没有一个设计者能够领会到与有效解决问题相关的所有观点。"[1063]因此,只有通过审美印象,软件设计和构建过程才能在生成阶段被了解。事实上,布鲁克斯将"概念完整性"作为成功软件项目的首要考虑因素的表述,可能是指项目负责人头脑中对项目的直观理解。[1064]对编程美学的重新认识要求"完全认识和充分利用编程中广泛的个人活动"。[1065]

F 总结

前面的讨论强调了程序员的创造性。审美考虑影响软件开发的各个方面,包括:协助评估代码和基础架构的质量;指导选择项目和影响生产力;指导开发人员的个体活动。审美还体现在程序员使用经验和直觉来处理错综复杂的任务、获得方案灵感和提升艺术状态的方式上。软件开发并不是按照一系列逻辑步骤进行的,而是像任何创造性成果一样,涉及一条从概念到代码的曲折的、隐晦的、看似不理性的路径。

5.2.4 编程并不是一门实用艺术

综上,通过上述三个维度的分析,可得出如下结论:首先,完全可以从物理层面分析软件的权利要求。法院已将软件的物理性定位于软件最终执行的计算机硬件上,以及软件在执行前存储在其上的介质中。但在编写的软件和执行的软件之间有显著的区别。如果把注意力放在最终产品上,纠结于软件是什么,并指出软件存在于一个特定的物理设备上,那么就忽略了创作软件最重要的一个方面。同时对程序员及软件用户而言,最重要的则是软件的符号代码方面。

在这种情况下,就需要非常仔细地考虑要求保护的发明是抽象性还是实体性的,以确定计算机硬件或相关外围设备的物理方面是否对其开发施加了有意义的限制。另一种说法是,审查软件是否仅仅是一个更大的设备(不是通用计算机)的组件,或是一个抽象的人工制品、一个物理发明。位于堆栈的更高位置的人工制品,如算法和抽象的数据结构,都是非常抽象的,因此它们永远不应该被认为具有可专利性。正如在本书第 1 章中提到的,软件开发的历史表明,一般来说,软件将在越来越高的抽象层次上精心编制。即使在现在,大多数软件的抽象程度都超出了物理限制。

[1063] Beynon et al.,前述第 1006 条注释,第 98 页。
[1064] Beynon et al.,前述第 1006 条注释,第 99 页。
[1065] Ershov,前述第 996 条注释,见第 505 页。

其次，软件实现一种功能，即可运算的过程。然而，软件的表达能力仍然是软件开发过程的重要组成部分。它渗透到抽象堆栈的每一层，即使将其转换为可执行形式也不会从软件中剥离出来，其仍然包含着技术表达的内核。除此之外，有人提出，可执行软件还有其他表达方式。软件向用户传达了使用它来实现特定目标的方式，机器代码还具有丰富的信息，它可以继续描述一个特定的可计算过程，借助反编译工具可以提取该过程。实际上只有在计算机硬件的物理方面显著地限制了实现特定过程的方式数量的情况下，软件的表达能力才会受到限制。随着软件越来越抽象，软件开发可能会变得越来越富有表现力。

逻辑和数学的基础，以及企业的业务性质，还有将软件变成一种工程形式的愿望，都给人一种软件开发是理性活动的印象。但是软件并不是通过一系列逻辑步骤来创建的，而是通过一条蜿蜒曲折的路径而创建的。软件开发是一种创造性的艺术追求，受审美考虑的支配。美学决定了判断软件好坏的标准。将程序员吸引到特定的开发项目中，激励开发者创造，是通过创新发展方法推动该学科发展的关键。尽管软件开发可以由结构化方法来辅助，但是它们不符合软件开发的本质，只能解决偶然性问题，因此仅能将其放之次要位置。不管所要求保护的发明在物理层面如何，情况都会如此，因为在所有情况下，编程活动的目的都是跨越从人类对所需功能的理解到完整而准确的描述可运算过程的语义鸿沟。

综合考量以上这些因素，很明显，除了特殊情况，软件的创作应属于纯艺术范畴，而不是实用艺术。毫无疑问，在做出最终决定之前，应该非常仔细地考虑一组特定权利要求的实际情况。但正是在区别最细微的地方，才需要最坚决地坚持这种区别。刚刚使用的框架为分析一组特定权利要求的方法是具有价值的，可以确定开发过程具有的物理性、表达性和审美性，以及这种要求保护的发明是否属于适格专利标的。但刚刚完成的一般性分析清楚地表明，任何对软件的权利要求的出发点都始于软件的不可专利性。在这种情况下，对软件的分类排除是适当的。

如果权利要求所要求保护的内容涉及软件组件，但是这种软件的创建由物理的、功能的、理性的考虑所支配，那么可以得出结论，该发明的本质不是要求保护软件，而是其物理硬件，因此，这项发明不属于绝对排除的范畴。这种立场与所主张的数学和软件之间的同构是一致的，因为在这种情况下，"软件"只是对物理设备的一个组成部分的描述，这也符合传统观点，即对物理发明的各个部分的数学描述不会成为其可专利性的障碍。

5.3 结论

本章研究了软件的可专利性，这是由创建软件所涉及的活动（即编程）的特征所决定的。毫无疑问，软件已接近适格专利标的的边界。但基于上述理由，它显然不属于适格专利标的的范畴。当所要求保护的是程序员创造性活动的产物时，在大多数情况下，它将是一种无形的、有表现力的和美的人工制品，而不属于实用艺术或科学艺术领域。

软件不属于适格专利标的的这一论点对软件行业、专利制度和泛知识产权领域都有显著的影响。本书的第 6 章将针对这些影响进行阐释。

第 6 章
启　示

6.1　引言

　　本章论证了为什么软件不具有可专利性，因为正如数学一样，编程并不是一门实用艺术。本章将探讨这一立场的含义。首先，根据本书所采用的分析框架，本章将本书所涉及的三个司法管辖区目前对标的界限的理解纳入分析。

　　尽管软件开发是一门纯艺术，而不是一门实用技术，但简单地宣称软件不能获得专利不太可能解决这个问题。计算机程序在《欧洲专利公约》中"依此"被排除在外的历史证明了这一点。随着计算机的普及，软件组件已经成为许多工业过程的一部分，成为从手表到汽车等各种普通物理设备的组件。这些产品是专利法传统领域的一部分。因此，至少有必要对包含可计算过程的可专利发明的权利要求，和对过程本身的非专利权利要求进行区分。这就体现了正确定义发明的重要性。

　　其次，需要考虑标的的作用。将软件排除在专利范式之外的需要表明，专利标的并不是应该被淘汰的"失败的看门人"。本章还对权利自由在专利法中的作用作了一些思考。虽然著作权和自由表达之间的关系更广为人知，但权利自由在专利法中的作用却鲜有讨论。此外，本章还分析了人权法学对知识产权，特别是专利法的影响。

　　除了考虑软件表面上不可专利性对专利制度的影响，本章还讨论了更广泛的问题。如上文所提议，软件不应当在专利制度内受到保护，那么这样的提议对软件应该、将要或可能已经得到的保护有何影响？

　　因为本章是本书结语前的最后一章，故本章不作专门小结。

6.2 框架分析

前文阐述了软件的三个特点：抽象性、复杂性和重用性，下面就如何针对开发和应用的框架考虑这些特性进行讨论。

特定发明的抽象程度在框架的有形性与无形性维度中得到了明确的评估。一个软件越抽象，它与运行它的物理计算机的工作联系就越少。软件的抽象性也影响了可用的表达能力，因为正如第5章所述，只有在非常低的抽象级别，硬件的物理局限才会限制用多种方式表达可计算过程的能力。

软件的复杂性在框架的第三个维度（美学与理性）中进行探讨，并指出软件的复杂性意味着软件构建不能依赖于对其状态的理性分析。因此，软件的复杂性导致依赖审美反应或直觉来指导创作过程。该框架明确论及了软件性质的这一方面。

重用性与分析框架的所有三个部分均有关联。软件的无形性使其重用变得简单。审美依赖于以往的经验并受其指导。对重用的依赖也表明需要重用自由，因此是重用性分析框架的基础。换个角度来看，重用文化是一种纯艺术标志。[1066]

6.3 对专利法现状的分析

鉴于第5章中所提出的论点，即软件的不可专利性，有必要比较本书所论及的三个司法管辖区的标的物的现状如何。这三个司法管辖区都是TRIPs的签署国，[1067]其中第27条要求在所有技术领域提供专利。因此，在此基础上，这三个司法管辖区应该与本框架相一致，因为该框架决定了技术领域内外的内容。

[1066] 电影 *Patent Absurdity*：*How Software Patents Broke the System*（Directed by Luca Lucarini, 2010）<http://patentabsurdity.com/>（27 August 2011）的结尾，27：45 处举例说明了重复使用对音乐的重要性。又见 Richard Stallman, "The Danger of Software Patents", Transcript of Speech Given at Cambridge University, March 2002, <http://www.cl.cam.ac.uk/~mgk25/stallman-patents.html>（27 August 2011）："贝多芬，他有许多新的音乐思想，但他必须利用许多现有的音乐思想，才能创作出可辨认的音乐。"

[1067] Marrakesh Agreement Establishing the World Trade Organization, opened for signature 15 April 1994, 1867 UNTS 3, annex 1C（*Agreement on Trade-Related Aspects of Intellectual Property Rights*）（entered into force 1 January 1995）.

6.3.1 美国

美国专利法对实用艺术的限制显然与所提出的分析框架一致。目前对该测试的理解承认美国宪法中四类专利适格标的的三种司法例外,即"自然规律、物理现象和抽象概念",[1068]并依赖于"机器或转换测试"(machine-or-transformation test)作为其可专利性的"有用而重要的线索"。[1069]机器或转换测试针对的是三个维度中的物理维度。我们注意到,软件的表达能力至少在某种程度上依赖于实体性分析,因此至少有一些对该维度的间接考虑。*Prater*案在重审中直接提出了这种表达,[1070]但后来又以其他理由对该案作出裁决。这可以说是回避问题,或者淡化其重要性。

思维步骤学说[1071]在理论上是针对所要求保护的过程的抽象本质而言的。但是,正如库尔特所言,该学说的失败之处并不在于它没有区分可以在没有人类干预的情况下进行的技术的、理性的过程,以及那些包括"原则上不能由设备完成的特殊的人类心理活动"。[1072]该学说的失败在于它没有考虑到分析的其他两个维度,这些维度与创造过程的本质相关。如果说想法只是因为它们不是有形的才可以获得专利,类似的问题可能会出现在对"抽象概念"的排除中。[1073]从表面上看,机器或转换测试也只是针对一个维度的分析。正如第5章所述,计算机硬件的物理局限可能会降低软件的表达能力,但是对于软件创作的审美和理性本质却只字未提。

*Bilski*案中的多数派方法更成问题。要正确区分实用艺术和纯艺术,不能

[1068] *Alice Corp v CLS Bank International* 134 S. Ct. 2347(2014),下称"*Alice Corp.*案",见第2355页; *Mayo Collaborative Servs v Prometheus Labs*,*Inc* 132 S. Ct. 1289(2012),下称"*Mayo*案",见第1293页。

[1069] *Bilski*案,见第3226页,肯尼迪法官意见,见第3258页,布雷耶法官意见; *Mayo*案,见第1303页。

[1070] *In re Prater*(1969)415 F.2d 1390。这种表达方式是以反对的形式出现的,这违反了第一修正案关于思想自由的权利。

[1071] 在本书第2章讨论过。

[1072] Robert I. Coulter,"The Field of the Statutory Useful Arts:Part I"(1952)34 *Journal of the Patent Office Society* 425,见第426页。库尔特(Coulter)的方法反映了要求保护的过程的性质,以及生产过程中涉及的活动的性质。正如这篇论文中所讨论的,仅仅因为一个过程,例如一个可计算的过程,被定义,甚至被执行,作为一系列逻辑步骤,它并不能代表它背后的创造性过程同样是逻辑或理性的。见第5章。

[1073] 在 *CyberSource Corporation v Retail Decisions Inc* Appeal No 2009-1358(Fed Cir,2011)(下称"*CyberSource*案")的判决中,迪克法官(Dyk J)裁定要求保护的软件方法不可作为一种思维过程获得专利,这是抽象概念例外的一个子类,因为它"可以在人类思维中执行,或者由一个人使用纸和笔来执行",见第12页。这样的方法似乎以一种更狭隘的方式重振了智力活动步骤学说,因为如果权利要求受到机器或转换测试的限制,那么由一个人执行的权利要求可能仍然是可申请专利的。

通过讯问某事物是否在词语的"通常的、当代的、普遍的意义"[1074]的过程之中。正如史蒂文斯法官所指出的那样，[1075]在这种情况下，多数人认为的字面解释与"自然规律、物理现象和抽象概念"的具体排除不一致。[1076]此外，"过程"一词的普通含义并没有说明"纯艺术"和"实用艺术"都可能涉及"过程"，而是说明只有后者在传统上具有可专利性。为了解决这一问题，有必要考虑"制造"所谓的可专利艺术的过程的性质。有人认为，*Bilski*案并不排除对该司法管辖区可专利界限进行全面的三方面考虑，但需要改变对可专利艺术类别的解释方法，该解释方法应当是对宪法条款进行历史性、目的性解释，而不是字面的解释。这是史蒂文斯法官所采取的方法，尽管无可否认，这只是少数人的意见。

然而，排除"自然规律、物理现象和抽象概念"[1077]确实为解决这一难题提供了一个可能的途径。也许正是因为这个原因，后来的案例强调这些排除是专利性分析两步测验法的起点。[1078]如上所述，抽象概念的排除可能被认为只针对框架的无形与有形部分。然而，回顾第4章所讨论的思想与表达之间的关系，[1079]这种想法被定性为引起表达性而不是目的性的考虑更妥当。由于创造思想的过程是一个特殊的人类过程，而且这个过程并不为人所理解，因此，这种抽象的概念与其说是理性的，不如说是美学的。数学的性质主要是以思想和表达为基础的，这说明了为什么这种思想的创造是纯艺术的范畴，而不是实用艺术的范畴。

同样，自然规律的排除也可以与本书所使用的分析框架相协调。根据数学作为"科学皇后"[1080]的特点和其他科学公认的美学，[1081]我们认为，可以在科学和技术之间作出区分，因为前者具有强烈的美学和表现特征，使其更接近于"纯艺术"而不是实用艺术。

[1074] *Bilski*案，见第3221页，肯尼迪法官意见。
[1075] *Bilski*案，见第3235页。
[1076] *Bilski*案，见第3221页，肯尼迪法官意见，引用 *Diamond v Chakrabarty* 447 US 303案，见第309页。
[1077] *Bilski*案，见第3221页，肯尼迪法官意见。
[1078] *Mayo*案，见第1296~1298页；*Alice Corp.*案，见第2355页。
[1079] 见本书第4章。
[1080] Carl Friedrich Gauss, cited in Guy W Dunnington, Jeremy Gray and Fritz-Egbert Dohse, *Carl Friedrich Gauss：titan of science*（MAA，2004），见第44页。
[1081] Nathalie Sinclair, "The Roles of the Aesthetic in Mathematical Inquiry"（2004）6（3）*Mathematical Thinking and Learning* 261，见第274页，其中将物理学描述为另一门具有"强烈美学主张"的学科，并辅引 Graham Farmelo（ed），*It must be beautiful：Great equations of modern science.*（Granta Books，2002）。

6.3.2 英国

分析框架与欧盟模式之间的关系也许是最难明确解决的问题。一方面，欧洲专利局和英国专利局所使用的测试将列举的排除事项简化为单一的技术性要求（无论是技术贡献还是技术效果）。技术性被视为技术的同义词，因此与分析框架一致。然而，第52条第2款关于技术性要求的方法是建立在令人怀疑的法律基础上的。这种对专利适格标的的表述"从一开始就被欧洲专利局的制定者们拒绝了"。[1082] 此外，正如 Symbian 案[1083] 中提到的，在欧洲专利局范围内依赖技术性的概念是有问题的，因为第52条"没有提及任何'技术'要求"。[1084] 因此，在对这一概念的含义缺乏明确指导的情况下，这种检验将"具有原始措辞模糊的所有缺点，甚至于不能提供实际的立法检验的缺点"。[1085]

回顾第2章的内容可知，《欧洲专利公约》第52条第2款规定：以下发明"本身"[1086] 不能获得专利：

（a）发现、科学理论、数学方法；

（b）美学创作；

（c）进行智力活动、游戏或商业经营的方案、规则和方法，以及计算机程序；

（d）信息的表达。

但是这些排除项有一个共同的特点，即它们"明显是非技术性的"。[1087] 其中两个特定排除项，即计算机程序和数学方法，已根据提出的框架进行了分析。其余的排除，或者至少是粗略的分析，似乎也与该分析一致。因此，在这种程度上，似乎可以合理地表明，分析框架既充实了使特定排除项非技术化的特征，并且可能有助于确定一项特定发明是否在排除范围之内。

6.3.3 澳大利亚

在澳大利亚，按照 NRDC 案中的解释，《垄断法》中最初的制造方法测试

[1082] Justine Pila, "Dispute over the Meaning of 'Invention' in Article 52（2）EPC-The Patentability of Computer-Implemented Inventions in Europe"（2005）36 *International Review of Intellectual Property and Competition Law* 173 at 185.

[1083] *Symbian Ltd v Comptroller-General of Patents*［2008］EWCA Civ 1066；［2009］RPC 1，下称"*Symbian* 案"。

[1084] *Symbian* 案，见第［29］段。

[1085] *Symbian* 案，见第［30］段。

[1086] 这一"本身"的但书载于第52条第3款。

[1087] Brad Sherman, "The patentability of computer-related inventions in the United Kingdom and the European Patent Office"（1991）13（3）*European Intellectual Property Review* 85 at 93.

仍然有效。[1088]在该案中,"实用艺术"和"纯艺术"的区别表明了与美国的一致立场。在标的方法上大量借鉴美国的指导意见,也符合这一立场。知识产权咨询委员会(Advisory Council on Intellectual Property)在2010年对专利适格标的测试的审查中建议对该测试进行修改,"使用清晰、现代的语言,体现高等法院在NRDC案和随后的澳大利亚法院裁决中制定的固有可专利性原则"。[1089]这项拟议的法典的具体措辞并没有得到认可,尽管在讨论中,知识产权咨询委员会指出"标的必须与实用艺术有关,而不是纯艺术"。[1090]

实体性是NRDC案判决的一个关键组成部分,最近的Research Affiliates案和RPL Central案延续了这一要求,正如在第2章中所讨论过的那样。[1091]

可以预料的是,鉴于澳大利亚法律已经对美国立场进行追踪,因此显然很少考虑其他方面。充其量,可以将对表达性的考虑解读为传统的排除,例如"方案或计划""智力信息""信息的呈现"排除。至于第三个维度,即美学,在目前的法律中并没有任何可以支持这一分析的内容。

6.3.4 三个司法管辖区的总结分析

从所有三个司法管辖区的专利法现状来看,很明显,它们充其量只考虑了该框架的一半。在欧盟,在"任何硬件"的方法下,该框架几乎被完全忽视。

一些评论家对Bilski案的机器或转换测试特别不屑一顾。[1092]最高法院本身至少对这一测试持谨慎态度,并不认可它是唯一的专利性测试。然而,正如所论证的那样,某种形式的实体性要求自专利法诞生以来就一直贯穿于专利法的调整范围。实体性在软件专利辩论中也具有特别的价值,因为它提供了一个合理的框架,可以在"纯粹的"软件专利之间做出区分,一方面,这种区分会破坏对知识的自由获取(如Macrossan的发明),[1093]同时仍然允许对包括可计算过程的物理设备和方法的权利要求(如Aerotel的权利要求)[1094]可以获得专利。

[1088] *National Research Development Corporation v Commissioner of Patents* (1959) 102 CLR 252.

[1089] Advisory Council on Intellectual Property, *Patentable Subject Matter* (Final Report, December 2010),下称"ACIP 2010报告",见第13页。

[1090] ACIP 2010报告,见第13页。

[1091] 见本书第2章。

[1092] Mark A. Lemley et al. "Life After *Bilski*" (2011) 63 *Stanford Law Review* 1315 at 1316; Dennis Crouch and Robert P. Merges, "Operating Efficiently Post-*Bilski* by Ordering Patent Doctrine Decision-Making" (2011) 25 *Berkeley Technology Law Journal* 1673 at 1690.

[1093] *Aerotel Ltd v Telco Holdings Ltd and in the Matter of Macrossan's Application* [2006] EWCA Civ 1371,下称"*Aerotel*案",见第[58]~[74]段。

[1094] *Aerotel*案,见第[50]~[57]段。

因此，到目前为止，物理性维度一直是专利法的主要维度，这是可以预期的。然而，其他两个维度[1095]已被证明极其有用，因为它们超越了对所要求保护的事物的性质的探讨，而是着眼于创造该事物的过程的性质。已经证明，这种焦点上的变化是理解为什么数学不能获得专利的关键，因为关于数学本质的竞争性主张在某种程度上是一个"死胡同"。类似地，当把这两个方面放在软件的环境中考虑时，它违背了人们对软件本质的普遍理解，并且证明了为什么编程更像是一种艺术活动而不是一种工程活动。因此，这个框架说明了目前专利性方法的一个缺点。为了确定授予专利权标的的适当性，通过对创造性过程的考虑，令人困惑的本体论问题可能被替换，或者至少被补充。

6.4 争论对专利法的更广泛影响

6.4.1 专利标的并非一个"失败的守门人"

标的调查是一个复杂的问题。它涉及许多难以调和的案例、许多不断变化的"调查工具"[1096]和一些历史性的排除。确定什么具有可专利性，什么不具有可专利性，取决于对特定技术的性质以及特定发明的操作的全面理解。因此，毫不奇怪，对符合条件的标的采取广义的理解；[1097]将标的降低为单纯的形式要求；[1098]明确放弃标的的调查而采用其他技术要求，[1099]将标的的调查缩小为狭义的技术要求；[1100]或者为了回避此问题而将标的问题作为最后的手段来确定，[1101]似乎都是很好的解决办法。尽管莱姆利等人正确地提请人们注意在专利适格标的和非专利适格标的划出明确的界限所带来的困难，但黄昏并不能使白天和黑夜之间的区别失效。[1102]

[1095] 表现性的或功能性的，审美的或理性的。

[1096] *Bilski* 案，见第 3227 页。

[1097] 这是美国的 *State Street* 案和澳大利亚的 *Catuity* 案采用的"有用结果"方法的效果。正如莱姆利等人所说，在道富银行案判决之后，"专利适格标的实际上是一纸空文"：Lemley et al.，前述第 1092 条注释，见第 1318 页。当对灵活性的需求提出上诉时，通常会间接采用一个比较宽泛的观点，或者在新的"技术"出现后适应（或消除）传统的限制：例如见 *Bilski* 案，第 3227~3228 页，肯尼迪法官意见。尽管这样的观点与第 4 章所讨论的技术的广泛观点是一致的，无论是作为直觉还是作为先例，所有提升人类总体知识的人类活动都不能正确地描述为"技术"。

[1098] 这是欧洲专利局采用的方法，根据《欧洲专利公约》第 52 条的规定，任何对硬件的权利要求都不足以通过审查。

[1099] 例如见 Michael Risch, "Everything is Patentable" (2008) 75 *Tennessee Law Review* 591。

[1100] Lemley et al.，前述第 1092 条注释。

[1101] Crouch and Merges，前述第 1092 条注释。

[1102] Murray Gleeson, "Judicial legitimacy" (2000) 20 *Australian Bar Review* 1 at 8.

第 6 章 启 示

在此，无须重申关于为什么软件不应该被视为具有可专利性的论点。但是，在考虑软件专利问题的替代解决方案时，标的排除的必要性也很明显。根据上一章提出的论点，下文将考虑这些革新是否适合作为软件专利问题的解决方案。

A 替代的解决方案是不充分的

更严格的披露要求：据说，通过更严格地执行披露要求，可以大大缩小专利要求的范围。从前文的分析中可以清楚地看出，为了真正地描述这项发明，可计算过程的描述必须在瀑布的更低层次上，而不是在设计层次上（即算法和数据结构）。首先，发明的实体性需要是明显的，以满足有形/无形分支——它应该清楚这种物质性是如何限制权利要求的。但是，为了正确地描述一个可计算的过程，并且认识到需要跨越语义鸿沟，至少在是否应该公开源代码或伪代码这一问题上是有争议的。[1103]

从积极的方面来看，这种方法可能会将专利的有效寿命限制在与软件创新的市场寿命一致的时间段。对这项发明的更广泛的披露也可以使现有技术的文档质量更高，并增加专利文献成为程序员有用的技术信息来源的可能性。

然而，缩小专利范围的一个问题是，对于计算机程序来说，"通过使用多种方法，很可能产生功能上无法区分的程序行为"。[1104] 因此，这种解决方案用保护不足取代了过度保护。但是源代码公开路线最终肯定会以失败告终，因为它无法回应那些批评，即编程涉及一种艺术，一种创造性的过程，并不是一种可能通过授予专利权来激励的活动。

改进审查程序：其他的解决方案集中在通过改进专利审查程序来提高专利质量的可能性。美国已经采取了一些措施来改善对美国专利商标局[1105]的资

〔1103〕 伪代码是一种非正式的方式来描述计算机程序背后的算法，与编程语言的语法约束无关。例如见 Wikipedia, "Pseudocode" <http://en.wikipedia.org/wiki/Pseudocode>（8 August 2011）。

〔1104〕 Pamela Samuelson et al., "A Manifesto Concerning the Legal Protection of Computer Programs", (1994) 94 *Columbia Law Review* 2308 at 2345.

〔1105〕 Sarah L. Stirland, "Bush makes new push for patent office to keep fees" *GovExec.com*, 6 February 2006, <http://www.govexec.com/story_page.cfm?articleid=33317>（15 August 2011）。关于管理积压申请的工作，见 Courtenay Brinckerhoff, "USPTO Backlog Update: One Step Forward, One Step Back" on *PharmaPatents* <http://www.pharmapatentsblog.com/patent-office-practice/uspto-backlog-update-onestep-forward-one-step-back/>（16 August 2011）；United States Patent and Trademark Office "Backlog Stimulus Reduction Plan" <http://www.uspto.gov/patents/init_events/PatentStimulusPlan.jsp>（17 August 2011）。目前积压的申请量约为 70 万件：United States Patent and Trademark Office, "July 2011 Patents Data, at a Glance" <http://www.uspto.gov/dashboards/patents/main.dashxml>（15 August 2011）。

助，并解决专利审查员流失率高的问题。[1106] 鉴于软件在日常生活中的出现日渐频繁，随之而来的是复杂性的增加，人们不禁要问，专利局的预算能否跟得上。当然，尽管在过去10年中取得了一些进展，但积压的案件仍然很多。[1107]

2005年，美国专利商标局实施了专利申请同行评议系统，即通过建立"利用网络技术的专利同行评议制度，使创新专家为专利审查程序提供信息"，以此来加强审查。[1108] 虽然这种改革是朝着填补现有技术文献基础的空白迈出的积极一步，但它也并非没有问题。一位评论者对这一制度处理大量专利申请的能力表示担忧。[1109] 由于该系统以维基百科等社交软件为基础，[1110] 因此任何此类系统也必须处理类似的问题，即在这样的系统中可能存在欺诈和偏见，特别是考虑到专利申请者的利益比在线百科全书中的有利审查更重要。[1111] 同样需要指出的是，这一制度是全国性的，因此取决于是否有足够数量的具有适当资格的专家志愿人员，或者取决于可能不了解当地创新的其他司法管辖区的人员。

撇开这一切不提，专利申请同行评议项目的最大限制可能是它只适用于对有前途的专利的审查。这就意味着，在未来的20年里，目前这批糟糕的专利

[1106] Olsen F., "Patent examiners battle stress", *Information Today*, 25 July 2005, <http://fcw.com/articles/2005/07/25/patent-examiners-battle-stress.aspx?sc_lang=en>（15 August 2011）.

[1107] 截至2011年7月，积压的申请数为689226件，美国专利商标局（USPTO）从提交到"第一次行动"的平均时间为27.8个月，提交和解决之间的总平均滞后时间为33.5个月：USPTO, "July 2011 Patents Data, at a Glance" <http://www.uspto.gov/dashboards/patents/main.dashxml>（27 August 2011）。从2011年4月以来的平均申请量来看，可以计算出，在此期间，每周有7000多份申请被提交。截至2017年7月，积压申请总数降至542840份，从开始到第一次采取行动的平均时间为16.4个月，解决问题的总时间为24.8个月。*Alice*案之后，商业方法专利数量从每月1200件左右下降到每月900件左右。专利待审时间仍然是这一类专利的问题，第一次申请的待审时间约为27.6个月，总待审时间平均为35.4个月。见USPTO, "July 2017 Patents Data, at a Glance" <http://www.uspto.gov/dashboards/patents/main.dashxml>（6 August 2017）。

[1108] "About Community Patent", The Community Patent Project, <http://dotank.nyls.edu/communitypatent/about.html>（4 June 2006）。更多详情见Beth Noveck, "'Peer to Patent': Collective Intelligence and Intellectual Property Reform" *NYLS Legal Studies Research Paper* No. 05/06-18, 25 April 2006, <http://ssrn.com/abstract=898840>（23 August 2006）。

[1109] 杰森·舒尔茨（Jason Schultz），电子前沿基金会的律师。转引自Daniel Terdiman, "Web Could Unclog Patent Backlog", Wired News, 14 July 2005 <http://www.wired.com/news/technology/0,68186-0.html>（23 August 2006）。

[1110] Schultz, 转引自Terdiman, 前述第1109条注释。

[1111] R. Demsyn, "Wal-marts Wikipedia War", on *Whitedust Security*, 28 April 2006, <http://www.whitedustnet/article/55/Wal-marts_Wikipedia_War/>（23 April 2006）; "Wikipedia Criticised By Its Co-Founder", on *slashdot.org*, 3 January 2005, <http://slashdot.org/articles/05/01/03/144207.shtml>; David Mehegan, "Bias, sabotage haunt Wikipedia's free world", *The Boston Globe*, <http://www.boston.com/news/nation/articles/2006/02/12/bias_sabotage_haunt_wikipedias_free_world/>.

将主导软件开发领域。

截至 2017 年 8 月,尚不清楚该项目是否还在继续。尽管该项目仍然有一个网站,但作者能找到的关于该项目的最新信息(在各种失效链接中)是美国专利商标局的第二个试点项目,该项目已于 2011 年 9 月结束。[1112]

有人认为,改进的审查程序虽然总是值得欢迎的,但在这种情况下,它只不过是重新安排了"泰坦尼克号"上的甲板椅而已。与公开改革一样,这些变化在实用艺术的范畴内并不能回应关于这不是"发明性"活动的批判。

强制许可:强制许可是解决在一个以连续创新和高产品比为特征的行业中,排他性导致的问题的一种手段。从理论上讲,强制许可的可用性限制了专利持有者劫持竞争对手业务的能力,比如拒绝许可一项专利发明,允许竞争对手从政府获得许可。然而,由于需要支付"合理"的牌照费,加上法院命令的要求,意味着使用这种计划的交易成本高得不切实际。此外,强制许可对提高软件专利的质量和范围几乎没有帮助。

侵权的豁免:其他解决方案借鉴了著作权方法,以便承认不公平的模仿和合法的反向工程之间的区别。奥洛克(O'Rourke)主张建立一个类似于美国著作权法中的"合理使用"的抗辩理由。[1113] 根据这项改革,法院将有权在特定案件的背景下平衡创新激励和社会利益,以决定是否应该允许一项侵权活动。这样的改革或许可以使专利制度更加符合累积性创新,并认识到开放性对软件开发的重要性。然而,在这个方案的运作中有相当数量的固有的不确定性,即主张合理使用的一方必须准备好面对专利侵权诉讼,以便确定他们继续活动的权利。

还有一种可能性是明确地限制对专利权利要求的解释,从而排除独立实现的功能等价物。[1114] 这可能是实现上述更严格的信息披露改革目标的另一条途径。因此,它有可能使得对软件发明的保护不足。

私人倡议:一些私人倡议也在寻求解决专利问题。IBM 在 2005 年开始采取行动,承诺不强制执行其专利组合中的 500 项专利来对抗自由和开源软件(FOSS)开发者,并承诺强制执行他们的专利来对抗任何对开源软件项目提起侵权诉讼的组织。此后,太阳计算机系统有限公司、诺基亚公司、网威公司、

〔1112〕 Peer Review Pilot FY2011 <https://www.uspto.gov/patent/initiatives/peer-review-pilotfy2011>(6 August 2017).

〔1113〕 Maureen A O'Rourke, "Toward a Doctrine of Fair Use in Patent Law"(2000)100 *Columbia Law Review* 1177.

〔1114〕 Julie E Cohen and Mark A Lemley, "Patent Scope and Innovation in the Software Industry"(2001)89 *California Law Review* 1 <http://www.law.georgetown.edu/faculty/jec/softwarepatentscope.pdf>(2 November 2004).

红帽公司和国际联合电脑公司等公司也做出了类似的承诺。[1115] 姑且不论这些承诺是否只是宣传噱头，[1116] 这些举措值得称赞，因为它们至少为开源开发者提供了某种程度的保护，使他们免受侵权诉讼。这些倡议的问题在于，他们无法阻止所谓的"专利流氓"对自由和开源软件开发者实施他们的专利。典型的防御性专利组合策略（这种方案延伸到自由和开源软件社区）对挑衅者的攻击是无效的，因为他们通常不从事软件开发，因此在交叉侵权索赔中是安全的。

还有一项提议旨在通过解决现有技术差距来提高未来软件专利的标准。"开源作为现有技术"项目（open source as prior art project）[1117] 希望通过"改善专利审查员和其他人对电子发布的源代码及其相关文档作为现有技术来源的可及性"来提高专利质量。[1118] 值得称赞的是，这是为解决软件专利质量不高的根源问题之一所做的努力，然而这远远不是一个完整的解决方案，对于解决已经获得的可疑专利的问题，它无能为力。

最终的战略是将自由和开源软件发展的全球合作模式指向击败不良专利。公共专利基金会（Public Patent Foundation）[1119] 是一个非营利性组织，它自愿寻找能使不良专利无效的现有技术。该基金会在挑战 JPEG 图像格式、[1120] 药物立普妥[1121] 和 FAT 文件系统[1122] 的专利方面取得了一些成功。然而，这些只是软件专利的沧海一粟，如同"用打蚊子来治疗疟疾"一般，意义不大。[1123] 就像专利申请同行评议项目一样，尽管公共专利基金会维持着一个网站，但该项目似乎已经失去了动力。该网站上的最后一篇文章发表于 2015 年。[1124]

小结：除了方法的逐步改进，目前讨论的改革还面临着一个更深层次的问

[1115] Robin Cover (ed), "Open Source Development Labs (OSDL) Announces Patent Commons Project" *Cover Pages*, 10 August 2005, <http://xml.coverpages.org/ni2005-08-10-a.html> (13 September 2011).

[1116] IBM 的动机尤其值得质疑，因为与他们的投资组合相比，他们的承诺规模很小，而且他们在推动支持知识产权的大企业议程方面的作用也很突出。

[1117] 见 <http://www.linuxfoundation.org/programs/legal/osapa> (27 August 2011)。

[1118] 见 "Overview", <http://osapa.org/information.html> (4 June 2006)。

[1119] 见 <http://pubpat.org/> (18 January 2005)。

[1120] 见 <http://pubpat.org/Chen672Rejected.htm> (1 June 2006)。

[1121] 见 <http://pubpat.org/LipitorPatentNarrowed.htm> (1 June 2006)。

[1122] 见 <http://pubpat.org/Microsoft_517_Rejected.htm> (1 June 2006)。

[1123] Richard Stallman, 'The Danger of Software Patents' 2004 Cyberspace Law and Policy Seminar (audio recording), Sydney, 14 October 2004 <http://images.indymedia.org/imc/sydney/stallman%20lo.ogg> (11 November 2004)。

[1124] 见 <http://pubpat.org/> (6 August 2017)。内容是以下文章的链接：Todd Moore, "Why Congress must ensure 'game over' for patent trolls" <http://thehill.com/blogs/congress-blog/technology/236346-why-congress-must-ensure-game-over-for-patenttrolls> (6 August 2017)。

题。它们是针对特定技术的解决方案，旨在调整专利系统，以满足软件行业的需求。在实践层面上，这样做的结果是，这些改革可能会面临专利制度似乎运作良好的行业（尤其是制药业）的强大游说团体的强烈反对。

B 实现专利法的目的

专利适格标的也是专利法的必要组成部分，因为它是实现专利法目的的一种方式。其目的是"通过优化创新和公众获取新技术，从而使社会受益"。[1125] 作为最强有力的垄断权形式，专利既可以成为创新的重要激励措施，也可以成为行业竞争的重大障碍。作为令人普遍反感的垄断的一个例外，只有在能够达到激励目的的情况下，才能提供专利保护。

专利权有时纯粹是基于经济理由而获得的。专利理论认为："如果自由竞争的规范会导致竞争者搭便车，投资新技术的理由也会减少，那么向创新者提供发明这种专有权，就会鼓励创新。"[1126] 根据专利法的社会契约理论，创新被认为是积极的，因为公众会从新的有用技术的公开中获益，而这些技术在获批授予专利权的保护期届满之后，进入公共领域。[1127] 这些好处必须与授予垄断权进行对比，垄断权相当于对社会征税：

有两种不同的方式：第一，通过高额的商品价格，而在自由贸易的情况下，他们可以买到便宜得多的商品；第二，通过将他们完全排除在一个业务部门之外，而这个业务部门对他们中的许多人来说可能是既方便又有利的。[1128]

狭隘地看待这种社会契约理论，就会把对专利适格标的的审查框定在纯粹的经济方面。然而，社会契约理论中没有任何内容要求公众获得的利益仅限于经济方面，甚至是严格的功利主义利益。有观点提出，事实上，不可能将

[1125] Advisory Council on Intellectual Property, *Patentable Subject Matter*（Issues Paper, July 2008），下称"ACIP 2008 报告"，见第 1 页。

[1126] ACIP 2008 报告，见第 1 页。

[1127] 这一思路出现在 *Liardet v Johnson*（1778）1 Carp Pat Cas 35（NP）一案中，在第 2 章中进行了讨论。又见 *Turner v Winter*（1787）19 Eng Rep 1276 一案，其中法院指出，"专利权人为其垄断权而给予的对价是其专利到期后公众从其发明中获得的利益"。然而，18 世纪，专利法的经济理论开始占主导地位。见 Edward C. Walterscheid "The Early Evolution of the United States Patent Law: Antecedents（Part 4）"（1996）78 *Journal of the Patent and Trademark Office Society* 77，第 104~106 页。同样，见澳大利亚《1990 年专利法》二读演讲："专利制度的实质是鼓励企业家开发新技术并将其商业化。"Commonwealth of Australia, "Patents Bill 1990: Second Reading" Senate, 29 May 1990 <http://parlinfoweb.aph.gov.au/PIWeb/view_document.aspx?id=562046&table=HANSARDS>（2 November 2004）。美国的体系由一种不同的理论支撑，即专利作为对发明家的奖励：Edward C. Walterscheid "Patents and Manufacturing in the Early Republic"（1998）80 *Journal of the Patent and Trademark Office Society* 855，见第 856 页。

[1128] Adam Smith, *An Inquiry into the Nature and Causes of the Wealth of Nations*（5th ed, Methuen, 1904）at 159–160.

这些考虑因素排除在专利法之外，而试图这样做只会将相关的政策考量转化为固有的假设。[1129] 政策在专利法中的作用在欧洲是最明显的，在欧洲，各类排除法被制定者认为包含了各自重要的政策问题。[1130] 拉迪（Laddie）法官在 *Fujitsu* 案[1131] 中注意到了这一点，不过他的做法最终在上诉中被驳回。[1132] 皮拉（Pila）主张采用这种认可方式，[1133] 指出这"符合越来越多的人支持法庭"依赖外部规则，包括基本权利，以阻止"知识产权在其传统范围之外的持续扩张"，从而"纠正保护的滑坡，并重新建立适当的利益平衡"。[1134] 同样，伯克（Burk）和莱姆利也注意到美国专利法发展中技术特性政策考虑的影响。[1135]

无论从广义还是狭义的角度来看，专利法的一个目的就是促进创新。专利授权是否适用于某一特定领域取决于这一目的能否实现。适格标的的检验方法与以技术为重点的对发明步骤、新颖性和实用性的检验方法不同，因为它只针对假定专利授予将增强该领域的创新的适当性。

在这种情况下，三维框架的优势在于，它鼓励对产生权利要求的创造性过程的实质进行直接审查，以评估该过程是否属于可能因授予专利权而得到加强的那种过程。因此，这种分析增加了实现专利法目的的可能性。

该框架还有一个更重要的方面。尽管专利法具有"令人兴奋地不可预测"[1136] 的性质和灵活性，无论"时代如何变化"，[1137] 人们都认为，这种以对

[1129] "与询问专利权是否以及如何真正鼓励发明创造活动和创新传播相比，法院只是简单地假定，它们是在缺乏实际证据的情况下这样做的，有时甚至是在与实际证据相反的情况下这样做的。" Richard Gold, "The Reach of Patent Law and Institutional Competence", (2003) 1 *University of Ottowa Law and Technology Journal* 263, 见第 277 页。戈尔德将这称作"隐形自由主义"（stealth libertarianism）。通过这种方法，政策的难题被简化为可用法律解释的技术问题。*Bilski* 案中的多数意见就是一个很好的例子。

[1130] Pila, 前述第 1082 条注释, 见第 185 页。

[1131] "第 1（2）节中提到的标的物类型作为一项政策被排除在可专利性之外。无论该标的是否为技术性的，都是如此。" *Fujitsu Ltd's Application* [1997] RPC 608, 下称"*Fujitsu* 案", 见第 614 页。

[1132] *Fujitsu* 案, 阿道司法官意见。

[1133] Pila, 前述第 1082 条注释, 见第 183~187 页。

[1134] Pila, 前述第 1082 条注释, 见第 185 页, 转引自 Christophe Geiger, "'Constitutionalising' Intellectual Property Law? The Influence of Fundamental Rights on Intellectual Property in the European Union" (2006) 37 *International Review of Intellectual Property and Competition Law* 371。

[1135] 例如，伯克和莱姆利指出"规则本身和规则在不同行业的应用之间的差异越来越大"：Dan L. Burk and Mark A. Lemley, "Is Patent Law Technology Specific?" (2002) 17 *Berkeley Tech. Law Journal* 1155, 见第 1158 页, 并且承认这一事实需要"法院在其判决中建立对行业敏感的政策分析"：Dan L. Burk and Mark A. Lemley, "Policy Levers in Patent Law" (2003) 89 (7) *Virginia Law Review* 1575, 见第 1630 页。参照（Cf.）R. Polk Wagner, "Of Patents and Path Dependency: A Comment on Burk and Lemley" (2003) 18 *Berkeley Technology Law Journal* 1341。

[1136] NRDC 案, 见第 271 页。

[1137] *Bilski* 案, 见第 3227 页, 肯尼迪法官意见（相对多数意见）。

第 6 章 启 示

技术范围的狭隘理解为中心的保守做法是考虑标的问题的一种恰当方式。[1138] 虽然专利法要足够灵活以适应新情况这一点很重要,但不应假定专利法"像一个蜡制的鼻子,可以朝任何方向转动和扭曲",[1139] 善变而缺乏定力。正如专利适格标的的历史所揭示的那样,以及第 4 章和第 5 章分别对数学和软件的实体性的分析所表明的,实体性要求既与专利法的传统基础相联系,也是当代对可专利性的理解中必要的限制手段。同样,实用艺术和纯艺术之间的区别也是一个长期存在的问题,应该予以保留。如果要保护信息时代的非物质的、表现性的和审美性的艺术,那么专利法是否提供了最好的机制,这一点并不清楚,甚至也不应该假定。新的模式很可能需要一个新的制度来保护它,这个新的制度要适应自由和控制之间的新平衡,而这种艺术需要自由和控制来鼓励进步。[1140] 扭曲为工业时代发明而设计的工业时代机制并不是解决办法。

鉴于这种全球保守主义的做法,也有人提出,微观层面的保守主义是适当的。在这里,从保守的立场出发,意味着新的领域应被推定为不可申请专利。这种方法有许多优势。它将证明专利保护必要性的责任放在了组织良好、具有代表性的商业组织身上,这些组织是专利机构的主要客户,而不是没有组织,也基本上没有代表性的公众。它将承认知识经济中创新的累积性质,并标志着回到"人类最崇高的产品——知识、真理、概念和思想——在自愿与他人交流后,就像空气一样自由地供共同使用"的概念。[1141] 这将鼓励在开始授予专利权之前,就新领域的专利权对公众利与弊的影响,进行公众咨询和实证收集。正如高尔德(Gold)所指出的那样,如果法院不这样做,就等于在他们没有能力解决的棘手政策问题上行使管辖权。[1142] 如果对专利法范围的保守解释造成了专利申请者认为需要填补的空白,那么,议会或上述的行政当局,应对允许在一个新领域申请专利的适当性进行相关调查。

[1138] 参照(Cf.)*Bilski* 案,见第 3228 页,肯尼迪法官意见,其中指出"新技术可能需要新的调查",并提议修改专利制度以适应新的信息时代。

[1139] *White v Dunbar* 119 US 47(1886),见第 51 页。

[1140] 下文讨论了独特(*sui generis*)软件制度的优点。

[1141] *International News Serv. v Associated Press*, 248 U.S. 215, 250(1918)(布兰代斯法官,异议)。这一立场的当代辩护,见 Yochai Benkler, "Free as the Air to Common Use: First Amendment Constraints on Enclosure of the Public Domain",(1999)74 *New York University Law Review* 354 <http://www.yale.edu/lawweb/jbalkin/telecom/benklerfreeastheairtocommonuse.pdf>(15 December 2006);James Boyle, "The Second Enclosure Movement and the Construction of the Public Domain"(2003)66 *Law and Contemporary Problems* 33。

[1142] "由于专利资格的确定涉及多种多样的相互竞争的利益,司法机关既缺乏解决此类问题的能力,也缺乏解决此类问题的权限":Gold,前述第 1129 条注释,见第 283 页。

6.4.2 类型化是关键

三维框架的主要弱点是它与任何标的的检验方法有着共同的弱点——潜在的错误定性。对发明的任何分析的有效性将取决于对申请者实际发明内容的准确评估。有观点认为，适当的定性取决于权利要求形式背后的实质内容，[1143] 并据以回答 *Grams* 案提出的问题：" (申请人) 发明了什么？" [1144]

在《欧洲专利公约》背景下，各国对这一问题的处理也有好有坏。最糟糕的做法是欧洲专利局的，它是一种形式高于实质的做法，允许涉及"任何硬件"的权利要求，似乎采纳了申请人关于其发明内容的说法。做得最好的是英国，尽管其排除事项清单虽然存在问题，但却使人们认识到"不能允许以包含该项目的条款为幌子，对被排除的标的申请专利"。[1145] 如果有必要对标的制定适当的方法，那么对 *Aerotel/Macrossan* 案 [1146] 的修改是一个良好的起点：

（1）正确地解释权利要求；
（2）确定实际贡献；
（3）询问其是否仅属于被排除的专利标的；
（4）检查实际或声称的贡献是否真正具有技术性。[1147]

三维框架正是在第四步开始发挥作用，该贡献是否具有技术性的问题与它是否属于纯艺术或技术的问题是一样的。只有在欧盟，上述第三步才是必要的，这是因为他们考虑到了《欧洲专利公约》中的明确例外。

6.4.3 需要进行归纳和个案分析

一般来说，可以对整个行业进行专利授予合理性评估，但有的不可避免地会有边界问题的例外。这方面的典型例子是软件。虽然开发软件的过程是很清晰的，但随着计算机的日益普及，软件组件在各种设备中已经变得很普遍。[1148] 因此，某项特定创新有可能被以多种方式描述，这意味着它属于若干标的的"范围"。欧洲的经验似乎表明，即使是最明确地全面禁止特定领域的

[1143] *Fujitsu* 案，见第 530~531 页拉迪法官意见。

[1144] *In re Grams* 888 F.2d 839（1989），见第 839 页。又见 *CyberSource* 案，第 17 页："无论一项权利要求的语言是为了从字面上援引哪种法定类别（《美国法典》第 35 卷第 101 条：'工艺、机器、制造品或组合物'），我们都要看基础发明是否符合专利资格。"

[1145] *Merrill Lynch's Application*［1989］RPC 561，见第 569 页。

[1146] *Aerotel* 案，见第［40］段。

[1147] *Aerotel* 案，见第［40］段。

[1148] 例如，在 *Diamond v Diehr* 案中使用软件来确定模具的热量，这种固化橡胶的创新方法是软件开发领域的创新还是材料工程领域的创新？

专利，也不能保证一定有效，因为替代性的描述、创造性的起草和对法律语言的慷慨解释都能轻易地绕过它们。

新技术领域的发展往往是在现有研究领域的背景下产生的，这一事实进一步加重了这种情况。[1149]在这种情况下，在新出现的科学领域得到"认可"之前，评估其可专利性可能是不切实际的，到那时，对该领域的基础研究授予广泛的专利权可能已经造成了重大损害。[1150]因此，在某种程度上，法院几乎总是有必要在个案的基础上确定专利性。即使本书在第5章对软件的分析中，也承认在某些情况下，被广泛归类为软件权利要求的，可能是可专利的。

然而，关于特定类型发明的概括在以下两个方面具有指导意义。一方面，它们为创新者提供了一定程度的确定性，因为他们可以在进入昂贵和耗时的专利申请过程之前，对获得专利保护的可能性进行某种评估。一定程度的确定性也有利于那些负责审查专利有效性的人开展工作。另一方面，它们反映了司法发展的性质——法院在确定一项要求保护的发明是否属于专利适格标的时，总是会从过去的案例中寻找指导，并受到类似发明的可专利性的影响。由于澳大利亚不是一个诉讼频繁的司法管辖区，这可能会导致法律的现状与其所要规范的技术长期脱节。例如，尽管软件的可专利性最早于1972年在 *Gottschalk v Benson* 案[1151]中引起美国最高法院的注意，但在1991年 *IBM v Commissioner of Patents* 案[1152]中，软件的可专利性才在澳大利亚得到司法认定。在此期间，澳大利亚专利局通过更新《实践与程序手册》(*Manual of Practice and Procedures*)，以反映其他司法管辖区法律的发展，向专利权人提供指导。[1153]

在个案分析中按领域确定技术之间适当的中间立场，很可能要采取某种

[1149] 计算机科学从数学领域兴起只是其中一个例子。

[1150] 例如，在生物医学研究方面，见 Michael A. Heller and Rebecca S. Eisenberg, "Can Patents Deter Innovation? The Anticommons in Biomedical Research" (1998) 280 *Science* 698, 第700~701页。参照 (Cf.) Dianne Nicol and Jane Nielsen, "Patents and Medical Biotechnology: An Empirical Analysis of Issues Facing the Australian Industry" (Centre for Law and Genetics Occasional Paper No 6, 2003), 见第89页。

[1151] 409 US 63 (1973).

[1152] 87 (1991) 33 FCR 218.

[1153] 到2011年8月，澳大利亚专利局已根据 *Bilski* 案的发展"更新"了澳大利亚法律，见 *Invention Pathways Pty Ltd* [2010] APO 10 (21 July 2010) 案；以及在 *Network Solutions, LLC* [2011] APO 65 (19 August 2011) 案中也参照了美国联邦巡回法院审理的 *CyberSource Corporation v Retail Decisions Inc* Appeal No 2009-1358 (Fed Cir, 2011) 案。有关这些发展的关键性总结，见 Mark Summerfield, "Australian Patent Office Shoots Down Another 'Business Method'" on *Patentology* <http://blog.patentology.com.au/2011/08/australian-patent-office-shoots-down.html> (28 August 2011)。同样，也可能有人认为，联邦法院全席法庭在 *Research Affiliates v Commissioner of Patents* (2014) 227 FCR 378 案和 *Commissioner of Patents v RPL Central Pty Ltd* [2015] FCAFC 177 案中的判决也"更新"了澳大利亚法律，以符合 *Alice Corp v CLS Bank International* 134 S. Ct. 2347 (2014) 案的最新发展。

形式的行政解决方案。[1154]在这方面，制定权威性的指南，而不是单纯地凭立法解决问题，是推进工作的适当方式。除了指定机构对某一领域进行特别审查，[1155]还可以（也应该）设立专家咨询委员会，协助审查难审的专利、制定准则，并不断地对特别关注的领域进行全面审查。这些机构可适当考虑与有待解决的标的问题有关的各种经济、社会和道德因素，并引入公众协商机制。该机构的决定可接受普通司法审查，可考虑在对适格标的问题的司法裁决中对其赋予一些法定权重。

6.4.4 人权法学

人们日益认识到知识产权与人权之间的紧张关系，如享有适当保健、教育、共享科学进步的利益，以及参与文化生活的权利。[1156]有人认为，这种考虑不属于专利制度的考虑范围，而且在某种程度上与专利适格标的原则的发展无关。[1157]然而，有人认为，其中许多权利是帮助人们正确理解专利适格标的的传统限制的基础。本书第4章证明了思想自由和言论自由这两个概念——人权律师非常熟悉的基本权利的概念，是如何帮助人们理解为什么数学进步体现在纯艺术中而不是在实用艺术中。

本书中一种可行的方法也是基于人权提出反对可专利性的论点，[1158]但本书没有采取这种做法。尽管如此，很明显，反对可专利性的论点与这些自由之间的关系是不可忽略的。这一点在表达和目的之间的区别中是显而易见的。如果涉及纯艺术，表达自由的重要性就更大，因为表达本身就是价值的源泉。如

[1154] William W. Fisher III, *Promises to Keep: Technology, Law and the Future of Entertainment* (Stanford University Press, 2004) at 195.

[1155] 1966年美国总统委员会建议反对软件专利申请，而该委员会的成员是"杰出的科学家、学者以及领先的计算机和高科技公司（以及专利专员）的代表"：Pamela Samuelson, "Benson Revisited: The Case Against Patent Protection for Algorithms and Other Computer Program-Related Inventions", (1990) 39 *Emory Law Journal* 1025, 见第1038页。尽管如此，这一建议也从未落实。

[1156] 例如见 Laurence R. Helfer, "Human Rights and Intellectual Property: Conflict or Coexistence?" (2003) 5 *Minnesota Journal of Law, Science and Technology* 47; Gold, 前述第1129条注释，见第283~284页，指出需要考虑社会、道德和技术的经济影响，以保证其合理使用；James Boyle, "Enclosing the Genome: What the Squabbles over Genetic Patents Could Teach Us" in F. Scott Kieff, *Perspectives on the Human Genome Project* (Academic Press, 2003) 97, 指出基因专利涉及一系列的考虑，超出了狭隘的功利主义调查。《关于与贸易有关的知识产权和公共卫生的多哈宣言》[*Doha Declaration on TRIPS and Public Health*, WTO Doc WT/MIN (01)/DEC/2 (2001)]承认了专利授权对公共健康的影响，该宣言允许成员国灵活地解释TRIPS协议中的专利义务，以使人们能够获得药品。

[1157] 例如见 *Grant v Commissioner of Patents* (2006) 154 FCR 62, 第72页。又见Boyle, 前述第1156条注释，第106~109页。

[1158] 在产生这本书的博士论文撰写的早期阶段，我就设想了这样一个论点。

第6章 启示

果一项活动是有目的的,表达必须服从于功能,因此表达自由的需要就减少了。换言之,对某一特定学科自由的需求可能有助于确定某一特定艺术是归类为美术还是实用技术。关于无形/有形的区别,也可以提出类似的观点。当涉及抽象概念时,这些概念的物理实现只是次要的,而思想自由则是最重要的。如此则可得出推论:如果一项活动是由人类思想指导的,或严重依赖于人类思想,那它就更有可能是一门好的艺术。

要准确描述美学/理性维度则更难。审美反应被描述为情感的、直觉的和高度主观的。这本身就表明了个人的重要性,尤其是个人的思想的重要性。这当然需要思想自由。但正如本书第4章和第5章所讨论的,这种反应都是由表达引起的,美学也是表达性作品的创作动力,在表达和思维的交汇处起作用。因此,思想和表达的重要性将倾向于支持将标的归类为纯艺术范畴。

如果将自由作为专利适格标的争议解决的一种考量要素,这种理解自然就会为知识产权与人权法学交叉考虑打开一扇大门。人们承认,"知识产权和人权之间的历史联系充其量也只能说很'薄弱'"。[1159]如上所述,专利制度的正当性通常被冠以经济或功利的色彩。其结果是,"专利法几乎完全不在第一修正案的考虑范围。"[1160]然而,否认人权在专利领域的适用性是错误的,因为它忽略了物权法的一个基本原则——授予产权不仅赋予持有人对授予标的物的控制力,而且赋予持有人对他人的控制力。[1161]

本书第4章中[1162]曾顺便提及:有些人认为专利法的人权特征是自相矛盾的;这是一场不可调和的斗争,"当一项人权与另一项人权对立时,知识产权被用来限制对信息的获取,而这些信息本可以用来满足基本需求,且不需开发者付出任何实际成本"。[1163]然而,与其将这一交叉点描述为人权和知识产权这两个相互冲突的领域之间的斗争,还不如接受有人提出的更有益的做法,即在专利范式中寻找人权价值如何捕捉和解释"在专利资格的确定过程中存在利害关系的多种多样的竞争利益"。[1164]

狭隘调查的发展趋势,包括不愿考虑专利授予对人权的影响,在版权法中

[1159] Peter Drahos "Intellectual Property and Human Rights" [1999] (3) *Intellectual Property Quarterly* 349 at 357.

[1160] Dan L. Burk, "Patenting Speech" (2001) 79 Tex. L. Rev. 99 at 137.

[1161] 例如见 Morris R. Cohen, "Property and Sovereignty" (1927) 13 *Cornell Law Quarterly* 8, 第13页,其中作者将财产定性为一种主权:"我们不能忽视这样一个事实,即对事物的统治也是对人类同胞的统治。"

[1162] 见本书第4章相关论述。

[1163] Rochelle C. Dreyfuss, "Patents and Human Rights: Where is the Paradox" in William Grosheide (ed), *Intellectual Property and Human Rights: A Paradox* (Edward Elgar, 2010) 72 at 72.

[1164] Gold,前述第1129条注释,见第283页。又见 Dreyfuss,前述第1163条注释,见第73页。

并不明显。事实上，版权法被称为"自由表达的引擎"。[1165]美国司法管辖区的版权历史揭示了人们对版权与追求民主之间联系的理解。[1166]1790年，参议院委员会指出，"文学和科学对维护自由宪法至关重要"，[1167]就是说，因为它支持在选民中传播知识。

此外，通过思想/表达二分法、[1168]相关合并理论[1169]以及必要场景，[1170]思想自由可以说是在边缘处找到了自己的位置。后两种理论对于确定美国软件的可著作权尤其相关，是阿尔泰抽象—过滤—比较测试中第二阶段的关键组成部分。[1171]

即使在澳大利亚，由于言论自由的概念有限，[1172]思想与表达的二分法也与言论自由直接相关联。在 *Skybase Nominees* 案中，希尔法官（Hill J）特别指出：

> 一方面赋予文学、戏剧或艺术作品著作权所有人的垄断权；另一方

[1165] *Harper & Row, Publishers, Inc. v Nation Enters* 471 U.S. 539（1985）at 558.

[1166] 如第4章所述，言论自由的正当理由之一是它促进了民主。见本书第4章。

[1167] Bruce W. Bugbee, Genesis of American Patent and Copyright Law（1967）at 137, cited in Neil Weinstock Netanel, "Copyright and a Democratic Civil Society"（1996）106 *Yale Law Journal* 283 at 289.

[1168] 见 *Baker v Selden* 101 U.S. 99（1879），下称"*Baker v Selden* 案"，第100~101页："科学的真理或艺术的方法是全世界的共同财产，作者有权以自己的方式表达或解释和使用其中一种。"（强调部分由作者标明）；*Hollinrake v Trusswell*［1894］Ch 420，见第427页，林德利法官（Lindley LJ）意见："著作权……不延伸到思想、计划、系统或方法；仅限于他们的表达方式；如果他们的表达方式没有被复制，著作权就没有被侵犯。"在 *Autodesk v Dyason*（*No.2*）（1993）176 CLR 300 案中，梅森法官（Mason J）将理念/表达的划分描述为"著作权法的主导原则"。道森法官（Dawson J）在同一案件中指出，"当任何想法的表达与其功能不可分割时，它就构成了想法的一部分，无权获得著作权保护。"又见 *IceTV v Nine Network*（2009）239 CLR 458，见第［22］~［28］段，弗伦奇大法官（French CJ）、克伦南法官和基弗尔法官（Crennan and Kiefel JJ）意见。

[1169] 合并原则认为，如果只有有限的几种表达方式存在，则表达方式与想法合并，变得不受保护。见 *Baker v Selden* 案，第103页："如果不使用用于说明该书的方法和图表或类似的方法和图表，就不能使用（该书所教授的）技术，则此类方法和图表应被视为该技术的必要附属品，并与之一起提供给公众。"

[1170] 必要场景原则的作用是从著作权中删除"在处理某一特定主题时不可避免地出现的标准元素"：Stanley Lai, *The Copyright Protection of Computer Software in the United Kingdom*（Hart Publishing 2000）41，见第［3.1］节。

[1171] 见 *Computer Associates Intl, Inc v Altai Inc* 982 F.2d 693（1992），第709~710页。法院指出，合并原则在软件方面尤其具有相关性，因为：程序员的设计选择自由常常受到外部因素的限制，例如：①特定程序运行的计算机的机械规格；②与一个程序一起运行的其他程序的兼容性要求；③计算机制造商的设计标准；④所服务行业的需求；⑤计算机行业广泛接受的编程实践；这种"外部因素"可能使表达不受保护。

[1172] 具体地说，所有被承认的是一种隐含的政治交流自由，它不是一种积极的权利，而是对立法权力的限制。见 *Lange v Australian Broadcasting Corporation*（1997）189 CLR 520。

面给予表达思想或讨论事实的自由，两者之间适用的政策是矛盾的。如果任何文学、戏剧、音乐或艺术作品被复制，或另一部作品涉及其大部分内容，即属侵犯其所有人的著作权，但又有一部作品涉及同样的思想或讨论在该作品中提出的事实问题，而该作品据说存在著作权，这一事实本身并不构成侵权，否则，著作权法将成为言论自由的障碍，而不是鼓励原创表达。[1173]

与专利范式相比较，这表明在专利法范式的传统范围内，人权理论有很大的空间。一个与专利法理论相一致，并为此类考虑打开了大门的框架（如已制定的框架）则可以制定出来，这一事实表明，人们也可以制定其他评估工具，以处理在专利授予的不可避免地被影响到的其他伦理价值和社会价值。

6.5　超越专利范式

如果软件要被推到专利制度之外，那么问题就出现了：如果软件真的要受到保护的话，应该如何保护它？虽然对这个问题的回答可以为另一个论题提供足够的支撑材料，但还是有必要谈谈在没有专利保护的情况下，软件的前景会如何。

人们通常认为发明人是无法阻止竞争对手模仿他们的创新成果的。虽然无法衡量在没有专利保护的情况下，有多少竞争对手会抄袭一项未受保护的创新，但通过观察专利侵权案件中发现的抄袭现象，或许可以对问题的严重程度有所了解。尽管抄袭的证据不构成侵权的必要条件，但似乎可以得出这样的结论：那些想要抄袭一项有专利保护的发明的人，与那些想要抄袭没有专利保护的发明的人相比只是一小部分。这样可以预料到，相当一部分侵权行为涉及的是抄袭而非独立发明。然而，克托皮亚（Cotropia）和莱姆利[1174] 2008 年的一项研究表明，11% 的案件中存在抄袭指控（或事实表明抄袭可能存在争议），[1175]而在再审的案件中，却只在1% 的案件中发现了抄袭。这一因素因行业而异，制药行业抄袭比例最高，在 65% 的案件中发现了抄袭指控（这无疑是由于那些仿制药生产商的存在）。另外，与计算机相关的发明和软件，尽管

[1173] *Skybase Nominees Pty Ltd v Fortuity Pty Ltd*（1996）36 IPR 529，见第 531 页，希尔法官意见（弗伦奇大法官赞成）（强调部分由作者标明）。

[1174] Christopher Cotropia and Mark Lemley, "Copying in Patent Cases（draft）" <http://www.law.berkeley.edu/institutes/bclt/students/2008_ip-seminar/Lemley_Copying-inPatent-Law1.pdf>（17 September 2008）.

[1175] Cotropia and Lemley, 前述第 1174 条注释，见第 24 页。

在所审案件中所占比例最高，但涉及抄袭指控的比例极低，分别只有 2.6% 和 3%。[1176] 如此看来，在制药行业专利保护的重要性通常是毋庸置疑的，但在制药行业之外似乎"搭便车"的问题可能不像人们通常认为的那样重要。当然这些数据也表明，如果没有其他问题，关于"搭便车"问题规模的假设不能泛化。

"搭便车"问题的大小还将取决于替代性保护制度的保护程度。替代性保护通常被认为是指商业秘密保护，不过，在通常情况下，替代性保护也能有版权。这一点在软件领域是得到肯定的，那些反对软件专利的人经常声称版权提供了充分的保护。[1177] 版权作为一种替代性保护模式的可用性可以解释上述专利侵权诉讼中指控抄袭率低的原因。关于这一点，建立软件特定于版权的保护制度的可能性如下所述。

软件本身不仅仅受到专利制度的保护。专利、版权和商业秘密保护之间有很大的重叠地带，软件开发者和软件公司在不同程度上使用这三种范式来保护他们的创作。其他制度所提供的保护的本质以及这些保护的不足将在下文中讨论。

6.5.1 商业秘密

商业秘密有时被视为专利法的对立面：专利法鼓励公开，商业秘密法则鼓励保密。通过只分发目标代码，软件的有关信息就有可能被掩盖起来。所谓的专有软件依赖于保密和版权的结合来防止字面上的复制。各种混淆技术也使软件的反向工程更加困难，[1178] 当然各种法律机制，如保密协议和软件许可证中的禁止反向工程条款也可能会导致上述结果。[1179]

软件被竞争对手实施反向工程所需的时间，为创新者提供了确定的先发优

[1176] Cotropia and Lemley, 前述第 1174 条注释, 见第 27 页。

[1177] "没有专利，软件开发者得到了完美的保护。每个编写计算机程序的人都自动拥有它的著作权。正是著作权法使微软、甲骨文、思爱普（SAP）和整个软件行业变得如此庞大。同样的法律概念也保护书籍、音乐、电影、绘画，甚至建筑。" *NoSoftwarePatents.com*, "The Basics" <http://www.nosoftwarepatents.com/en/m/basics/index.html>（4 August 2011）。

[1178] 对于软件中使用的各种方法的选择，见 "Code Obfuscation Literature Survey" on *Obfuscators.org*, 13 April 2008 <http://www.obfuscators.org/2008/04/code-obfuscation-literature-survey.html>（1 September 2011）。

[1179] Pamela Samuelson and Suzanne Scotchmer, "The Law and Economics of Reverse Engineering"（2002）111 *Yale Law Journal* 1575, 见第 1660 页。又见 Electronic Frontier Foundation, "Coders' Rights Project Reverse Engineering FAQ" <https://www.eff.org/issues/coders/reverse-engineering-faq>（1 September 2011），其中提到软件的反逆向工程条款可以在"最终用户许可协议（EULA）、服务条款通知（TOS）、使用条款通知（TOU）、保密协议（NDA）"中找到。

第 6 章 启 示

势，理论上，创新者可以继续进入产品的第二次迭代。在时间上的领先优势本身可以激励先行者进一步优化产品，这意味着他们的竞争对手总是落后一步。此外，反向工程本身被视为"创新的一个重要组成部分"，[1180]因为它邀请后续创新者进入该领域，这"可能促进技术的重大进步"。[1181]

有人声称，交付周期缩短到这样的程度，商业秘密已不再是确保创新研究和开发获得适当奖励的有效方式。[1182]但是，从专利转到商业秘密在多大程度上应被视为负面后果，取决于专利申请在多大程度上构成对发明的有用公开。在软件环境中，专利文献很少对程序员有用。究其原因，主要是专利权利要求的抽象性意味着它们落在了语义鸿沟错误的一边。因此，软件相关发明专利保护的缺失是否应该被视为一种损失，这一点肯定会受到人们的质疑。

此外，还必须考虑反向工程的影响。与专利相关的静止的那20年相比，反向工程相关的交付周期可能更符合产品的市场周期。如果情况属实，那么下一代发明被破坏的可能性就不可能以同样的方式存在了，就像"潜水艇专利"可以通过为不在原发明者考虑范围内的其他产品提供保护而破坏一个行业一样，这表明通过这种重新定向可以实现总体经济收益增长。此外，产品的反向工程实际上可能会发现有关创新的新信息，从而带来有价值的提升。最后，专利保护的经济价值取决于独立发明本身在多大程度上应被视为一项有价值的发明——在有些领域，如软件领域，它可能同样至关重要。

不管软件专利是否存在，商业秘密保护仍然是一种重要的保护机制，它比专利权和版权都有优势，因为它是即时的，不需要注册，范围可能更广，持续时间不受限制。它也有自己的技术敏感的内置监管机制——反向工程。因此，它的适用性在很大程度上取决于竞争对手进行反向工程的时间，然后重新实施特定秘密所需的时间。事实上，商业秘密模式无疑是软件行业的一个特征，他们依靠版权保护防止通过目标代码进行文字复制，并通过目标代码来保护商业秘密。[1183]

〔1180〕 见 *Bonito Boats*, *Inc v Thunder Craft Boats*, *Inc* 489 U.S. 141（1989），下称"*Bonito Boats* 案"，第 160 页。

〔1181〕 见 *Bonito Boats* 案，第 160 页。

〔1182〕 Jerome Reichman, "Legal Hybrids Between the Patent and Copyright Paradigms"（1994）94 *Columbia Law Review* 2432; Samuelson et al., 前述第 1104 条注释。

〔1183〕 事实上，使用代码混淆作为延长交付周期的技术并不罕见。例如见 Wikipedia, "Obfuscated code"<http://en.wikipedia.org/wiki/Obfuscated_code>（11 September 2011）。本书第 5 章中的骆驼代码和 DeCSS 代码都是模糊代码的例子，尽管目的不是延长交付周期，而是美观。

6.5.2 著作权

从上一章的分析可以清楚地看出，纯艺术是版权法的传统领域。因此，考虑版权提供的适当保护程度是有意义的。它肯定能防止文字复制，并且完全符合美学、表达领域（如软件开发）所需要的自由。在任何阅读中，源代码类似于文学作品的本质都是难以否认的。然而，为了实现"完全"的版权保护，有必要修改文学作品的定义，以包含目标代码。这在一定程度上导致了对文学作品概念一致性的曲解，因为目标代码并非"旨在以文学教学的形式向任何人提供信息和指导，抑或使人获得愉悦"，且与其他文学作品也是有很大不同。然而，如前一章所述，嵌入在这些代码中的信息仍然可用，尽管它可能需要反编译以使其可用，并且至少包含一个表达式内核。

然而，推动软件专利化的主要版权限制仍然存在。这种局限性在于，版权范式只保护软件的文字，而"程序的主要价值来源是它的行为，而不是它的文本"。[1184]尽管文本和行为是直接联系在一起的，但它们并不完全相同。任何熟练的程序员都有可能"准确地复制程序，而不占用它的任何文本"。[1185]在这种情况下，"模仿"将不会侵犯源代码或目标代码的版权，但其行为方式将使终端用户无法将其同原版进行区分。

然而，全球软件开发中有相当一部分仅依赖版权保护。这就是自由和开源软件领域。[1186]与专有软件阵营不同，自由和开源软件模式由大量的志愿者组成，但也有很多大型商业软件开发组织，它避开了保密，支持公开披露源代码。自由和开源软件模式并没有寻求更多的保护，而是通过授予开发者重用、分发和修改的开放许可证，实际上增加开发者可用的自由，唯一真正的限制是这些自由将被传递到下游。[1187]第2章讨论了自由和开源软件领域的重要性。[1188]

6.5.3 在夹缝之间

如果专利法既不提供专利、商业秘密的保护，也不提供版权的适当保护，人们就会认为这不是专利法的过错，而是属于知识产权范围制度的不同性质的

〔1184〕 Samuelson et al., 前述第1104条注释，见第2315页。

〔1185〕 Samuelson et al., 前述第1104条注释，见第2315页。

〔1186〕 见本书第2章。

〔1187〕 有关各种备选方案的概述，见 Kenneth Wong and Phet Sayo, "Free/Open Source Software: A General Introduction", *International Open Source Network*, 2004 <http://www.iosn.net/foss/foss-general-primer/>（18 September 2010）。

〔1188〕 见本书第2章。

必然结果。如果有一个一致的理论框架为任何知识产权范式提供信息，它就可以保持这种一致性。

在某种程度上，这种一致性要求排除不一致的标的。根据 *Baker v Selden* 案，版权排除功能性标的。因此，尽管软件在理论上削弱了一贯的范式，淡化了文学作品的概念，使之涵盖了无意提供文学教学或欣赏的内容，但功能保护显然被排除在外。同样，已经证明，专利法应当排除纯艺术的标的。这可能意味着，除了版权法的弱保护，即防止其文字被复制，无法获得任何其他保护，其任何形式的功能保护都被否定了。

有人可能会认为，这种保护即使有任何价值，也是微不足道的，而且版权正处于版权和专利范式之间的夹缝中。在某种程度上，这可能是对的，因为两种范式都不具备处理描述性和功能性标的的能力。考虑到每一种范式的独立历史，这种情况的发生并不代表这两种范式的失败。它仅仅表明，现在是时候考虑在知识产权这个稳定体系中增加另一种范式了。

6.5.4 另一种保护模式

15 年前，一批在计算机科学和知识产权方面的顶尖学者将他们的努力转向了"对软件在社会上所需要的法律保护以及如何最好地实现这种保护的规范性分析"。[1189] 有作者对软件保护问题的讨论集中在就调整现有制度的方式提出了批评，他们指出这种做法是如何导致反复出现的保护不足和保护过度的循环。[1190] 他们的结论是，一个独特的制度是在创造创新动力和维护公共利益之间取得平衡的唯一途径。[1191] 他们提议的制度是从"市场保护"的原则开始的，即建立足够的机制来阻止市场失灵。[1192] 为实现这一总原则而选择的制度基于以下四个原则：

- 文字代码的传统版权保护；
- 在市场保护期内防止行为"克隆"；
- 促进公开和传播的创新登记；
- 现成的责任原则和标准许可证清单。[1193]

版权保护是软件业的一个重要的起点，因为只有版权保护才足以保证软件

[1189] Samuelson et al., 前述第 1104 条注释。

[1190] Samuelson et al., 前述第 1104 条注释，见 2356~2357 页。

[1191] Samuelson et al., 前述第 1104 条注释，见 2356~2357 页。

[1192] Randall Davis et al., "A New View of Intellectual Property and Software"（1996）39 *Communications of the ACM* 21，见 21 页。Davis 是更长的宣言文章的作者之一，本书对其进行了有益的总结。

[1193] Davis et al., 前述第 1192 条注释。

业的早期成功。[1194]根据前文的分析结果，版权保护作为传统的纯艺术保护制度，显然是建立适当保护机制的起点。因为它保护创新者不被搭便车者模仿，同时又不妨碍独立创作，所以它促进了自由，而自由是软件开发的核心，也是分析框架的基础。版权也是上述自由和开源软件范例的核心。这样一种制度将使自由和开源软件项目能够在几乎没有中断的情况下继续进行。

但功能保护的缺失表明，仅靠版权的保护可能是不够的。特别是，第5章对软件性质的分析指出，软件包含功能要素，因此功能可能成为主要考虑因素。独特的制度直接解决了行为保护问题，因为它与专利制度一样，为防止功能性模仿或"行为克隆"提供了一些保护。该系统的工作方式与商业秘密模式类似，为粒级创新的加入者创造了人为的交付周期，以换取创新细节的公开。所有希望在交付周期内使用创新产品的人都必须向创新者支付专利权使用费，否则就要等待许可期结束。[1195]

赖希曼（Reichman）认为，这些行为保护等同于专利保护，因为在这种体制下，没有比使用软件专利这种情况更糟糕的了。[1196]在与其产品的市场寿命相一致的同一段时间内，注册者受到保护，不受功能性模仿的影响。后续创新者贡献了上游发明家的研发成本，没有了许可证谈判的巨大交易成本带来的不便。独立产品的开发者可以在市场上独立生存，不必担心步入陷阱。此外，该制度坚持美学的重要性。它鼓励公开，而不是通过专利要求和说明书，因为他们是律师而不是程序员写的，但公开却是以一种熟悉的形式，即通过写代码来呈现。因此，这一公开提供了获取材料的途径，程序员可以通过这些材料来发展他们的审美评价。此外，它很可能引发普遍审美，从而激发后续的创新作品。

萨缪尔森等人没有详细阐述这种制度应该如何运作的具体细节，他们更倾向于关注该制度的框架，以期"促进和指导政治辩论"。[1197]因此就产生了一

[1194] 例如见 Richard Stallman, "For submission to the Patent & Trademark Office", 1994, <http://lpf.ai.mit.edu/Patents/rms-pto.html>（13 September 2006）; Bill Gates, "Challenges and Strategy" Microsoft Internal Memo, <http://www.bralyn.net/etext/literature/bill.gates/challenges-strategy.txt>（13 September 2006）; D. Brotz（Principal Scientist, Adobe Systems）, Public Hearing on Use of the Patent System to Protect Software Related Inventions, Transcript of Proceedings Wednesday, January 26, 1994 San Jose Convention Center, <http://www.gordoni.com/software-patents/statements/adobe.testimony.html>（13 September 2006）。

[1195] 赖希曼（Reichman）在其他地方指出，专利制度面临的许多主要问题都是由于未能保护这些小规模创新。见 Jerome H. Reichman, "Of Green Tulips and Legal Kudzu: Repackaging Rights in Subpatentable Innovation"（2000）53 *Vanderbilt Law Review* 1753。

[1196] 见 Reichman, 前述第 1195 条注释，其中他考虑了植物育种行业中假设创新的市场寿命，展示了原始创新者如何因其对该行业的贡献而得到充分补偿，而开放获取则促进了后续创新。

[1197] Samuelson et al., 前述第 1104 条注释，见第 2315 页。

个问题，即如何配置这样一个以市场为导向的系统，以满足当地工业的需要。这一过程的第一阶段是收集有关软件创新生命周期的经验数据。应通过协商加强这一进程，收集全国软件市场所有有关方的意见。在最初的迭代中，最好采取保守的立场，这样那些拥有软件专利的人就不会处于不利地位。随后的迭代可以通过报告在创新注册期间获取的信息来通知，这些信息应该可以自由访问。这些数据应该用于定期（也许每年）评估和调整系统参数，如创新的保质期，以匹配创新的实际寿命。[1198]

戴维斯等人（Davis et al.）在1995年介绍这一范式时，发表了以下与当下同样相关的评论：

> 每一次关于软件法律保护的争论似乎平息下来，我们都会很快又被新加入的争论所震撼。这些困境不会很快消失……因为这里有一个根深蒂固的问题：现有的知识产权法根本不适合软件。[1199]

未能采用这样一种模式，意味着这种循环将重新继续。正如导言中提到的，下一轮专利大战已经打响，这次的战场是智能手机。[1200]欧洲的这场战争在中断了五年之后即将恢复，这次是关于单一专利制度。如果软件行业要有任何确定性的话，那么肯定是到了纠正过去的错误的时候了。显然，专利法不能适应软件的独特性和随之而来的需求。因此，是时候向前看了，考虑一下没有软件专利的情况会是什么样子。这一替代制度让人们看到了未来。

[1198] 关于著作权保护的类似制度的运作，见 William W. Fisher III, *Promises to Keep：Technology, Law and the Future of Entertainment*（Stanford University Press，2004）。

[1199] Davis et al.，前述第1192条注释，见第21页。

[1200] 见前述第1092条注释。

结　论

本书的主要目的是审视软件的可专利性，并特别提出了软件不应享有专利权的原因。这一论点源于第1章关于软件历史及其开发方式的观察。从软件的历史中可以看出，如何从计算机的物理实现中提取出连续的抽象层，这就为新的发展奠定了基础，同时它也允许程序员去解决日益增加的复杂性问题。软件的发展也表明其经历了一个演进历程，从抽象的最终人工制品，即思想，走向（某种程度上）不那么抽象的软件实现的思想，在这个进程中是通过降低不同层次的抽象性，来实现这一目标的。第1章接着探讨了数学和软件是相同或同构的主张。这一主张由数学中的逻辑学和形式主义程序的历史渊源所证实。数学实践与软件开发实践之间的对应关系也验证了这一点。

第2章说明了软件专利是如何难以证明的，无论是作为软件开发的实际问题，还是理论问题。每个司法管辖区的法院和法庭，在试图对软件为什么应该或不应该获得专利作出一个令人信服的解释时，都被弄得晕头转向。这使得我们得出一个结论，那就是需要一种新方法。

这种新方法的开发始于第3章，在第3章中，数学家和专利律师都理解了数学的本质。数学史上的重要经验之一是试图为这门学科奠定理论基础的本体论的解释，至少在数学上，有点像是一种"红鲱鱼"。[1201] 经过无数个世纪，数学的本质问题一直没有得到解决。全部解释被认为只是抓住了数学本质的某些方面，但又都有各自的问题。

尽管如此，还是有人试图通过参照传统的排除法来调和数学在专利法中的地位。这是通过整体的观点来实现的，因为只有当数学的不可专利性的解释能够与所有数学理论相一致时，它才应该被接受。由此证明，任何传统的排除法都不能完全解释数学的不可专利性。

第4章采取了不同于以往的方法，即不是问数学是什么，而是问数学的进步需要什么，因为对这个问题的回答更有成效。这导致了对自由在数学中的作

[1201] 在逻辑上，红鲱鱼是一种转移焦点的谬误，也是蓄意的"文不对题"，例如，以一个错误的前提来支持结论，或是将两个没有关系的前提与假设结合在一起。

结　论

用的调查，根据这一解释，并考虑到技术哲学，形成了一个三维分析框架。

在第 5 章中，从这个框架到软件的应用，说明了为什么编程既不是一门实用艺术，也不是一门技术，而是艺术。就我们大多数人而言，我们最看重的是软件的符号方面，而不是实体方面。虽然可计算的过程可能形成物质装置的一部分，但存在于堆栈更高层的人工制品（如算法和抽象数据结构），它们是抽象的，不应被认为是可专利的。研究表明，尽管实现了一个功能，但软件的表达能力渗透到软件开发的各个层面，甚至以可执行的形式渗透到软件的各个方面。最终，由于步骤的逻辑顺序，以及将软件应用于从科学到商业的"严肃"项目，还有一些人希望重温早期软件并将软件转化为工程形式的愿望，软件开发过程并非都遵循理想化瀑布模型所示的合理、有序路径。软件是由审美来评价、驱动和生成的。因此，编程被描述为一门好的艺术，而不是一门实用艺术，而且至少在绝大多数情况下，编程都不是专利适格标的。

将分析应用于软件也满足了本书的另一个目的，即识别软件本质中常见的误解，特别是有人将软件的核心解释为一种无形的人工制品，这种软件在粗略分析后可能看起来是物理的，无论是在物理介质上的存储，还是将计算机变成新机器的效果。接下来，美学在软件评价、动机和生成中的作用被证明与最终形成的严格的、合乎逻辑的步骤顺序不符。也许正是在这个方面，数学与软件之间的同一性得到了最有力的体现。

第 6 章探讨了这一立场的后果。作为起点说明了开发的框架如何适当考虑第 1 章中提到的软件的重要特性。然后指出，论文中调查的每个管辖区至少对分析的有形性 / 无形性维度进行了一些考虑，但对其他两个维度（复杂性和可重用性）考虑得较少。

最初所说的终极目的是发展一种分析模式，该模式超越了对专利法的狭隘的技术分析。显然，制定的框架满足了这一目标。它起源于对数学中自由作用的承认，表明在专利法中基本人权概念如何发挥作用，即不是作为需要重新定性的外部影响，而是被视为贯穿于传统专利法原则发展的概念。还演示了如何以类似的方式开发针对其他相关因素（如社会、道德和伦理因素）的新型调查工具。

有人提出应将软件排除在可专利性之外，并区分艺术和实用艺术，这表明标的审查作为专利法的"守门人"具有持续的相关性。无论是对其他技术测试、考试制度的改进，还是私人举措的修补，都不可能成功。固有的专利性审查在专利法中的作用是独特的，它是专利法能够恰当地处理专利制度所影响的政策、伦理和社会问题的唯一途径。该框架与思想和言论自由的关系表明，如何能够制定一个与专利法历史一致的分析工具，解决这些"软"问题的结构化审议的空间也因此开辟。

最后，讨论了软件非专利性对其保护的影响。把专利作为软件的保护机制去掉并不会留下一个巨大的漏洞。有证据表明，"搭便车"的问题并不像软件专利游说团所说的那么严重。目前，除专利法之外的各种保护被用来保护软件的不同方面，无论是单独使用还是结合使用，都可以想象其余范例是如何为软件提供适合其本质的保护的。这不是一个理论上的主张，而是一个从软件历史中得到证实的软件专利授予前的主张。

为了解决对保护差距的任何遗留问题，我们又讨论了另一种保护模式。这种范式基于对可能满足创新者和竞争对手需求的因素的当代分析，是一种与信息时代创造的需求极为契合的范式。

结束语

随着计算机硬件变得更小、更快，连接更紧密、更可靠，控制其发展的软件在我们的日常生活中日益普遍。各种新奇的交互模式如语音识别、动作感应、人脸识别，以及不断增强的连通性，深刻改变了我们获取信息、沟通交流和工作娱乐的方式。

软件方面的新进展将在这一背景下发挥核心作用，前景无限广阔。但是，从软件的影响力及其潜在利益来看，我们必须仔细考虑如何最好地鼓励其进步。运行已久的专利法只是鼓励创新的一种可选机制，但它反映了寻求自由和控制之间的平衡的某些政策选择，这些选择与专利法历史范围内的实体发明类型有关。由于软件不属于这一范畴，因此它不应获得专利，必须找到一种新的范式来适当平衡其独特的需求。